航线与航船演绎的世界史

航线与航船演绎的世界史

[法] 弗朗索瓦 · 舍瓦利耶 著　刘且依 译

插图绘制
劳拉 · 阿夸维瓦（Laura Acquaviva）

華中科技大學出版社
http://www.hustp.com
中国 · 武汉

有书至美
BOOK & BEAUTY

目录

远洋之路

人类是永不满足的征服者。几乎没有哪个类似的星球如此充斥着扩张与进击。自古以来，在我们的地球上却是如此。当人们看到海洋与天空的交界线，第一个念头是去征服它。

不过，人类最初如何做到自由穿行于海洋之上？一切的开始应当是在湖畔或是河边，因为想要捕鱼的人得有水中立脚之处。于是他利用近便的东西：一摞芦苇、一截树干，或将若干树干叠起来。也许，他坐在树干上用手轻划，漂离岸边，从而很快领会：不用把脚放在水里，一样可以安坐不倒。但是，仅凭双手无法制服溪流。于是他从河岸上剪下一根木竿，支撑在河底，这样便免受水波的摆布。只是在离岸更远的地方，他的竿子不够长了。他遂将竿子的一部分改造成平板状，用以拨水，使船可以驶向任意方向。接下来，当风向恰到好处的时候，又何不在桅杆上支起船帆？总而言之，根据环境和水的温度，解决的办法各式各样，没什么克服不了的难题。从巴西人的“然加达”（jangada）木船、秘鲁的的喀喀（Titicaca）湖上的芦苇船到爱斯基摩人的皮筏、再到波利尼西亚人的独木舟，在世界各地我们都仍然能看到自古就有的航船样式，在人类文明漫长的历史上鲜有演化，却也足够适用。

从独木舟到装载20000箱的集装箱船，航船的演化主要是为了回应不断增长的贸易需求，同时与所在时代的技术手段相互依存。造船业永远走在技术进步的最前沿，无数修复和复原的古船都能为这一论断作证。每一艘船都有一段故事，这些故事共同构成一段宏大的历史。

下面这艘巨型油轮的简史极佳地反映了海上航线的曲折变化。在不同时代，各种各样的人物竞相登场，主宰着一艘船的命运和历史的航向。

1976年，日本，“波尔多斯号”（Porthos）油轮首次下水。因为最初的希腊买主未付尾款，造船厂将其改名“追滨号”（Oppama），直到被中国人董浩云买下，送回造船厂改造加长了82米，更名“海上巨人号”（Seawise Giant）。总长458.2米的“海上巨人号”是当时世界上最长的船只。历经两次航行之后，它在若干原油中心作为漂浮式油罐使用。1986年，两伊战争期间，“海上巨人号”在霍尔木兹海峡一带工作时被飞鱼导弹击沉。油轮被打捞出来后，先是被拖到新加坡修理，随后转卖给一家挪威公司，更名为“快乐巨人号”（Happy Giant）。1991年，船主再次更替，改名“亚勒维京号”（Jahre Viking）的油轮重新下海，往返于波斯湾与墨西哥湾之间。2004年，“亚勒维京号”又一次易主，更名为“诺克·耐维斯号”（Knock Nevis），主要用作漂浮式油罐在卡塔尔海域效力。最后，2009年，“诺克·耐维斯号”驶向印度的废船处理厂。“山”（Mont）——这是它最后的名字——在古吉拉特邦的亚兰市（Alang）被拆解。

这艘油轮穿梭在苏伊士运河、墨西哥湾和印度洋之间，足迹印刻在本书各章节所讲述的航线上。这些航线的历史常常可以追溯到古希腊或维京人。别忘了，世界上最大的轮船公司是丹麦的马士基集团（Maersk）。和这艘油轮一样，每艘船、每个航海者和探险家，都值得一整本书来讲述他们引人入胜的故事。

其实，海上航线的发现经常源自少数渔民偶然的探险。他们或是追随着鱼群，或是被不利的风向吹得偏离航向，来到了地平线的另一边、他们从不敢冒险前往的地方。

也有一些海难的幸存者会在港口或村落讲述他们的不幸遭遇，提供关于海洋新的知识。海洋的状况是海员最需要掌握的，可以帮助他们定位暗礁、沙洲，找到庇护所。亲自经历了海上航行的人——从尤利西斯到麦哲伦（Magellan），无论是著名或是匿名——提供的信息使得新的航线得以正式被打开。

在荷马的《奥德赛》中，多亏了女巫喀耳刻提供的准确航海知识，奥德修斯（即尤利西斯）得以从卡律布狄斯旋涡（Charybde）和女妖斯库拉（Scylla）的领地中间顺利通过，亦即，从北向南穿过从苏格兰的朱拉岛和斯卡巴岛之间的海域。史诗中对于这个格外危险的海峡的情况竟然有如此精确的描述，那么这些描述的情景一定都是经过实验的。也就是说，有一些航海者已经付了学费，亲身走过这需要格外小心谨慎的航路，所以荷马才能知道全部细节。

实际上，无论是在中国海还是大西洋，前往未知大陆的远征，都是在有足够准确、保障成功的信息之后，才能顺利实施。一个有用的策略是，在不同的地区让不同族裔的水手上船，从而获得当地的知识、经验和观点。麦哲伦便是这样做的。达·迦马（Vasco de Gama）到达好望角后，也让当地人上船，充当他穿越莫桑比克运河的向导。旅程中的每一步他都重复这一策略，直到最终到达印度，因为就连这位经验丰富的探险者本人也不了解当地主导的洋流和风向。同样，詹姆斯·库克（James Cook）在太平洋寻找新的岛屿时邀请图派亚（Tupaïa）登上甲板。不过，由于对自己的知识过于感觉良好，库克执着自己的计划，和他的塔西提向导径直驶向了新西兰。这样一来，他错过了很多图派亚本来完全可以带他发现的岛屿。

很多极地大探险的领队者也同样傲慢，他们在人类航海发现的历史上留下了很多戏剧性的故事。值得一提的是探索美洲大陆以北航路的历史。约翰·富兰克林（John Franklin）探险队队员并未寻求爱斯基摩人的帮助，遵守在这一地带生存的建议。然而，在这片陌生严酷的土地，仅凭一己之力，很难适应环境。最终，他们难逃先后死去的命运。

值得庆幸的是，即使在当今这个追求利润最大化的时代，关于地球也有一种新的、自省的认知逐渐生发。我们生活的星球不再被看作令人垂涎的资源、利用开发的对象，而是人类被赠予的珍贵礼物。2010年至2012年，我们见证了第一艘不用化石燃料、全由太阳能光板供能的海船“太阳星球号”（Planet Solar）环游世界一周。有趣的是，这一新的精神也体现在数十年来赛艇名字的演进之中。在20世纪80年代，赛艇会被命名为“克利特”（Kriter）、“艾克斯波特33”（33 Export）、“高卢二号”（Gauloise II）或“罗斯曼”（Rothman），今天的旺迪航海赛中亮相的帆船则叫作“海洋星球号”（Ocean Planet）、“首创之心号”（Initiative Cœur），甚至还有“100%自然能源号”（100% Natural Energy）。

找寻着想象中的国度，所有这些船只时而沿着海岸航行，时而横穿大洋，漂荡在它们各自的航路上。它们叩问着未知，也总是在航行中找到某种回应。

我看向窗外的大海，目光掠过盛开的九重葛。多亏了第一位完成环球航行的法国人，将这种美丽的植物带回家乡的土地。

谢谢你，布干维尔先生。

埃及

邦特之地

哈特谢普苏特女王

法老的时代

所罗门王

俄斐

尼科二世

如果不是因为看到那些动物，最初的航行者从未考虑过远离海岸。那些定期迁徙的鸟儿、鱼类和海洋哺乳动物，还有昆虫和蝴蝶，远比人类更早地探索远洋。无论是孔子、《圣经》还是古埃及人，人类早期的伟大作家无一例外地讲述了这些意涵丰富的迁徙。一些物种是人类确立原初航线的向导，例如那些每年飞跃直布罗陀海峡或博斯普鲁斯海峡的鹳鸟。要从欧洲出发前往非洲，这些候鸟会在巴利阿里群岛、西西里岛或克里特岛稍事停留。对于所有行驶在这条航线上的人，这些便成为地标。维京人也是通过观察海洋、天空、鸟类和鱼类学会航行，亦步亦趋地追随着每年前往冰岛和格陵兰岛的野鹅。

逆风而行

一旦启航，航海者就必须服从自然的支配——变幻无常的海、风和洋流！无论在大西洋还是太平洋，所在纬度的风向主导着航行。信风可以轻松将船只从加那利群岛送到安的列斯群岛。而要从波尔多去纽约，就会迎面遇上西风。古人很早就意识到，控制更长的海岸线意味着拥有更多的选择余地。驾驭最轻快的洋流，就可以最大化地减少航行的阻力。逆流而行总是需要额外努力，对技术也有更高的要求。

通过直布罗陀海峡涌入地中海的洋流使得沿着北非海岸航行变得困难。所以，更好的路线是走靴形的意大利海岸，沿着普罗旺斯和巴利阿里群岛返程。这样至少可以避免船只被地中海上的强烈西北风吹到科西嘉岛或热那亚海湾。在其他海域也是一样的道理。自从公元前3世纪起，航海者就意识到，如果想要远离海岸航行，就必须懂得利用风向。

人们一直认为古人的帆船无法逆风而行，无论是美索不达米亚人、埃及人、希腊人还是腓尼基人，更不用说那些大洋洲部族。但是，通过复原古代船只，可以看出这完全可行。古代船只的表现当然无法和当今的帆船相提并论，但是它们确实可以在任意航向上驾驭风向。天气足够好时，它们可以远离海岸，驶向目的地。此外，2000年以来，船桨这一原始推动工具即使不是船上的首要设施，也是大部分船只的常备品。

公元前3世纪的世界地图？

尼罗河上最初的航船由纸莎草制成，从公元前4000年起，连系着这一地区最早形成的人类聚落。发现于梅丽姆德（Merimdeh Beni-Salame）的一艘约为公元前4900年—公元前4400年的船模从侧面提醒我们，河运从很早开始就对社会演化产生重要影响。从公元前4000年起，船逐渐融入古埃及人的思想观念之中。约在公元前3500年，船的形象发生重要变化，成为一个有明确象征性的图像。一些考古遗址中也发现了海船形象的刻绘。通过和其他器物的关系，船的形象传达出运动和连续性的象征性意义。在古埃及神话中，正是太阳神雷（Rê）每日的航行、死亡和重生带来了时间、日夜周而复始的循环。人们甚至发现这一图像铭刻在距尼罗河若干千米的沙漠中，证实这一符号象征着力量和财富。社会的阶级化和海洋贸易的发展刺激造船业飞速发展。巨大的木船让精英阶级得以控制人口和他们的交易，从而巩固权力。船的宗教角色日渐突出，最早几任法老进一步将其确立为无上地位的象征。所有前王朝时期（公元前3500年—公元前3100年）的宗教场所都是其明证。

它位于阿布拉瓦须地区、吉萨金字塔北边，是一座墓葬的基底。之后，人们又陆续发现多个建造于其主人的船只之上的墓葬。古埃及的船葬习俗和维京人很相似，后者认为人死后会和自己的船只一起前往死神奥丁（Odin）的领土。

目前已知最早的埃及航船的身世可以追溯到公元前2950年，由奥地利埃及学家扬·特里斯坦于2012年7月发现。

希拉孔波利斯（Hiéraconpolis）第100号墓葬内壁绘有一幅地图，可以追溯到公元前3200年。地图上绘有六艘船，其中一艘格外奇特，形状和颜色都与其他五艘迥异。一些研究者认为，这是一幅表现东西两半球的世界地图，欧洲位于最左，非洲在其下方，它们的右边是印度和美洲，澳洲位于最右边。神秘的是，这份发现于1902年的世界地图不同于已知的、往往严重变形的原始平面球形地图。表现美洲的部分上面还画有三匹马。遗憾的是，当人们试图揭下壁画时，壁画被损毁，如今只剩了复制品。因此，所有解说都难以得到确证。

神秘的古埃及早期航行

几乎没有关于埃及早王朝期间航行的正式记录流传下来。尽管如此，在墓葬、纸莎草纸文献、石柱以及帝国宫殿和纪念性建筑的墙面上发现的象形文字使得人们对古埃及文明了如指掌。这些记述的细节丰富，提到了许多新的航行目的地，至于这些地名究竟指向何方，仍是人们至今难以确切破译的谜团。

我们所知最早的大型古埃及出海远征可以追溯到公元前25世纪，当时埃及处于第五王朝统治之下。在阿布西尔的法老萨胡拉（Sahourê）墓发掘的图像，以及现存巴勒莫博物馆（Musée de Palerme）人称“巴勒莫之石”的石柱均可作证。石柱当时可能树立在孟菲斯最大的神殿内部，正面刻有所有早王朝国王的名字，背面则罗列历史上的大事件。在萨胡拉墓内的图像上，法老端坐一棵来自邦特之地的神圣乳香树下。很快，埃及人就习惯了前往邦特之地大肆劫掠，邦特之地的原住民和珍奇动物一同被捆绑在船上带回。我们所知的这第一次远征很可能是法老在位时的大事，以至于其细节被精心绘制在他的地下墓室。这样看来，在这个时代，水手们已经来到红海。要知道，由于大量的暗礁和多变的风向，在这一海域航行并不容易。

阿斯旺的考古发掘中出土了两份纸莎草纸文献，分别记录了两次前往同一地区的探险。第一个故事中，一个侏儒被一位第五王朝杰德卡拉（Djedkarê Isési）法老统治时期的要人从邦特之地带回。第二个故事在接下来的王朝发生，文献简单地提到了一位远征首领和他的手下正在组装海船、准备前往邦特之地时，被贝都因人（Bédouins）杀害，尸体被运回。故事透露了一条信息：埃及人会先把船只拆卸，运到红海岸边再重新组装起来。

要想寻觅这些伟大旅行的踪迹，必须细读所有关于重要人物生平的铭文。在公元前2世纪初期，一个名叫哈努（Henou）的国家重臣受命监督前往邦特之地远征的准备，他的任务就包括航行设计。按照计划，人们将从尼罗河出发，沿着位于卢克索以北、尼罗河和红海之间的哈马马特干谷行进。船只首先会被拆卸，运送到离库塞尔100多千米的地方，就地组装搭建。在港口重新装好船，才能用于接下来的航行。

在第七王朝的统治下，通向红海的港口约位于库塞尔以北，那附近似乎曾有一处很深的海湾，位于今天的加瓦西斯港。2004年，考古学家在那儿发现不少属于一艘雪松木船侧舷的构件。这些构件多被船蛆（一种海洋软体动物）咬蚀，证明这艘船曾在海上航行。同一地点还发现了当地锻造的锚，可以用于船的起航。基于这些遗迹的研究发现，这种可拆卸的船的构件通过榫舌和榫眼结构衔接。船上的麻制缆绳很粗，平行于木板拉紧，将船体结构压实，与预应力梁一个道理。

第七王朝的前三个法老无一例外组织了前往邦特之地的远征。考古学家在不同地点发现了相关铭文，最著名的在一根石柱上，后来被重新用于修筑古罗马房屋。底比斯总督、法老大臣安提夫克（Antefoqer）亲自指挥了其中的一次远征，间接表明了对远征的重视。他的君主、当时的法老一定过着奢华的生活，持续不断地消费通过这些远征带回的没药树脂、乳香、鸵鸟羽毛、猎豹皮、黄金、乌木和象牙。

从最初的探险开始，法老们就热衷于寻找产乳香的树苗，意图将其种在自己的果园里，或是种在通往献给他们自己的神殿的路上。在纪元前的2000年里，似乎是埃及统治者促成了异国商品经由红海在邦特之地和尼罗河之间的流转。也正如萨胡拉时期那次远征的记录所示，古埃及人同时带回的还有途中遇到的奴隶和土著。

关于邦特之地位置的假说

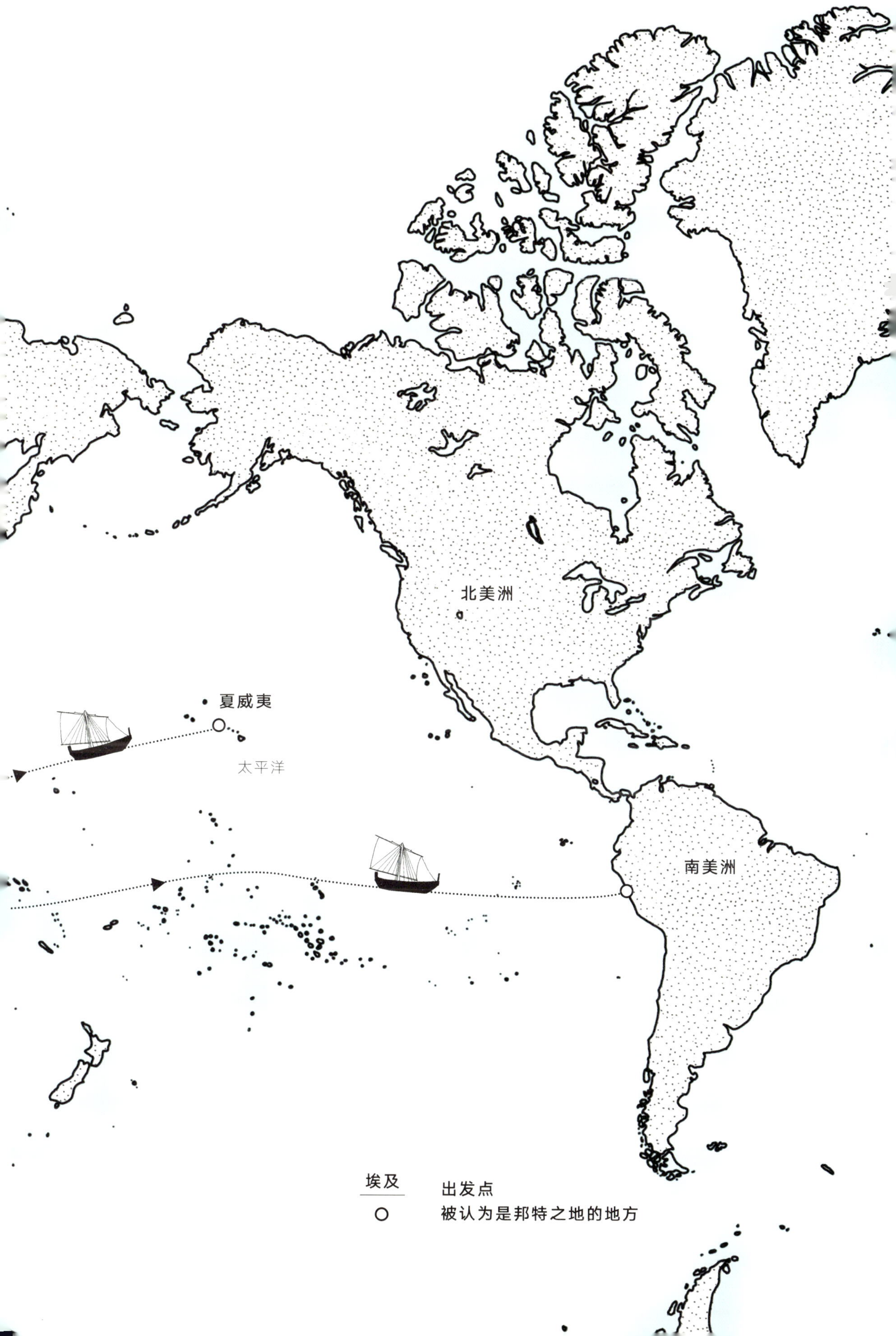
北美洲
夏威夷
太平洋
南美洲
埃及
出发点
被认为是邦特之地的地方

哈特谢普苏特女王的远征

哈特谢普苏特女王（Hatschepsout，约公元前1507—公元前1458年），即十八王朝的第五位统治者，她无疑是有历史记载以来首位伟大的女性。这位富有开拓精神的女王也将自己的功绩刻在石头上，首当其冲的便是前往邦特之地的远征。她的陵墓位于代尔拜赫里，与卢克索隔尼罗河相对。在陵庙二层露台北边有柱廊的房间内，详细刻绘了一次由她的工程师和大臣纳赫西（Nehesy）组织、颇令女王满意的航行。归来的海船满载奇珍异宝：没药树脂、乳香、黄金、抛射兵器、标枪、长矛、弓箭、一只豹子、猫科动物的皮毛、一只长颈鹿以及无花果油。带回的乳香树被种在陵庙前路旁和女王宠臣森芒（Senmount）设计的纪念碑平台上。远征队还带回了多种陌生植物的嫩条，与18世纪、19世纪欧洲科学考察旅行中的所作所为如出一辙。

描绘海船的浅浮雕十分精细，足可看出其特征。这些船长达二十余米，配有一张长方形帆，可以导航任意方向，也可以卷在下部帆桁上。船的两侧各有十五名划手，二人主桨负责掌舵。圆润的船体可以完美行驶在水上，最大程度上降低前进时的阻力。

随着时间的流逝，埃及帝国愈发向南扩张，国界跨过了尼罗河第五瀑布。前往非洲的旅行自然主要通过陆路，红海上的航线在铭文中逐渐消失了。

沙漠敏神号

2008年，佛罗里达州立大学谢里尔·瓦德（Cheryl Ward）博士和澳大利亚费利曼图市（Fremantle）海洋考古部门的航海工程师汤姆·沃兹米尔（Tom Vosmer）根据加瓦西斯港的考古发现和哈特谢普苏特女王陵庙浅浮雕制造了“沙漠敏神号”

（Min of the Desert）。船只下水的实验为人们澄清了诸多关于这类海船的问题。同时，这次实验让我们得以理解其造船方式，从而可以推测如何将船体拆卸、从尼罗河运到红海，以及在两次远征之间如何存放保护。船身的张力系统颇为特殊，它通过一条在船头和船尾之间摇摆的粗缆和两个垂直拉起的支架来实现，这种船是埃及独有的。这次修复的另一目的是研究帆桨结合的驱动模式。值得注意的是，哈特谢普苏特女王的海船所需划手多达三十名，而“沙漠敏神号”每侧只有十二桨，总共只需十二名划手。这一削减有助于了解不同的驾船方法和帆的航海特性。

船壳板之间的密封性由蜂蜡和麻布共同实现。研究团队还测量研究了船的载重、船上的生活状况，以及这类船只在不同风向和航向上的表现。

埃及人使用黎巴嫩的雪松造船，木材主要来自比布鲁斯北部的森林。“沙漠敏神号”采用更便宜、更容易获取的北美黄杉木。

总而言之，这次实验复原的船体系统十分坚固。通过增加预应力缆绳的张力，船只能够避免一些航海情况中船身连接处出现间隙的危险。帆缆索具可以很容易地由十二人的船队操作。这艘船虽然简陋，但性能可靠，顺风时能以接近6海里的时速航行。也可以在与风向成45°的方向上驾驭。方形的帆不仅在后方来风时有用，也可以用于逆风而行。不过，对于缺乏经验的船队，“沙漠敏神号”的靠划桨来定向的方式很费力气。如果只有十四个业余划手，速度恐怕无法超过3海里每小时。我们仍可以想象，如果有二十四名经验丰富的海员，速度完全可以加倍。合理有效的导向装置可以相应降低对于操作而言过于沉重的舵柄的作用。

所罗门在俄斐

有一些航行始终保存在人类记忆中，尽管我们至今仍不知道其目的地在何方。在哈特谢普苏特女王统治500年之后，所罗门王传奇宝藏的来历正是一个这样的谜团。“所罗门王所有杯子都是金质，黎巴嫩林宫里一切餐具都是纯金。所罗门的时代，人们不用银器。这是因为王在海上有他施（Tarsis）船队与希兰（Hiram）船队，每隔三年，满载金银、象牙、猿猴和孔雀而归。所罗门王的财富和智慧，超过了世界上所有的君王。”接下来我们又读到，“约沙法（Josaphat）建造了他施船队的船只，目的是前往俄斐寻找黄金……”

根据《旧约·列王纪上》第十章的记载，俄斐是所罗门王的金矿所在。

在这一传说中，有着黄金、宝石、象牙、乌木、香料、孔雀和猿猴的土地叫作俄斐。在特拉维夫附近出土的陶器证实了其存在，但仍无法给出其确切位置。我们还知道，所罗门王派出的每次远征持续3年，带回大约25吨黄金。此外，所罗门王从不担忧修建耶路撒冷圣殿的资金问题，他足有能力经营自己的城市和国家，其领土从幼发拉底河一直延伸至埃及。

《列王纪上》第九章二十六节的文字对于航行目的地描述十分清晰，但没有给出这片土地的地理位置。“所罗门王在以东地、红海边，靠近以禄的以旬迦别制造船只。希兰差遣他的仆人，即一些熟悉海洋的水手，与所罗门的仆人一同出海。他们来到俄斐，从那里获取420塔兰黄金，献给所罗门。”出发港口比较容易确定。在红海沿岸、阿卡巴湾最内部的直角处，至今还有曾被称作以禄的艾拉纳遗址。另一方面，神秘的俄斐究竟在哪里，人们众说纷纭。一个猜想是在也门，但倘若从红海出发，走非洲之角，航行花不了3年时间。也可能是在索马里或者肯尼亚。另一个说法是津巴布韦，那里有大型金矿，也是与南非的贸易中转站，当地发现的一座古城一度支持这一假说。但是后来人们发现，这些石质建筑遗存源于撒哈拉以南的非洲文化，不受埃及或腓尼基影响。俄斐也可能在印度：那儿有大象、孔雀、黄金市场和宝石；或是马六甲、爪哇、苏门答腊、暹罗。无论哪种假说，至今都没有得到确证。一些研究者甚至认为，考虑到带回黄金量之大，他施船队和希兰船队的目的地更可能是秘鲁。也有人认为是海地。

有很多理由让我们相信前往俄斐的船队沿海岸航行。实际上，我们没有找到任何关于船队被海盗袭击或被风暴摧毁的记录。它们每三年满载而归时，都完好无损。我们可以认为船队选择在适宜的季节下水，根据所经过地区的纬度，会在雨季和冬季着陆并稍事停留。事实上，正如腓尼基人所做，它们毫无疑问一路绕非洲海岸驶向几内亚湾，那里的金矿可以追溯到上古时期。

所罗门王很可能远比腓尼基人早300年派遣了每三年环行非洲的船队。遵照国王无上的智慧，保证远征成功是头等要事，速度并非首要追求。后来，根据《列王纪上》第二十二章四十八节所述，负责远征准备的约沙法暗藏邪恶的意图，以至于就在出发之前，航船和造船工地被一场骇人的风暴摧毁。考古研究在非洲这一地区成果寥寥，但也许有一天会发现一处港口，像苏尔那样埋在地下或海底……那也许就是俄斐。

“邦特”计划和“腓尼基号”

约公元前600年，十六王朝法老尼科二世（Néchao II）派遣一支腓尼基远征船队探索非洲大陆的南部。在《历史》第四卷《墨尔波墨涅》（*Melpomène*）中，希罗多德用几句话总结了这次航行：“那群腓尼基人从厄立特里亚海启航，驶向南半球海域。到了秋天，他们在利比亚靠岸，种下麦子，一直等到收获季节后才重新回到海上。就这样航行了两年，在第三年，他们绕过海格力斯之柱，返回埃及。据他们所述，在利比亚沿岸航行时，太阳在他们的右侧。”希罗多德在航行150年之后的报道似乎颇为准

尼科二世环绕非洲航行路线

（根据希罗多德记载）

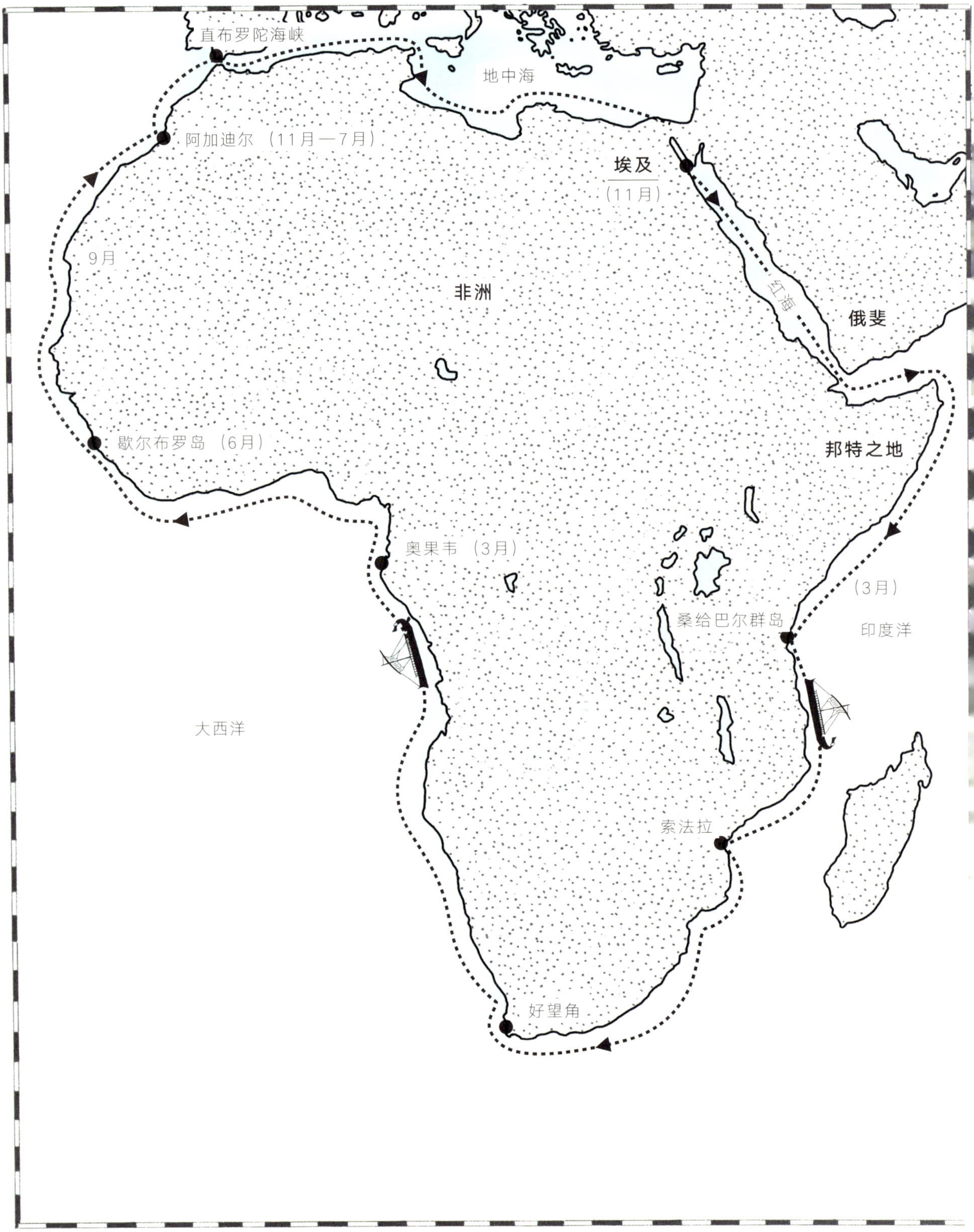

确，人们按照当时式样复原的若干艘船只都能实现环绕非洲航行。

安德烈（André）和纳迪·吉尔-阿尔达尼央（Nady Gil-Artagnan）夫妇出于对航海历史的热情开始这项尝试。他们先制作芦苇筏，从摩洛哥横渡安的列斯群岛，又进一步从加那利群岛横渡安的列斯群岛。之后他们开始了“邦特”计划。在航海工程师弗朗索瓦·瑟金特（François Sergent）的帮助下，船只于1986年至1988年在阿让附近双海运河沿岸一处职业教育中心造成。帆船下水后，穿越苏伊士运河，先抵达吉布提，继而在马约特停靠，随后绕过好望角，在1990年冬天抵达亚历山大港。

更近一些的2008年，英国皇家海军船长菲利普·毕尔（Philip Beale）驾驶“腓尼基号”（Phoenicia）从叙利亚出发驶向塞德港，绕行非洲后回到叙利亚，一共花了26个月。这艘船由哈立德·哈姆德（Khalid Hammoud）根据尼科二世时代帆船式样建造。

暂且撇开希罗多德叙述的真实性不论，很显然，法老尼科二世了解他的祖先曾驶向邦特之地，也知道所罗门王时代对俄斐的远征。这次被希罗多德认为是前往“利比亚”的旅行，在所罗门王命令下环绕撒哈拉以南的非洲。船队一路驶向几内亚湾，返回时顺着海岸穿过直布罗陀海峡。我们可以想象，他很喜欢这些满载珍宝的海船。由于海盗的存在，船队需要选择从地中海而不是红海返航。

埃及人极力推崇出海航行的理念。他们发明了造船和航海的技术。持续性、尊重传统、追求完美的精神是让他们的文明走上巅峰的重要原因之一。尤为可贵的是，这个来自尼罗河畔的土地的民族既发挥自身特长，又吸收了邻居腓尼基人的海洋知识。

双体船

奥斯特罗尼西亚人

巽他陆棚

大洋洲迁徙之路

塔西提岛

詹姆斯·库克

图派亚

关于太平洋岛群上人口的起源，多种理论流传已久，有些已被证实。“康提基号”（Kon-Tiki）在1947年的历险令人记忆犹新。100天里，托尔·海尔达尔（Thor Heyerdahl）驾驶这艘木筏航行了8000千米。他的团队从秘鲁出发，越过秘鲁寒流后，一路漂流到图阿莫图群岛。这位挪威探险家试图证实波利尼西亚人来自美洲的假说。如今人们认为，美洲和大洋洲之间更可能存在相反方向的交流。波利尼西亚人直到公元前4世纪才在寻找新的岛屿时取道这一航路。参加过英国探险家詹姆斯·库克第二次太平洋探险的德国作家格奥尔格·福斯特（Georg Forster）最早提供一种解释。他认为太平洋岛群是一块被淹没大陆的残留部分。这一想法被不少19世纪和20世纪初的小说家借用，詹姆斯·乔治瓦特（James Churchward）的《姆大陆的神圣符号》（*Sacred Symbols of Mu*）便是其中一例。同时，一些研究确证，波利尼西亚人祖先是古印欧人。根据这种说法，雅利安民族的一支从南高加索出发，相继移居到亚洲和大洋洲……

岛屿之间

近年来，基于语言、植物和陶器等日用品的研究证实了大洋洲民族的东南亚起源。基因鉴定也给出了确凿支持。这些民族的故事始于人类早期。距今约100万年前，有着长脑袋、小颅骨，背部长有毛发的直立人生活在巽他地区。这一地区当时连接着婆罗洲、爪哇、苏门答腊和亚欧大陆，以及刚刚露出水面的印度尼西亚。直到距今约25000年前，他们依旧生活在此。他们也许曾在岛屿间游移，但始终没有远离巽他，似乎未曾越过华莱士线，即巽他群岛、苏拉威西岛、摩鹿加群岛组成的地域。

智人（即现代人）有着远比其祖先更广的活动范围。6万年前，他们跨过巽他地区，到达了华莱士地区的岛屿，首先抵达帝汶。得益于这一区域岛屿之间较短的距离，他们不断前往新的土地，每次航程大部分不足100千米。如果海拔最高点达到600米，岛屿之间甚至彼此可见。到达新几内亚后，智人接下来前往澳大利亚，沿海岸而行，直到塔斯马尼亚岛。塔斯马尼亚岛一度和澳大利亚大陆相连，现在则被水深50米的巴斯海峡隔开。当时处于更新世冰期，海平面比现在低约100米至150米。也有一些人沿西岸到达珀斯，在那里发现了约40000年前人类聚落的痕迹。12000年之后，人们才从布卡岛启航，殖民所罗门群岛。又过了15000年，人们抵达阿德默勒尔蒂群岛。看样子他们已经能够持续航行250千米。不过他们的进步又一度暂停。我们无法找到海上交通工具的遗迹。他们住在海边，发展了钓鱼技术。在一年里的大部分时间，他们能够利用主导风向轻松到达目的地。他们最初开始探索岛屿时，可能用的是相当简陋的工具，仿佛离开海岸、前往远洋毫无危险一般。当时冰期已经结束，海平面和现今几乎平齐，亚洲、大洋洲的岛屿和大陆之间的连接被淹没。随着人们占用的土地被淹没，居民重新寻找新的地平线。在这最早的一波移民潮中，巴布亚人和澳洲原住民这两个族群得以确立，分别成为新几内亚高原上的农耕者和澳大利亚大路上打猎、采摘的游牧人。

奥斯特罗尼西亚人：传奇的航海者

公元前4000年，第二波移民潮从中国大陆沿海出发前往台湾省。其中，既有农民，也有商人和渔民。约1500年后，其中一部分人来到菲律宾群岛，在之后的100年间，不断扩展到北边的马里亚纳群岛和南边的苏拉威西岛，还有巴布亚、所罗门群岛、瓦努阿图、新喀里多尼亚和斐济群岛，即美拉尼西亚岛群的大部分地区。这些族群统称奥斯特罗尼西亚人，这是按照他们使用的语言所属的语系命名。因为迁徙而产生的语言分异造就了大约1200～1300种语言，分属奥斯特罗尼西亚语系的不同语支。

考虑到中国台湾岛离祖国大陆约100千米，他们离开祖国大陆时一定已经有相当丰富的长途航海知识。要到达菲律宾群岛最近的岛屿，他们也需航行同样的距离。在广州发掘的一处公元2世纪墓葬中发现陶制海船模型，船轴上已经有船舵。要知道，大约10世纪，阿拉伯人才在他们的船上装配船舵，又过了200年这项进步才传播到欧洲。在爪哇中部建于8世纪的婆罗浮屠，刻有一幅浅浮雕，展示一艘舷外支架船，船舱位于后部，艄柱笔直，配备两根拉索桅杆，各自支撑一面方形帆。在两个桅杆中间，有一个架高的甲板室，可以遮风避雨，也作为厨房使用。船尾低处钻孔，以安装船舵。这样一艘海船足以在任何海洋状态下运输货物和乘客。

毫无疑问，奥斯特罗尼西亚人是历史上最伟大的航行者。他们最常在逆风逆流的情况下前行。不过，风向并非仅带来不便。他们的交通工具是大型双体船，能坐一百多名乘客。途中食物颇为匮乏，主要靠钓鱼来维持营养。好在因为出航是逆风，如果找不到新的岛屿，人们可以顺风顺流轻松返航。

最早的欧洲探险者发现这种可以逆风而行的舷外支架船时惊叹无比。他们提供的信息可以证实逆风航行并不那么困难。根据浮屠壁上形象复原的海船不够轻便，有横向风时也不够灵活。当然，即使是大规模迁徙时所用的大型双体船的性能也无法和现代

人类的大规模迁徙

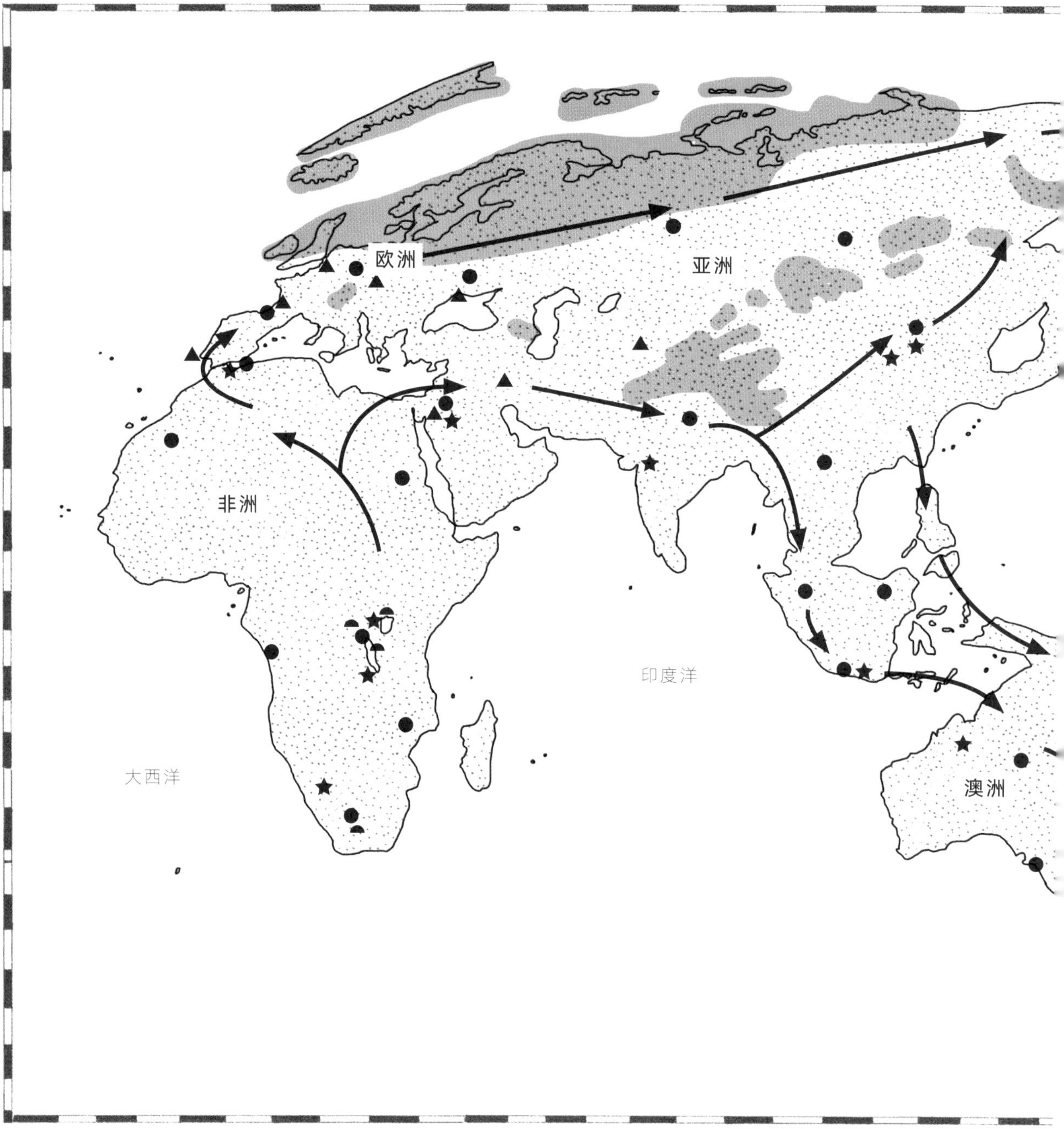

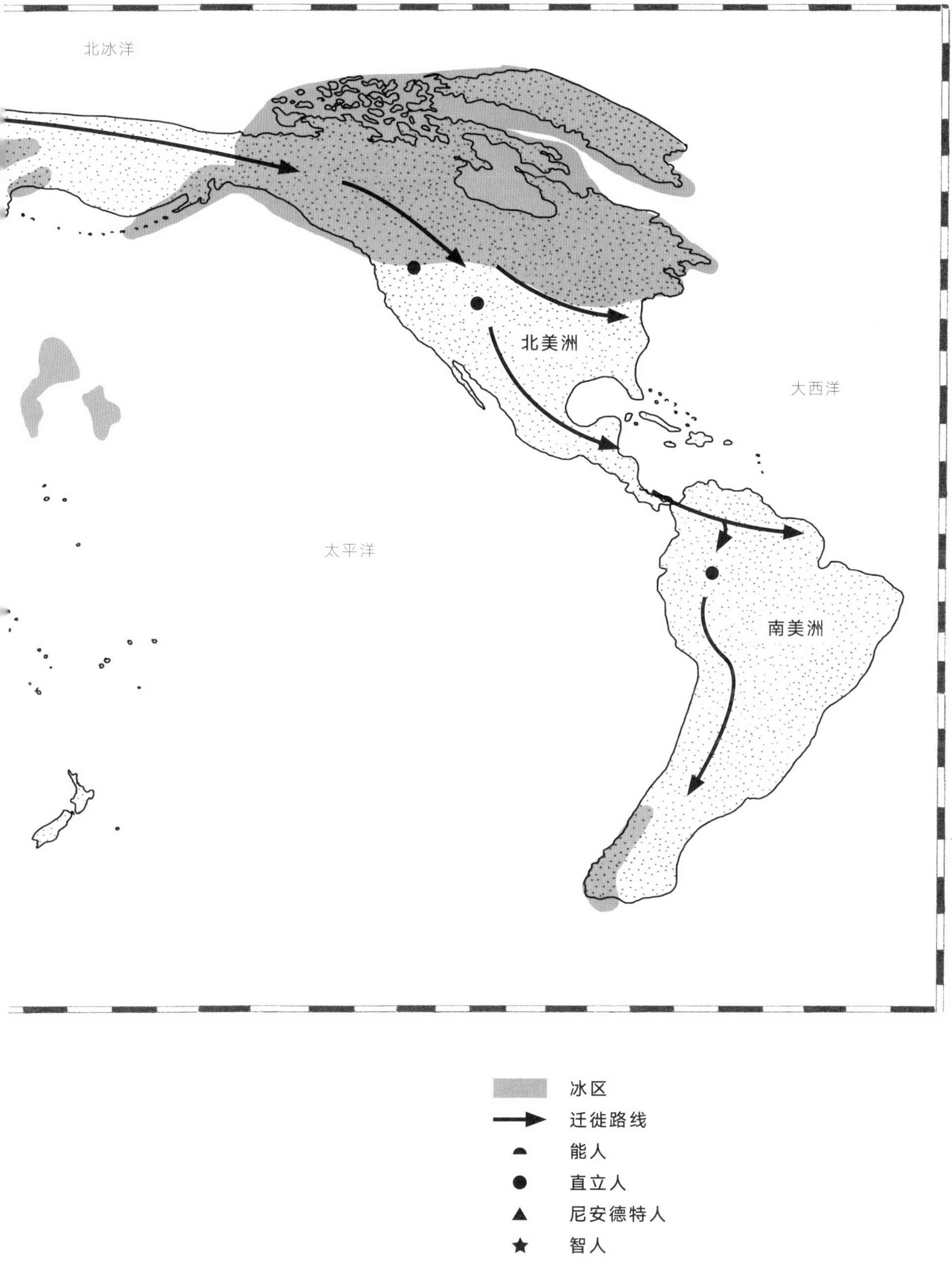
北冰洋
北美洲
大西洋
太平洋
南美洲
冰区
迁徙路线
能人
直立人
尼安德特人
智人

帆船相比。我们大概可以认为，航海者此时已经懂得离开海岸抢风行驶。同时，太平洋上的独木舟始终配备船桨，帆不是唯一的驱动方式。

贸易通路

公元前1500年，殖民者抵达斐济群岛，继续向波利尼西亚岛群前进。又过了5个世纪，波利尼西亚人才继续迁徙，前往塔西提岛和马克萨斯群岛。这些群岛完全被殖民后，新的迁徙浪潮再次开始。人们估计，夏威夷群岛和复活节岛上的住民出现在公元400年左右。在相反的方向上，公元500年，移民抵达非洲东岸、马达加斯加岛和临近的岛屿。奥斯特罗尼西亚人定居下来，建立了和中国之间的贸易通路。印度洋上航船往来，运送药草、琥珀和在中国被当作春药的海参。其中的一个族群（梅里纳人）定居在马达加斯加的高地上，成为当地山民。

商贸同时打通了南美洲，奥斯特罗尼西亚人从那儿进口了白薯。早在欧洲人发现新大陆之前，原产自亚洲的鸡被出口到美洲大陆。约公元700年，人们从波利尼西亚出发，抵达新西兰。至此，太平洋上所有的岛屿都有人类活动，商贸持续发展。人们知道，族群的融合让社会得以繁荣并延续。朝向海洋四方边界的探险始终流传在波利尼西亚神话中，可见海洋探索是他们的社会得以发展的必要条件。

令人着迷的小船

从整木雕琢的独木舟，到用于长途旅行、木板拼合的三体船，几千年来的航海经验让奥斯特罗尼西亚人发明出多种出色的航船。自从第一次环球旅行起，欧洲探险家就被他们在太平洋上所遇见的船的速度深深折服。麦哲伦旅行的记录者安东尼奥·皮加费塔（Antonio Pigafetta）详细描述了在如今被称为马里亚纳群岛的莱德隆群岛遇见的独木舟。1588年，海上独木舟的数量之多给英国航海家托马斯·卡文迪什（Thomas Cavendish）留下了深刻印象。1616年，荷兰探险者雅各布·勒梅尔（Jakob Le Maire）生动绘制了汤加群岛一艘双体船的剪影。1686年，英国海盗船长威廉·丹皮尔（William Dampier）测算了独木舟的速度，承认“这些独木舟是世界上最快的船，平均每小时航行18海里，航程可达几百海里”。1705年，同是英国人的威廉·福纳尔（William Funnell）航行于太平洋岛屿之间，为一艘所谓的“飞船”（flying prao）画了一幅相当奇异的速写。6年后，海盗船长伍兹·罗杰斯（Woodes Rogers）竟然带回一艘这样的船，在伦敦将其拆卸，并在圣詹姆斯公园展览船的机械部件。1742年，年轻的中尉派尔西·布列特（Peircy Brett）参加了上将乔治·安森（George Anson）在女王名义下的环球旅行。他进行了第一次名副其实的测绘，但仍然充满错误。一个西方人很难复制全部细节。实际上，作为模型的那艘舷外支架船原本属于一个殖民者，已经按照他自己的航行技术进行改造。

对于这一主题的全面考察要等到1839年，法国海军少将艾德蒙·帕里斯（Edmond Pâris）的研究发表于《论欧洲以外族群的造船术》（*Essai sur la construction navale des peuples extra Européens*）一文中。1936年，英国民族学者詹姆斯·霍奈尔（James Hornell）和阿尔弗雷德·哈顿（Alfred Haddon）也将他们关于大洋洲独木舟的研究集结成三卷本《大洋洲的独木舟》（*Canoes of Oceania*）出版。法国人让·内雷（Jean Neyret）于1959年至1976年分别出版了基于《大洋洲的独木舟》的两卷本巨著。他曾在当地住民中间生活过，是一位主母会教职人员。他认为，欧洲人很难真正理解大洋洲航船的设计技术和使用方式。欧洲人的目的是全部弄清楚，然而航船的设计和使用实际上是一种亲身体验、现实经历。在这一过程中理性是徒劳的，而适宜的解

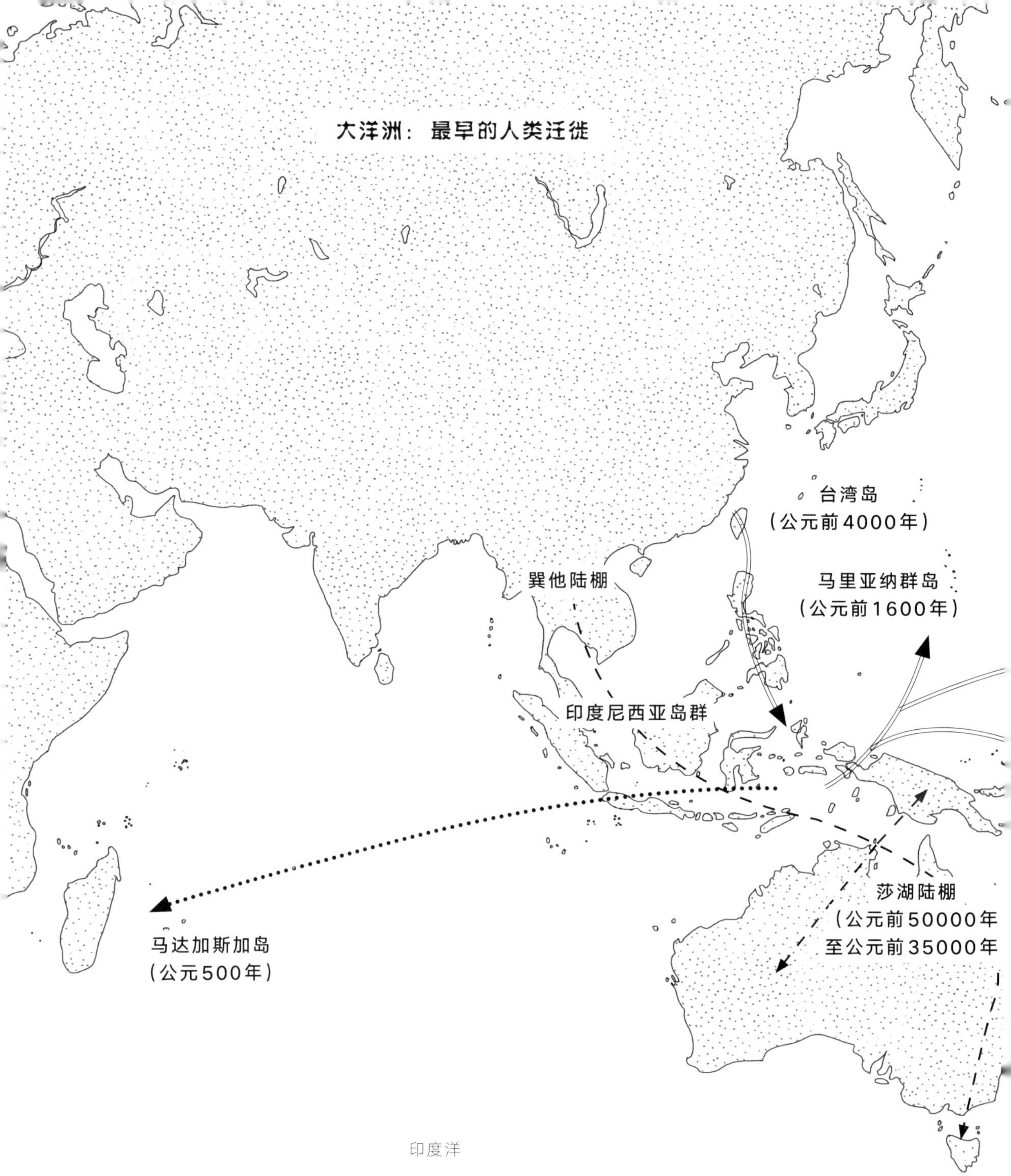
大洋洲：最早的人类迁徙
台湾岛
（公元前4000年）
马里亚纳群岛
（公元前1600年）
巽他陆棚
印度尼西亚岛群
莎湖陆棚
（公元前50000年
至公元前35000年
马达加斯加岛
（公元500年）
印度洋

夏威夷岛
（公元400年）
密克罗尼西亚岛群
马绍尔群岛
（公元前1500年）
太平洋
萨摩亚群岛
（公元前1000年）
马克萨斯群岛
（公元前200年）
斐济群岛
（公元前1100年）
美拉尼
西亚岛群
塔西提岛
（公元前400年）
复活节岛
（公元400年）
波利尼西亚岛群
新西兰（公元前700年）
早期人类迁徙潮
公元前第一波迁徙
公元前第二波迁徙
公元后的迁徙

决方法会随着实际使用清晰浮现出来。

一些大洋洲独木舟的实例足以证明这些海洋民族的丰富性、多样性和创造性。这些帆船各自有很多独创的特点，不过有一点是普遍的：它们都被设计得很轻便、可以快速行驶。在如今被称为马里亚纳群岛的莱德隆群岛，早期太平洋探险者发现了一种快船，由船体和侧面的浮标组成。派尔西·布列特于1742年测绘的帆船长约12米，由一个空心树干制成的封闭船体、两个拼合的侧板和两个拼合的对称艏柱组成。桅杆由靠在风向浮标杆张紧器上的扶壁支撑，系在一根固定在同一位置的支索上。转向的时候，船帆从前移到后，保持桅杆平衡，另一个艏柱处的桨成为船舵。船身可以由多个部分构成，侧面的木板迭放，以便清楚显示船舷。锚臂上呈十字的两个平台也可以补充帆船的导航功能。船身不对称，有利于更好逆风而行。浮标由两个分别钉入锚臂的小木柱固定住，系在十字形的吊索上。在18世纪，海军少将安森明确指出，这些独木舟“和所有已知海船相比，能够从更加顶风的方向抢风行驶”。对一种已经有三千多年的历史而言，这一评价多少有点意外。

两艘样式受到印度尼西亚影响的大型快船展现了新几内亚附近俾斯麦群岛和路易西亚德群岛帆船索具的多样性。2010年至2017年，美洲杯帆船赛中多体船的帆具虽也属于新的发明，但都已有先例，其祖先正是大洋洲上的帆船。它们的索具用叶子编成，因而足够坚硬。索具一端系在桅杆顶上，根据航向和风力决定抢风角度，整体保持平衡。这些快船通常长达10～15米，也有些长达18～25米，主要用于长途旅行和仪式。我们也应该注意桅杆支撑体系的安排。桅杆系在系艇杆上，由一条桅支索拉住。在美拉尼西亚的路易西亚德群岛，“利亚诺”（lia-no）快船的船身上，搭接起来的防浪板保护船身免受浪花侵袭。船的水下部分也堪称典范，半圆形的流线可以减少沾水面积。也就是说，帆船设计最大程度地缩小了前进的阻力。

人们经过新几内亚东边一连串的小岛会到达斐济群岛。在这里，双体船由两个独木舟接合组成。拆卸之后可以各自成为舷外支架船。依据长度的不同，每个船体由一个或多个空心树干制成，通常长达12～24米，由一些构件在其间巧妙缝合、调整，加固船身。航行时，如果一块木板要脱落，所有维修材料都在甲板上，维修工作可以即刻完成。两个船体呈梅花形。艏柱是垂直的，正如现代多体船。在大型双体船上，船体之间的空间由甲板覆盖。两个船体顺风向上分别有一个船舵，共同指挥帆船航行。三角形的帆竖立在一个船体的顺风向上，另一个帆用来保持平衡。要想改变方向，就绞帆到高桅桁上去，略微升高桅杆和另一边的帆。

全速前行

汤加群岛的双体船在很多早期探险者的报道中都有提及，尤其可以参考威廉·史旺特腾（Willem Schouten）、阿贝尔·塔斯曼（Abel Tasman）和詹姆斯·库克的记录。法国官员丹尼尔·雷斯卡耶（Daniel Lescallier）在《实用帆具》（*Traitépratique du gréement des vaisseaux*，1791年）一书中对其进行测绘。但是，因为这种帆具和欧洲帆船通用的样式不同，这些记录或多或少忽视了一些细节。这种船规模很大，长达15～25米，可以负载多达一百五十名乘客，还可以拖带一艘小型独木船，目的地是美拉尼西亚岛群和密克罗尼西亚岛群。其甲板架在防浪版和一些支柱上，两个长舱口通向船体深处，用于排出涌入船体内的积水，尤其是涨潮和帆船高速前进的时候。通常，甲板上有半圆形的棚屋，前部桅杆下设置炉灶，作为厨房使用。桅杆相当短，装有叉形部件，由两个侧面的舷外支架支撑。这让人联想起旺迪单人不靠岸航海赛中的一类帆船：配有翼型桅杆，可以环游世界的水翼单体帆船IMOCA 60。短途抢风行驶时，船帆自然会顶住桅杆。这种情况如果出现在拉丁民族在地中海的帆船上，会被认为是出自“外行人之手”。但是对于加长的甲板而言，桅杆竖直摇晃的目的是前风扬帆。两个掌舵船桨始终置于风前。关于这种古老航船还可以说很多。最后一个例子是发现于非洲沿岸、科摩罗或马达加斯加的三体船。根据20世纪初让·内雷在桑吉巴的发现，不系住帆下缘的船帆式样受到来自阿拉伯地区的启发，这是相当晚近才有的。但帆船本身明显是印度尼西亚类型。这是一个有两个舷外支架的独木舟，装有浮标。浮标的底部平坦、向外倾斜，充当滑水、固定船板以及使船浮升的水翼的角色。船帆支在船轴线上的短桅杆上，抢风行驶时换到另一帆角。长约7～9米，这些设备的速度足以和现代多体船媲美。所有这些被我们的祖先称为“轻便船”都会导致海浪打上甲板。无论是在钓鱼还是在航行中，船员都得时刻准备舀出积水。这就是速度的代价！

博学的塔西提人图派亚

笛卡尔精神驱使我们追问一个仍未解决的问题：如何前往那些更为遥远的小岛，而且持续航行1000千米不靠岸？一些欧洲探险家环游太平洋时完全没有找到陆地。詹姆斯·库克在1768年到1779年五次穿越太平洋，也认为寻找陆地“完全靠运气”。不过，1769年，他驾驶“努力号”（Endeavour）第一次环球旅行时，邀请塔西提人图派亚加入船队，这位塔西提水手为他绘制的太平洋地图上有八十多个小岛。尽管如此，库克没有改变原定的寻找大陆计划，笔直驶向东南方。这位塔西提航海家清楚知道太平洋上岛屿的相互方位，也知道需要航行多少天才能到达。他通过太阳来确定主要方位。他了解星座的形状及其隐喻，无论在南、北半球都能解读星空。他的做法很像天文学家，只不过对他而言，天文学和占星术没什么区别。他通过吟唱代代相传的歌曲来记忆这些知识。

欧洲航海者实际上也很难使用图派亚的地图。他们习惯了参看现代航海图，尽管航海图的发明也是相当晚近的事情。

人们用小木棍拼成的图形来表现群岛中岛屿的相对位置。这种图形被称为“木棍地图”，在马绍尔群岛最为常用，在其他大洋洲岛屿上也有所发展。贝壳被用来代表岛屿、等角航线和海浪的方向。这种地图是个人化的，必须要有额外解释才能发挥作用，所以通常只有制作地图的那个人可以真正运用它。在慕尼黑国立民族学博物馆，一幅木棍地图被叠放在一幅现代地图之上，两幅图呈现完美的相互对应。

人们也将定位星星的方法熟记于心。从童年起，未来的航海者开始学习前辈画在沙滩上的天球图。在人们最为熟知的星星中，“小虫”（Pou）是最亮的，是人们了解星空的参照物。例如，向南航行时，波利尼西亚人会利用夜间相继出现的一连串“小虫”。他选取顶点处的一颗，与南或北最近的一颗连成一条虚拟路线，追随画在夜空上的这条路线航行一两个小时。接下来，在第一颗星星变幻方向之前，他用下一颗星星重复这一过程，这样不断继续下去。

正如我们在图派亚那里所看到，除了岛屿之间按照所需天数计量的距离，对海浪、洋流和主导风的知识也是航海的重要部分。航海者离开热带区域后，季节的影响变得更大，需要的知识也更为复杂。不过，只要类比当代学校教授的全部内容，就不难想象孩子们可以把握这种复杂性，因为这种教育和他们的历史与未来息息相关。在这片土地上，星体、海洋和地球都和保护着他们的祖先紧密相联。

泰尔

比布鲁斯

赛达

古希腊人的先行者——腓尼基人

汉诺

皮西亚斯

希米尔科

如果说古希腊人在几个世纪里称霸地中海，在整个古典时代，腓尼基人的领土虽小，在航海方面的影响却首屈一指。腓尼基地是古希腊作家对这片土地的命名，位于北边的叙利亚和南边的迦密山之间，其历史可以追溯至特洛伊战争时期。

十字路口的国度

公元前10世纪，泰尔（Tyr）的国王希兰一世（Hiram）为所罗门王供应建造耶路撒冷圣殿所需的雪松木和刺柏木。《圣经·列王纪》赞扬了腓尼基人的丰富资源和知识，他们凭此修建圣殿、完善柱头，锻造纯铜的洗礼池。当时，腓尼基人已经开始使用22个符号组成的字母文字。这种文字比埃及象形文字和近东楔形文字更加简单，很快在整个地中海区域流行，影响了沿岸文明的社会结构。

对腓尼基文的解读最早是在1758年。当时，在马耳他岛上一个大理石烛架饰上，人们发现了一份腓尼基文、古希腊文双语文本，由修士让-雅克·巴多罗买（Jean-Jacques Barthélémy）破译。由腓尼基商人当作使者，腓尼基文成为这一地区最常用的文字，也是很多其他文字的祖先，包括阿拉米文、阿拉伯文、希伯来文和希腊文，以及它们的后代拉丁文、西里尔字母和科普特文。

腓尼基地处于亚述、巴比伦、埃及和波斯等几个伟大文明的十字路口。这里同样也是贸易干线的交汇地：美索不达米亚和丝绸之路，埃及人的非洲之路和穿过地中海前往西方之路，途径塞浦路斯、克里特岛、马耳他岛、西西里岛、撒丁岛和巴利阿里群岛。腓尼基地的四大主要城市——艾尔瓦德（Arwad）、比布鲁斯（Byblos）、赛达（Sidon）和泰尔——主要兴建于多石的海角，各自坐拥南北两个港口。

每个城市都有一定的独立性，只是被古希腊人统称为腓尼基，意思是“紫红色”。对于这个颜色有若干种解释：底部含铁量高的海洋颜色，居民久经日晒的皮肤颜色，或是这一族群可能的红海起源。这些城市中所有活动都为海上贸易服务。腓尼基人最为人所知的便是他们作为商人、航海者和工匠的名誉。所有古希腊作家和《圣经》都称赞他们的品德。他们的艺术流传深广，影响到古希腊及其后继古罗马的风潮。

圆体大型海船

腓尼基人擅长建造海船。对于商贸船，最重要的是装载货物。这种船呈圆形，体积庞大，由一面巨大的方形帆推动，左侧本应是船舵的地方有一个巨大的船桨。船的长度在8～20米不等，它取决于要运送的商品、目的地以及航线（是沿海岸行驶，还是走直线）。用于战争的海船和希腊人的海船类似，由桨和帆驱动，需要一队划桨手和一面船帆。据推测，其中最古老的是双层船，划桨手位于战士下面。

对航海技术的熟练掌握使得腓尼基人每次出海经商都能将损失最小化、效益最大化。自从公元前12世纪起，得益于埃及帝国和麦锡尼帝国的衰落，他们开设的海外商贸点以数十计，两个世纪后更是增加到上百个。在这一繁荣期，腓尼基人对被征服地区的殖民进一步强化其权力。尤其重要的是约公元前814年建立的迦太基，之后的一个世纪里一直扩张到安达卢西亚地区。这样一来，腓尼基人的领土覆盖全部地中海南边的海岸，从大西洋上的朱比角，到北边的克里特岛、西西里岛和撒丁岛，巴利阿里群岛和西班牙南部。但是，因为过于分散、过于分裂，腓尼基人的文明最终走向衰落。先是迦太基宣告独立，之后被古希腊人征服，接着又被古罗马统治。亚历山大大帝彻底终结其独立地位，摧毁了泰尔城。接下来的布匿战争征服了最后的几个腓尼基城池，使之成为罗马帝国的附庸。

腓尼基人的大规模远征

多亏了希罗多德、老普林尼、阿维阿努斯（Avienus）的著作和一些保存至今的铭文原件和复制品，一些腓尼基的大航海者至今有幸为人所知。公元前600年前后，埃及第二十六王朝的

腓尼基人的商贸航线

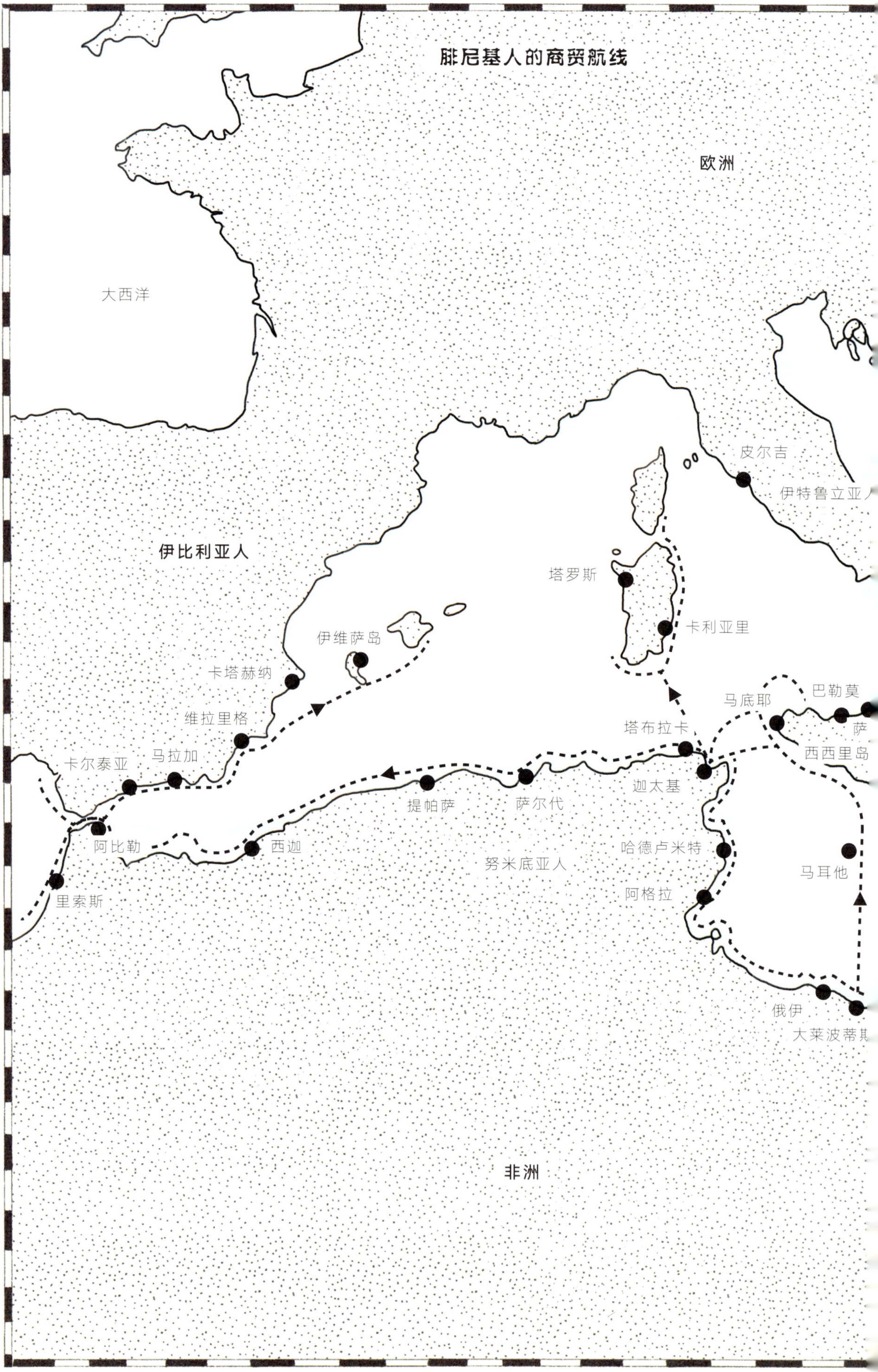
欧洲
大西洋
伊比利亚人
皮尔吉
伊特鲁立亚人
塔罗斯
卡利亚里
伊维萨岛
卡塔赫纳
维拉里格
马拉加
卡尔泰亚
阿比勒
里索斯
西迦
提帕萨
萨尔代
塔布拉卡
迦太基
马底耶
巴勒莫
西西里岛
哈德卢米特
阿格拉
马耳他
努米底亚人
俄伊
大莱波蒂
非洲

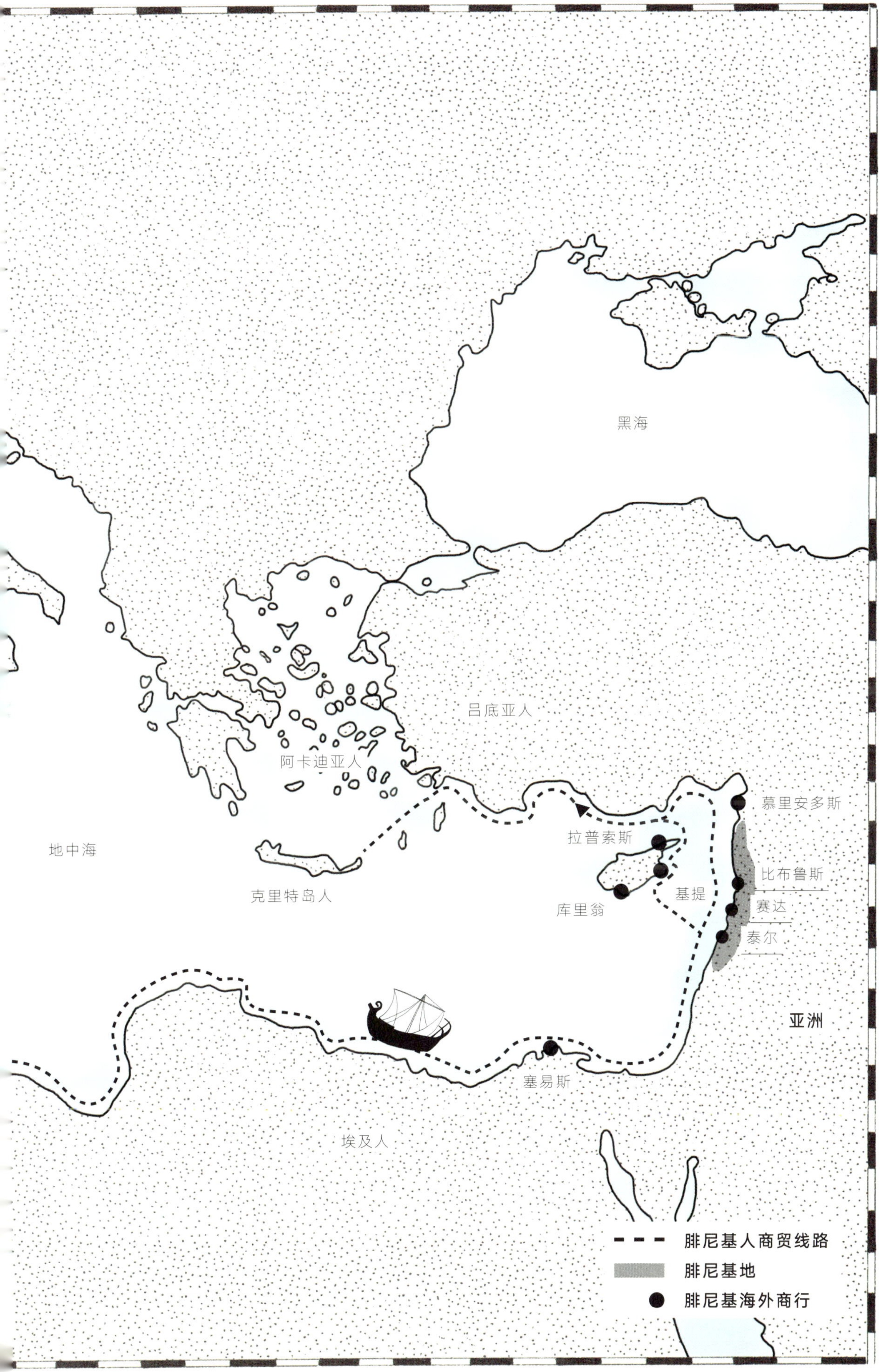
黑海
吕底亚人
阿卡迪亚人
地中海
拉普索斯
慕里安多斯
比布鲁斯
赛达
泰尔
基提
库里翁
克里特岛人
亚洲
塞易斯
埃及人
腓尼基人商贸线路
腓尼基地
腓尼基海外商行

法老尼科二世（Néchao II）试图恢复他的远祖辛努塞尔特三世（Sésostris III）修建的沟通红海和尼罗河的运河。实际上，自从尼科二世被尼布甲尼撒二世（Nabuchodonosor II ）打败，幼发拉底河的航路就被阻断了，他只好寻找新的获得东方财富的途径。为了评估可供替代的选择，他派遣一队腓尼基人探索、环行非洲大陆南边的土地。在希罗多德一个多世纪之后写作的《墨尔波墨涅》中，我们读到，“那群腓尼基人从厄立特里亚海启航，驶向南半球海域。到了秋天，他们在利比亚靠岸，种下麦子，一直等到收获季节结束才重新回到海上。就这样航行了两年，在第三年，他们绕过海格力斯之柱，返回埃及。据他们所述，在利比亚沿岸航行时，太阳在他们的右侧”。即使知道世界是圆的，一个希腊作者也很难凭空编造这一论据来证明海员们跨过了赤道。这段文字本身就证明了这次早期环绕非洲大陆的航行确实发生。

一个世纪之后，腓尼基人汉诺受迦太基的派遣，出航大西洋，探索和殖民非洲海岸。

他的旅行用腓尼基文记载在迦太基贝尔庙的一块石碑上。不过现在仅存一件希腊文的复制品，刻在迦太基克罗诺斯神殿的悬空石板上。汉诺的船队有六十艘船，承载三万三千人，其中有三千名划桨手。迦太基当时在丹吉尔以外已经拥有九个殖民地。远征从加的斯出发，先将殖民者们送到海外商贸点，然后前往探索塞内加尔和非洲海岸，直到喀麦隆和加蓬，才掉头返回。这次远征使得腓尼基人得以殖民新的土地，并且证明了自从公元前6世纪起，他们的贸易就已抵达因西奥多·席里柯（Théodore Géricault）的画作《梅杜萨之筏》(*Radeau de la Méduse*，1819年）出名的阿尔金岛，也到达毛里塔尼亚北边的赛内岛。

五十多年之后，另一位腓尼基血统的迦太基人希米尔科（Hamilcon）驶过海格力斯之柱，开始了他的大西洋旅行。从当时迦太基人统治的加的斯出发，他的海船——我们对其本身知之甚少——沿伊比利亚半岛的海岸航行，直到加斯科涅海湾才改变航线。到达菲尼斯太尔后，他径直向北，前往英格兰岛或爱尔兰岛。4世纪时，用拉丁文写作的诗人阿维阿努斯在《海岸》（*Ora maritima*）一诗中详述了那里生活的人口：“骄傲，精

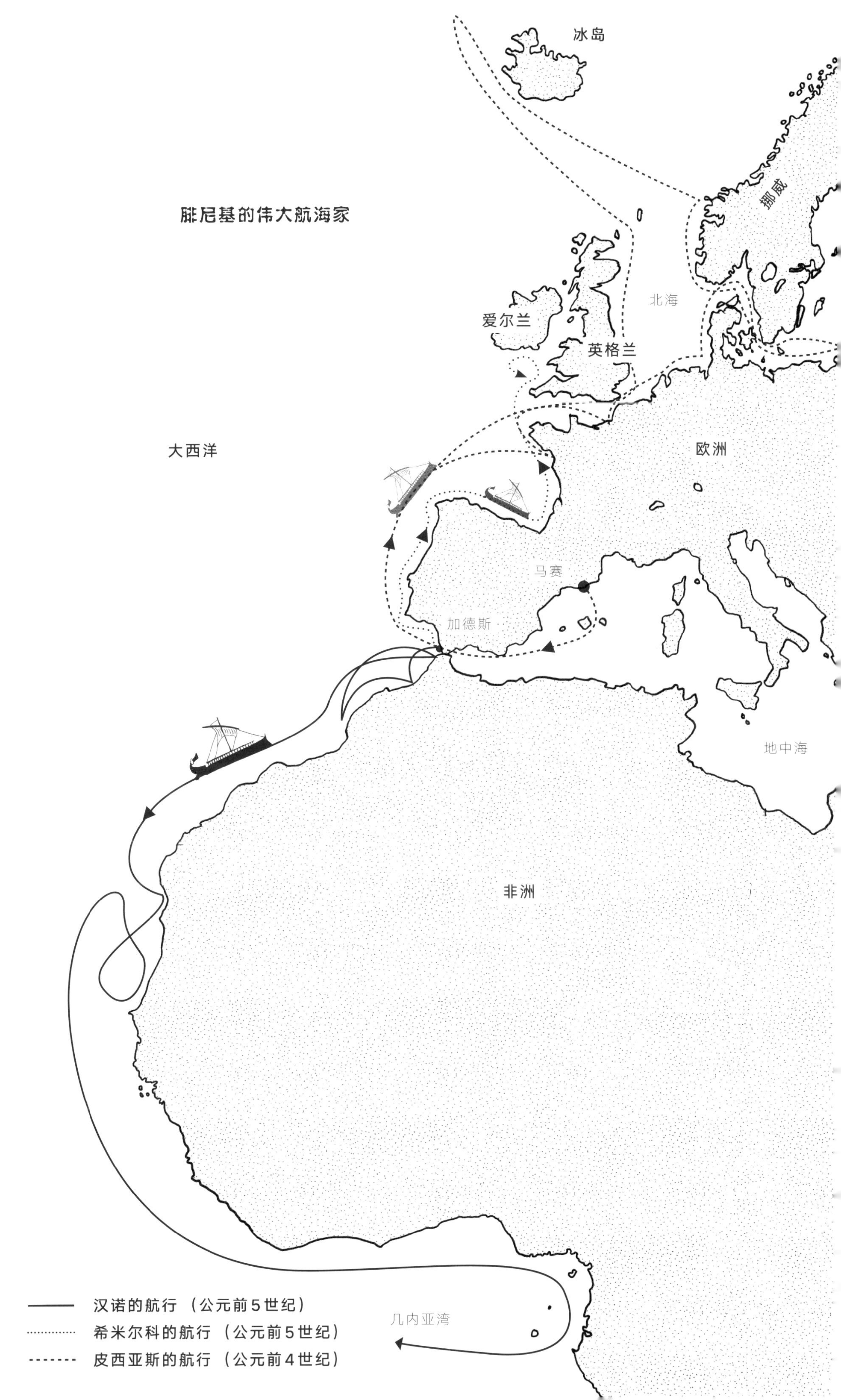
腓尼基的伟大航海家
冰岛
挪威
北海
爱尔兰
英格兰
大西洋
欧洲
马赛
加德斯
地中海
非洲
几内亚湾
汉诺的航行（公元前5世纪）
希米尔科的航行（公元前5世纪）
皮西亚斯的航行（公元前4世纪）

明，对商贸充满热情。”当地人使用一种用拉紧的皮革制作的小船，如今仍能在爱尔兰和苏格兰看到。公元前3世纪的古希腊史学家提麦奥斯（Timée de Tauroménion）在他的著作《西西里岛和地中海盆地的历史》（*Histoire de la Sicile et du bassin Méditerranéen*）中提到，这些船主要用于在康沃耳和欧洲大陆之间运送锡矿石。阿维阿努斯在记录中提到，这条航线很难走，没有风，却总是有雾。海水很浅，充满水藻和海怪。但是，这里锡矿和铅矿如此丰富，这也就意味着人们描述的路线细节注定模糊不清，故意夹杂一些令人却步的景象。水手们坚称旅途中困难重重，或许主要是为了确保自己的收益，避免其他迦太基人也踏上这条航路，构成竞争。

皮西亚斯的航行

整个5世纪，即使存在越过海格力斯之柱、前往大西洋的旅行，也已不为今人所知。迦太基人将基地建立在加的斯和丹吉尔，摧毁所有企图穿过直布罗陀海峡的外国海船。他们很有可能和北方民族有商贸往来，但没有留下直接的记录。腓尼基人已呈衰落之势，他们的殖民地或是宣告独立，或是被其他民族征服。公元前332年，若干腓尼基城市投降亚历山大大帝。坚持抵抗的泰尔被夷为平地。令人惊讶的是，马赛人、数学家和天文学家皮西亚斯（Pythéas）最终描述了这些地中海人不熟悉的北部地区的居民和他们的海岸。之前的记录被认为纯粹是虚构，尤里西斯也早已被当成想象中的人物。马撒利亚（即现在的马赛）是约公元前600年弗凯亚人建立的古希腊殖民地。公元320年，这座城市非常繁荣，积极寻找新的商品市场。一些古代作家认为有一条航线从波罗的海出发，与黑海相连。北方锡矿和琥珀的富足是地中海人知道的。因为其距离之远、海洋航线缺乏导致的稀缺性，人们付高价购买。皮西亚斯听说有旅行者造访了这些地区，那里的白天比夜晚要长许多，海平面的高度经常变化。作为科学家，他对此充满好奇，想要确证并且研究这些现象，于是请求马萨利亚的领导者资助他的研究旅行。获得官方同意之后，他建造了一艘帆桨船“阿耳忒弥斯”（Artémis），雇佣二十八个自由人充当划桨手，一个说凯尔特语的领航员。

皮西亚斯十分清楚，前往大西洋的道路危险重重。他认为可以通过仅在夜间航行躲过警惕的迦太基人。于是，他把船刷成黑色，帆漆成棕色。这些颜色在古希腊并不流行：黑色是对人类充满敌意的神的颜色，棕色代表着服丧。但这位智者注重实效，希望能够以最不引人注目的方式通过海峡。出发日是4月1日。我们不知道具体年份，但根据同一时代其他作者的文字，应当是公元前320年前后。船沿路在希腊人占据的港口阿格德和罗塞斯湾停泊。从丹吉尔可以看见海格力斯之柱，因此皮西亚斯在此地必须十分谨慎。他策划了一个诡诈的方案，在船后拖拽另一艘船，仿佛是要带俘虏去加的斯。这仍然没能避免吸引一艘迦太基船驶近，它想要证实船上搭载何人。被迫靠岸后，皮西亚斯扔出灌铅的绳子，堵住敌人的船桨，并下令向对方首领射箭。敌人最终屈服。希腊人上岸，将对方的海船和船上的奴隶划桨手控制，由其中一名俘虏指挥，遣送马萨利亚。

布列塔尼女王的座上宾

皮西亚斯继续航行，来到葡萄牙海岸。他知道这一季节不会受到来自北方的主导风影响。他的船有两个侧面主梁，当需要逆风而行时，也可以当作制摆鳍使用。他也清楚加斯科涅海湾的风向，于是他取弯道，从西边穿过，从布雷斯特泊地北边、现在的圣马修角驶出。在那里，他认识了布列塔尼女王尤拉（Yoalla），女王准许他在一个海湾暂驻。夜间落潮，船员们惊讶地发现船身触碰海底，但皮西亚斯很快就知道了其中原因。他接受女王的建议，穿过英吉利海峡，来到康沃耳郡，之后沿英格兰海岸，抵达怀特岛郡，随后借道肯特郡，进入泰晤士河。无论在哪里，甲板上的葡萄酒都深受当地人喜爱，他们试图用啤酒与船队交易。继续向北，马赛水手们来到苏格兰，5月末抵达奥克尼群岛。

皮西亚斯和地方首领的碰面通常是和平的。他用科学方法开展研究，同时好为人师。他很乐意分享他的知识，也学习所有新鲜的现象。在奥克尼群岛，他了解到冬天里太阳会从北边降落，落入一个更远的岛屿图勒岛。他决定前往冰岛寻找火山，只停留了两天，又试图探索更远的所在。这回他来到一个陌生的地方，到处都是白色、蓝色的冰，覆盖着迷雾，船队在冰天雪地中航行。他终于在一个覆冰的岛屿处止步，返回冰岛。沿着支离破碎的沙滩向南走，他到达了卑尔根地区，当地人非常了解他去过的海域，也了解他即将前往的波罗的海。在丹麦，皮西亚斯进入巴阿尔第斯海，那里的琥珀如此丰富，皮西亚斯甚至用作为压舱物的鹅卵石交换了大量宝石。为了寻找传说中波罗的海南边的航线，皮西亚斯探索了一个河湾，走到尽头才不得不承认那只是一条普通的河流。13个世纪之后，维京人成功开辟了这条路线，但他们也是使用可以在陆上搬动的海船，才得以从一片水域转移到另一片水域。皮西亚斯最终选择返程，在汉堡附近的黑尔戈兰岛稍事停留，又装载了不少琥珀。接下来，根据他收到的命令，他应该沿塞纳河上行去鲁昂。他从一封书信得知，人们指责他没有报告消息，责令他带着琥珀和锡矿石返程。此外，他不得不送一封信来说明传说中的波罗的海航线并不存在。

在冰岛，皮西亚斯雇佣一位了解斯堪的纳维亚半岛的领航员，前往挪威。他发现了峡湾和一直延绵到海中的山脉。

返回途中，他再次靠岸、问候尤拉女王，随后前往位于南特、锡矿石丰富的卢瓦河口，大捞一笔。他来到菲尼斯太尔角，夜间沿岸航行，以避免被迦太基人发现。他专门等待这个季节常有的雾天偷偷通过直布罗陀海峡，然后径直驶向马赛。人们热情地欢迎他，但没有人相信他讲的故事。而且，他带来的锡矿石和琥珀数量之大让市价暴跌。2000年里，他的故事被认为是谎言。皮西亚斯记录的手稿和很多其他文献一起藏于亚历山大港图书馆，随建筑葬身火海。值得庆幸的是，生活于这位探险家3个世纪之后的古希腊地理学家斯特拉波（Strabon）逐一复原了他的记述，对其进行了猛烈的批判。他将原文翻译成拉丁文，但也造成一处误读，把“美杜莎之海”这个描写北方海洋状态的意象翻译成了“肺”。不过还是要感谢斯特拉波让我们知道这个纪元前最伟大的航海者。皮西亚斯是伟大的科学家，他对英格兰岛轮廓的估计只有5%的误差，那个时代能够达到这样的精确程度实在是令人震惊的。他知道如何参照星空航行，了解他的城市在地球上所处的准确位置。可惜的是，这位马赛智者的知识在之后的世纪里失传了。

特洛伊

奥德赛

伊利亚特

尤利西斯的幸福

维克托·贝哈德

荷马

阿兰·邦巴尔

长久以来，人们将《荷马史诗》中奥德修斯（亦称尤利西斯）的返乡之行视为一次充满意外的海上漂泊。但是，与《伊利亚特》不同，《奥德赛》的故事有着精准的时间框架，航海中每一步所花的时间都有明确的记述。因此，许多研究者对这一文本充满兴趣，致力于考证英雄的足迹，绘成一幅航线图。

虚构的旅行

人们通常认为，在奥德修斯的旅行故事中，想象多于史实。人们普遍认为，只有从希腊到非洲海岸这一段路线真实可考，其余纯粹是诗意的虚构。史诗中的英雄前往遍布神祇、妖怪、独眼巨人、美人鱼的国度旅行，这一叙事灵感来自古希腊人的信仰，意在通过长篇累牍援引神话来传授人生哲理。奥德修斯本人也仅是传奇人物而已。现代人称这样的文本为“虚构小说”。而在古代，这部作品则被当作一篇寓言，训诫人们以智慧和道德的价值。公元前6世纪，古希腊哲学家赫拉克利特还曾下论断：“如果我们能够仔细考察奥德修斯的漂泊历程，就会意识到这不过是一则庞大的、带有警醒意味的寓言。”

特洛伊——未知的城池

1776年，法国外交官舒瓦瑟尔·古费耶（Choiseul Gouffier）伯爵提出荷马史诗中的城池特洛伊是否真实存在的问题，也即荷马笔下人物真实性的问题。他推测出这一古城废墟的可能位置。具体而言，他将特洛伊定位在土耳其的一座山丘，位于距离达达尼尔海峡数千米的一个名为皮纳尔巴斯（Pinarbasi）的村庄附近。1801年，英国矿物学家和考古学家爱德华·丹尼尔·克拉克（Edward Daniel Clarke）提出异议，认为特洛伊古城的位置是希萨立克，比皮纳尔巴斯村距海更近。受到沿海低地的地形限制，古城更可能位于从西边进入达达尼尔海峡的入口处。在那个时代，人们对这个山丘的兴趣骤然勃发。另一位英国考古学家查尔斯·托马斯·牛顿（Charles Thomas Newton）索性买下山的一部分。1865年，他的同国人弗兰克·卡尔维特（Frank Calvert）在几次考古发掘之后证实，这处山丘地貌完全是人类行为造成的，他还发现了一些古代废墟堆积的现象。1871年，德国人海因里希·施利曼（Heinrich Schliemann）提出五个叠加的历史城市层的理论，并在接下来的20年间继续负责著名的特洛伊古城遗址发掘工作。最重要的事实是《伊利亚特》和《奥德赛》成为历史的——而不仅是传说的——片段。唯一遗留的问题是，这处遗址面积太小，无法容纳传说中的五万特洛伊俘虏。直到21世纪初，历经另外五位考古学家的工作，人们才最终确定在3200年前一度劫持了美女海伦的特洛伊城的轮廓。

奥德修斯的航海路线（根据贝哈德的考证）

维克托·贝哈德（Victor Bérard）是其中一个。根据《荷马史诗》第九章至第十二章，从特洛伊返回伊萨基岛的旅行一共花了10年。英雄们穿过伯罗奔尼撒半岛南部，接下来应当前往北边的爱奥尼亚群岛。但是，绕过基西拉岛对面的马里阿角时，东风出其不意地袭击了奥德修斯和他的朋友们，一直将他们吹到食莲人的国度，这一国度被贝哈德考证为杰尔巴岛。

继这些发现之后，许多古希腊研究者着手考证奥德修斯的旅行。他们的视线始终未超出地中海范围。

他们被当地人驱逐，继而来到波吕斐摩斯的国度，即卡普里岛。贝哈德认为，这位传说中的独眼巨人显然象征着维苏威火山，他向奥德修斯的舰队扔石头，一行人好不容易才逃离。舰队于是到达风神埃俄罗斯（Éole）的国度，正如其名字所暗示，它实际上是埃奥利群岛中的一个岛屿——毫无疑问是利帕里岛。9天后，伊萨基岛已经在海员们的视线范围之内。但是，正当奥德修斯熟睡时，水手们打开埃俄罗斯赠予的风。风暴瞬间大作，将他们吹回风神的所在地。

这一次，他们选择向北航行，到达拉斯忒吕戈涅斯之国，大致位于科西嘉岛南部——可能是拉韦齐群岛或马格达莱纳岛。那里的居民毁坏了船队十艘船中的九艘。接下来他们到达“生活着

奥德修斯的航海路线

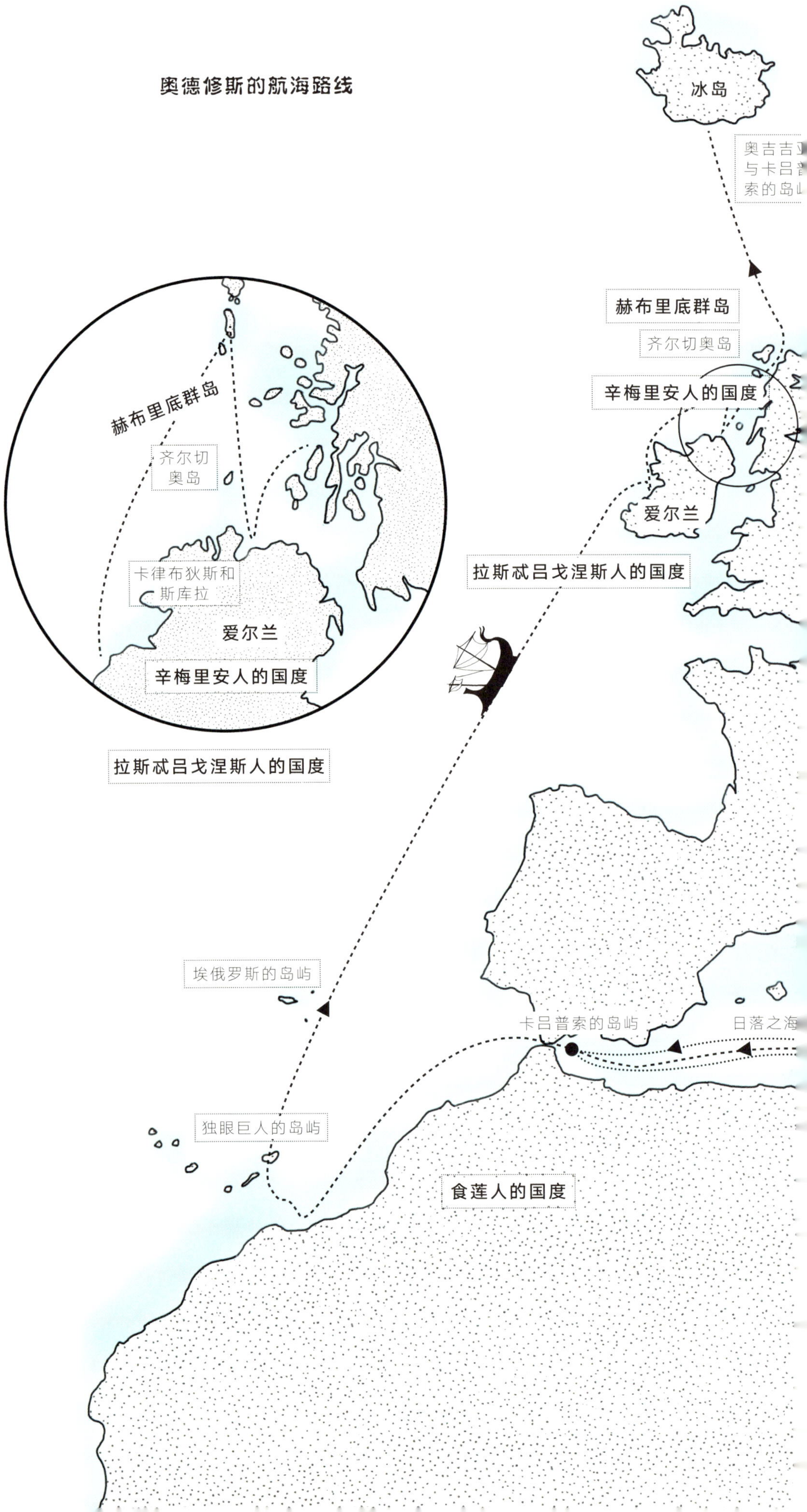

冰岛
赫布里底群岛
齐尔切奥岛
辛梅里安人的国度
爱尔兰
拉斯忒吕戈涅斯人的国度
卡律布狄斯和
斯库拉
埃俄罗斯的岛屿
卡吕普索的岛屿
日落之海
独眼巨人的岛屿
食莲人的国度

独眼巨人的岛屿
菲阿先人的岛屿
卡律布狄斯和
斯库拉
伊萨基岛
斯忒吕
涅斯人
的国度
齐尔切奥岛
美人鱼的岛屿
独眼巨人的
岛屿
菲阿先人的岛屿
伊萨基岛
埃俄罗斯的
岛屿
卡律布狄斯和
斯库拉
太阳岛
基科涅斯城
特洛伊
日落之海
食莲人的国度
奥德修斯的航海路线（根据贝哈德的考证）
奥德修斯的航海路线（根据邦巴尔的考证）
独眼巨人的岛屿 中途停靠点（根据贝哈德的考证）
独眼巨人的岛屿 中途停靠点（根据邦巴尔的考证）

戴美丽耳环的喀耳刻的艾尤岛”。因为名字相像，贝哈德将这个地名认作意大利海岸的齐尔切奥山，尽管后者并非岛屿。女巫直到一年后才允许船队再次出发。于是，奥德修斯来到特利纳克里亚，可能是多火山的西西里岛。接下来，穿过位于卡律布狄斯旋涡和女妖斯库拉领地之间、可怕的墨西拿海峡时，他失去了最后一艘船，只能依附在一片残骸上漂流到海格力斯之柱，也就是卡吕普索的领地。在此，奥德修斯被监禁长达8年之久。女神最终服从宙斯的命令释放了他，允许他建造一艘船回家。然而，波塞冬插手其中，诱发一场风暴，使得奥德修斯的新船在接近伊萨基岛时沉没。筋疲力尽的英雄在克基拉岛上岸，这里的腓尼基人将他送回祖国，与佩涅罗珀团聚。此时距他离家已二十载。

奥德修斯的航海路线（根据邦巴尔的考证）

上面的说法在很长时间里被认为是可信的，但仍有研究者认为其中存在若干矛盾和不清晰之处。首要的问题是，为什么荷马要给古希腊人熟悉的地方赋予别样的名字？要知道，奥德修斯前往特洛伊的航行畅通无阻，当时所有被廷达瑞俄斯（Tyndare）的宣誓召集起来的国王亦是如此。那么，既然他与同时代的所有水手对这一区域了如指掌，为什么在返乡时竟会在地中海兜圈子？要知道，古希腊人的航海知识丰富。他们根据与星星的相对位置导航，善于辨认星座。例如，他们使用雅各布量天尺计算太阳和星星的高度，从而确定航船在海洋中的位置。早在公元前13世纪，古希腊人使用的海船已达到极佳的性能，配备有船帆和船桨。根据荷马记录的不同岛屿之间所需的航行时间，其速度大约为7～9节/时。

20世纪60年代，流行文化的一大现象是对神秘事物的热情。关于各种谜团的作品在图书市场上获得巨大成功，《奥德赛的密码》（*Le Code secret de l’Odyssée*）便是其中之一。这本书的作者吉尔伯特·皮罗（Gilbert Pillot）是位充满热情的水手，在作品中重新诠释了奥德修斯的旅行路线，认为正是通往北大西洋锡金矿航线的发现导致了《荷马史诗》的诞生。这一视角完全重写了奥德修斯和他的同伴们通过马里阿角、被猛烈的东风袭击之后驶过的路线。

杰出的航海家阿兰·邦巴尔赞成这一观点，并进一步推断道：“《奥德赛》是一个航海者的故事，一次伟大的探险就这样通过口述传统被记录下来，并广为传播”。

根据阿兰·邦巴尔（Alain Bombard）的估算，海难之后的9天内，舰队航行的距离为1885海里，足以到达大西洋，纬度相当于马德拉岛所在的位置。但是，大西洋上盛行东北风，洋流涌向南方，舰队从直布罗陀海峡起将不得不转向，在第10天到达北非朱比角。这一假说证据是史诗中对食莲人的描写。他们通过花朵获取营养，性格时而温顺时而狂躁，这正符合大麻等致幻植物服用者的行为特征，而一类印度大麻的变种恰好生长于北非一带。离开食莲人的国度，奥德修斯沿海岸航行约半日后将会抵达加那利群岛中的富埃特文图拉岛。沿线有着经常活动的火山：波吕斐摩斯很可能象征特内里费岛上的泰德峰，它是所有火山中最主要的一个。奥德修斯取道北方，便成功逃脱了他。实际上，他应该是在寻找埃俄罗斯的岛屿，即马德拉岛，而且他一度以为驶出地中海后就可以抵达这一目的地。又经过两天航行，他终于找到这座岛屿。在那儿，风神送出他那著名的装在羊皮口袋里的礼物。如果奥德修斯想回家，就万万不能打开这份礼物。9天后，英雄已经可以眺望到伊萨基岛，谁料他的同伴们屈服于好奇心，打开了装满风的口袋，再度回到马德拉岛。

《奥德赛》的一种解读

这位古希腊作者记述道，奥德修斯重新踏上“前往”北极星的航路。作者始终使用北极星这个字眼，也就意味着他是向偏北方向航行，却不是正北。奥德修斯顺着大西洋的风上行。从比斯开湾起，洋流和风向使他偏离航线向东，旅行6天之后，也就是在第9天，到达拉斯忒吕戈涅斯的国度（即爱尔兰）。这里的夏季白天十分漫长，牧人一天里有充足时间照顾两群牲畜。在地中海一带，白昼的长度当然也随着季节而变化。然而，在爱尔兰的纬度上，6月的黑夜十分短暂。奥德修斯继续他的航行，下一站是喀耳刻的住所，也就是位于爱尔兰东北方向的一个岛屿。这可能是靠近苏格兰海岸、离马尔岛不远的岛屿。也可能是赫布里底群岛，这一说法可能性更大，因为喀耳刻仅允许他出航24小时，符合往返赫布里底群岛和北爱尔兰所需的时间。

通过讲述一次险象环生的旅行，荷马警告所有航海者，必须选择合适的时间出航大西洋，以避免在同一个海域内兜圈子的风险。

女巫被奥德修斯的忧伤和他对妻子佩涅罗珀的爱情打动，最终释放了他，建议他沿海岸航行，尤其要选择平潮时分，小心地通过卡律布狄斯和斯库拉之间的海峡。务必要等到“海水既不膨胀也不退缩时”，她特别提到。每当涨潮时分，海水涌上群岛和大陆海岸锋利的岩峭，在一些地点形成足以摧毁海船的漩涡。这一描述也就不可能指向墨西拿海峡。除非在大风时高速航行，墨西拿海峡上毫无危险可言。荷马还明确记录道，这一自然现象在6月每天会出现三次。显然，地中海上不会发生如此这般的潮汐现象。于是，听从喀耳刻建议的奥德修斯谨慎通过的很可能是在朱拉岛和斯卡巴岛之间的狭窄海峡。这一狭窄的通道位于两个形成虹吸效应的湖之间，每次涨潮，朱拉岛北边都会形成巨大的漩涡。如今这是一处旅游胜地，也是世界三大漩涡之一。研究证实，如果海难发生，卷入漩涡正中的船会被吞没、托拽到262米深的海底，然后被远远掷到下游。在这里，海浪可以达到九米多高。

奥德修斯在两次涨潮之间安全通航海峡后，到达特利纳克里亚海岸，也即琴泰地区，是苏格兰距离爱尔兰东北部最近的半岛。但是，舰队随即遇到风暴，几乎全员覆灭，只有奥德修斯的船得以脱离。英雄决定重回北方，却忘记了在平潮时通过海峡：他被掷入水中，孤零零一人在船的一片残骸上漂流了9天。最后，他在一个岛屿靠岸，“陆地冰凉，水很热，水流向四面八方，既流向海洋，也流向天空。”毫无疑问，卡吕普索的国度奥吉吉亚指的是冰岛，那里水流温热，有间歇热喷泉，被无尽的白昼笼罩，没有黑夜。奥德修斯作为俘虏在此休息8天，建造一艘海船，随后重启返回伊萨基岛的旅程。这次在海上共花17天，对应顺风时冰岛到希腊的航程。不过，当他已经能够远眺祖国时，又一次遭遇风暴。这次海难让他的船偏离航线来到克基拉岛，他在那里口述了自己的奇遇。之后，终于回到家的奥德修斯颇费一番功夫才使人们辨认出自己。旅行到此才告一段落。

锡金矿航线的秘密

荷马讲述给后人的不仅是一部英雄史诗，也是寻找锡矿和金矿的秘密航线。这些矿物资源对统治者而言不可或缺。金子彰显财富和权力，锡矿石则用于制作战争所需的青铜盔甲和武器。荷马记录下来这次探索性质的远航，而他的叙事中道德伦理的寓意格外显著。这位古希腊作者想要强调的是权力之路充满陷阱和圈套。暗礁、沙洲、潮汐、洋流、盛行风、风暴……航海者需要了解这些自然现象，在出航之前就估算其强度，对可能的海难风险了然于心。人们逐渐意识到，大西洋不像地中海那么平静，易于航行。虽然这两个海域上都有剧烈的风暴，但是特定的洋流和潮汐意味着航行的难易程度有着很大不同。尤其值得注意的是墨西哥湾暖流在东大西洋遏制向北的路线，常使从地中海向外的航行偏离向南。洋流在苏格兰和冰岛之间增强，船只甚至常会在此遇难，只剩残骸继续漂流。荷马展现在我们眼前的是一个航海者的故事，这一具有开创性地位的文本始终引人重新阅读和诠释。

达卡船

红胡子埃里克

瑞典人

维京人的萨加传说

新大陆

丹麦人

挪威人

无数日本漫画、连环画、电视连续剧和奇幻电影的创作者的灵感来自于维京人。这一民族独特的萨加传说既令人恐惧又感人至深，它以传奇、玄幻、科幻的形式被一遍遍改写，亦成为大荧幕笼络观众的法宝。传说比历史更吸引眼球，但也并非毫无历史根据。北欧人一度殖民欧洲，足迹广布直布罗陀海峡和里海之间的大陆。他们曾移民冰岛和格陵兰岛，毫无疑问也曾到访大西洋另一侧的拉布拉多海岸。不过，他们的统治和影响力仅持续短暂的时间，主要集中在9世纪至10世纪，随后的一连串失败使他们不得不被迫离开一度征服的土地。

瑞典人、挪威人和丹麦人

维京人被公认为是最早踏上新大陆的欧洲人。但是，考古学家至今还在苦苦寻找他们跨洋航行的遗迹。这些斯堪的纳维亚民族居住在波罗的海和北海沿岸，人口数量虽少，却覆盖了相当大的一片地域。瑞典人沿着河流而居，这些河流与第聂伯河和伏尔加河一道汇入波罗的海。挪威人的领地蔓延到冰岛、苏格兰、爱尔兰，继续朝向地中海扩张。他们也从冰岛起航，前往格陵兰岛，一度在加拿大海岸定居。丹麦人沿着汇入北海、英吉利海峡和比斯开湾的河流推进，顺着伊比利亚半岛侵入地中海地区，足迹一直延伸到第勒尼安海。这些征服者使用同一种语言——古诺尔斯语——的不同方言。这一语言中，“维京”一词指的是那些出海远行的人。

维京海船

维京人的海船通称“达卡”(drakkar)。实际上，当地人针对前往不同目的地、大小和功能不同的船命名不同的名字。“达卡”一词实际上指的是雕刻在船首和船尾的龙，在19世纪法国作家奥古斯特·加尔（Auguste Jal）1840年出版的作品《海洋考古学》(*Archéologie navale*）中首次用于命名维京人的海船。

维京人自从远古时代就开始徜徉海上。对丹麦独木船最早的记录可以追溯到公元前6000年，只用一棵树制作。这些船长度通常大于10米，已经可以用于出海钓鳕鱼或捕鲸。造船者在船底添加横向加强件，以使船侧更牢固，还通过添加木板以增高干舷。它们被用于长途航行，通常作为首领的船葬棺结束使命。1979年，人们在丹麦提布兰德维格（Tybrind Vig）发现了一艘这样的独木船的遗存，可以追溯到约公元前2350年。

自公元4世纪起，维京人开始使用近似达卡的航船。这种原始达卡船底是平的，完全由桨驱动。船上有多个划桨台，但没有龙骨或船帆。又过了2个世纪，前后对称的斯堪的纳维亚海船样式完全固定下来，一直持续使用到20世纪。达卡船的建造从内向外进行，周身有搭接结构，在T形龙骨四周用铁钉固定。它有一个彩色方帆，位于右舷上的大桨同时也是船舵。

维京人的船可以分为三类，其共同点是极其轻巧，入水后的形状十分优美。事实上，正如古罗马三层桨战船或更晚的威尼斯双桅战船，达卡的建造者明白，所有无用的重量意味着划桨者需要耗费额外的力气。这一原则的应用随着时间推移和造船技术的发展而逐步成熟。

古诺尔斯语中有二十多个术语指代不同类型和样式的船，在不同的时代和地区也有不同的叫法。“长船”（langskip）是一种铺设有甲板的战争用船，还可以根据大小、划桨手或划桨台数目进一步细分。最大的是“埃斯切”（eschei），长达30余米，一些特例甚至超过40米。“斯奈卡”（esneque或snekkar）是最常见的，可以用来运输马匹。它是战船舰队中最宽的一个，长度通常为20余米。“商船”（kaupskip）则是所有船只中最大的，通常用于贸易或运送货品。这种船主要靠船帆驱动，船员数目因而有所削减，划桨手的位置在船的最前或最后。不同尺度的商船可以承载10吨到50吨货物，与战船随行时可以负责护送军需，并用于载回战利品。它们比“长船”容量更大，顶部敞开，根据其大小承担不同的功能。1962年，五艘海船在距离哥本哈根不远的斯库尔代列夫（Skuldelev）得到发掘脱浅，其中包括两艘长船、两艘商船和一艘“渡船”（ferge），即载货和近海运输的小船。这次发现充分证明维京人航海技术多样性、丰富性和专业性。还有一种小船，被称作“巴特拉”（batr），它是商船的缩小版本，船上至多有十二名划桨手。这种帆船性能良好，直到第一次世界大战前还在制造。

多数种类的维京海船都有现代复原。通过这些复原，人们得以证明其惊人的速度和对各种航海条件的绝佳适应能力。通过主结构和船壳板的搭接结构，它们表现出惊人的灵活度。维京海船完全可以应对风浪的挑衅，因而获得了“海蛇”的称号。

对长船而言，船帆不是必备之物，因为划桨手足以保证提供充分的推动力。只要八十名划桨手，长船就可以搭载两倍数量的战士。或者索性让战士轮流担任划桨工作——这样做有助于维持船上纪律：船上的人没有丝毫闲余时间，也就从源头上限制人与人之间发生冲突。划桨的工作同样可以作为战士体力训练的一部分，是保持强健的好方法。船员既可以保持和锻炼自身力量，也为航行提供了驱动力。

从英格兰到俄罗斯

6世纪时，丹麦人企图前往陌生的土地定居。公元555年，他们被法兰克人击败，撤退到泽西岛。574年，他们来到弗里西亚。8世纪初，轮到挪威人出发征服新的领土：他们前往设德兰群岛和奥克尼群岛，几次尝试占领苏格兰北部的海岸。

最早有记载的丹麦人的侵略发生于公元789年。9世纪，阿尔弗雷德大帝统治时期起编纂的英格兰岛年鉴《盎格鲁—撒克逊编年史》(*Chronique anglo-saxonne*）记录了这一事件。令人惊讶的或许在于，维京人径直进入英吉利海峡的目的是洗劫位于韦茅斯湾入口处的波特兰岛，然而那里远非富饶之地。尽管如此，这次入侵体现出一种武力侵扰某一被垂涎地区的模式，很快成为维京人族群不断重复的惯例。

维京人并未皈依在大不列颠岛和法兰克国家正蓬勃发展的基督教。这一时期，圣本笃（Saint Benoît)、圣哥伦布（Saint Colomban)、圣卡斯伯特（Saint Cuthbert）等教士在这些地区传福音，兴建了许多修道院。修道院中的礼拜用具都很值钱。实际上，维京人的语言中没有“宗教”一词。在他们的观念中，人和神祇共同在此岸世界和彼岸世界生活，两者之间没有界限。

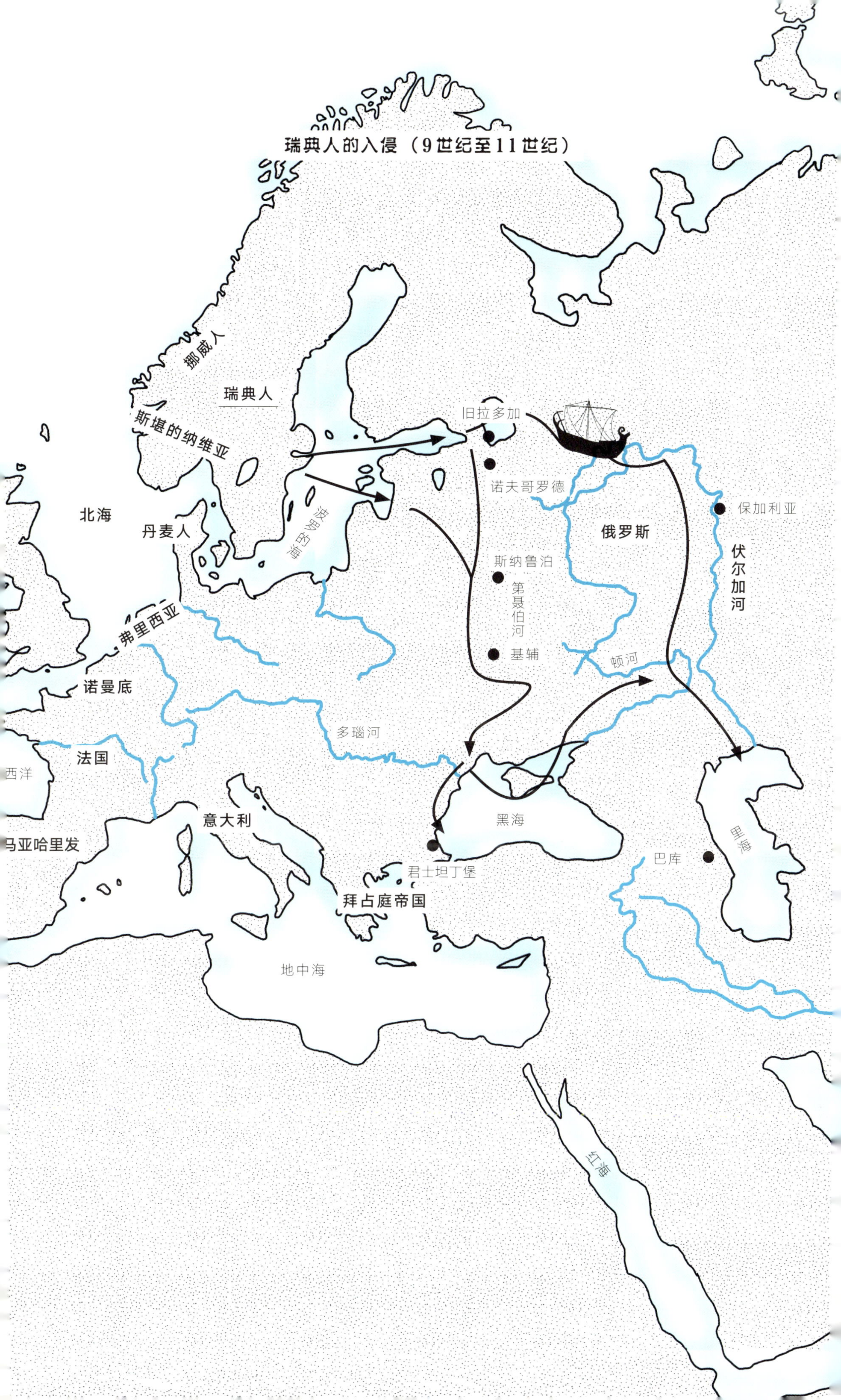

瑞典人的入侵（9世纪至11世纪）
挪威人
瑞典人
斯堪的纳维亚
旧拉多加
诺夫哥罗德
保加利亚
北海
丹麦人
波罗的海
俄罗斯
伏尔加河
斯纳鲁泊
第聂伯河
弗里西亚
基辅
顿河
诺曼底
多瑙河
法国
西洋
意大利
黑海
里海
马亚哈里发
巴库
君士坦丁堡
拜占庭帝国
地中海
红海

他们的“宗教”中不存在教理、祈祷或教士，更没有神庙。他们的信仰是可见的：土地、水、日月、雷、火和女性都被视为神祇，由母亲女神统领。他们践行若干宗教性质的仪式，包括敬神的宴会、动物祭祀、请求占卜、缔结庄严的誓言等，意图在人和神之间建立直接联系。直到基督教化很久之后，维京人的文化实践才由当时的天主教士加以描述，以至于如今很难客观勾勒其原状。在17世纪到19世纪历史学家的再解读下，这种“宗教”几乎可以说是非宗教的、怀疑论的。现在，人们则更倾向于认为，维京人和超验领域的关系建立在对自身力量完全信仰的基础之上，而这种力量有着神圣的起源。

挪威人于公元793年6月8日首次到达英格兰海岸，时值查理曼大帝加冕礼9年前。

这一事件在人们脑海中留下深刻印象，深刻影响那个时代的精神基调。法兰克人充满惊恐地听闻和传播这一消息：异教徒一路劫掠屠杀，摧毁了靠近苏格兰边界一个小岛上林迪斯法恩（Lindisfarne）的教堂。教堂和附属的修道院要等到12世纪才以更大规模重建，一直沿用到1537年，因亨利八世命令而废弃，如今只剩下废墟。

这次入侵英格兰被视为“维京时代”的开始。当时被称为瓦良格人（Varègues）的瑞典人自公元753年起已经开始殖民俄罗斯北部的旧拉多加，这里正是前往巴格达的商贸路线的起点。溯涅瓦河而上，他们的达卡船穿梭在遍布桦树林的土地上，一直到达拉多加湖沿岸。在那里，他们将大型海船拖上岸晾晒，建造独木舟，用于继续驶向奥涅加湖和白湖。他们的行程顺着舍克斯纳河，从如今伏尔加河流经的水库驶出，一直到里海。在里海南岸，他们和阿拉伯世界及丝绸之路发生往来，从而得以和1000千米以外的巴格达建立联系。

坐拥112个塔楼的巴格达圆城建于公元762年，它是波斯湾、中亚和西欧的贸易中心。斯堪的纳维亚人带去铁器、毛皮、蜂蜡和沿路劫掠的斯拉夫奴隶，用以交换珍贵的物品。在斯德哥尔摩附近村庄的考古发现了多种源于这些长途旅行的硬币，甚至还有小佛像。他们的旅行从里加出发，经由维尔纽斯，南下基辅，沿第聂伯河直到黑海河口，最终到达君士坦丁堡。他们还在沿线设立商行。

这些当然不是一蹴而就的。瓦格良人与拜占庭帝国最早在公元839年发生联系。拜占庭皇帝赞赏这些尚武者的力量和忠诚，之后三个世纪里培养了一支由瓦格良人组成的可靠的私人卫队。公元862年，与瑞典国王关系亲密的瓦格良人首领留里克（Riourik）王子在基辅罗斯的大诺夫哥罗德建立留里克王朝，其统治一直持续到公元1598年。他占领了前往黑海的路线上所有重要城市，疆域从旧拉多加延伸到罗斯托夫。对于他的故事，以及他究竟是斯拉夫人、波罗的人、丹麦人还是瑞典人，不同国籍的历史学家有不同的说法。不过，俄罗斯人至今仍将其视为一位有远见的领导者和首次尝试团结俄罗斯的先驱。

都柏林的建立

从公元795年起，丹麦人和挪威人从商人口中听闻天主教欧洲的无尽财富，便追寻他们的足迹，出入苏格兰、爱尔兰、黑海、英吉利海峡和大西洋。所有那些封存在教堂、修道院的财宝，坚固堡垒中和城市里女性精美的首饰、商人使用的硬币、来自西南方萨拉逊人的武器，都是劫掠的目标。这些远征的原因复杂。它们和斯堪的纳维亚国家内部的政治混乱有关。此外，维京人看重的还有自身社会地位的提升。英勇战斗被认为是瓦尔哈拉神殿的敲门砖，因此战死是死后成为神祇一员的最好办法。金银等财富的积累也意味着身份的提升，它是神祇感到满意的证明。

维京人的袭击往往出其不意，发生得非常突然，被袭击者无法控制和预见。公元799年，挪威人在旺达尔人居住的海岸努瓦尔穆蒂耶登陆，在洗劫一个修道院后离开。3年后，他们殖民了奥克尼群岛、赫布里底群岛和马恩岛，在马恩岛一直驻留到15世纪。这一行为证明他们的迁徙也有人口学原因。他们在该岛设立的执政形式基于公民负责制和公民自由的原则。全民选举代表组成议会，当地语言中称为庭瓦德（Tynwald），附带一个间接选举的委员会。这个机构是人类历史上古老的议会体系之一。几年之后，旺代地区几度被侵略。先是公元813年，维京人洗劫了布安岛。这座岛屿如今因为围垦成为大陆的一部分。他们一把火烧了村落，然后携战利品而归。公元820年，他们又来到了努瓦尔穆蒂耶。这一年，他们在塞纳河湾遇到抵抗，但依旧得以登陆布列塔尼和卢瓦河一带。与此同时，另一批挪威人殖民了爱尔兰，丹麦人则首次侵入荷兰。努瓦尔穆蒂耶岛是一个很容易被突袭的地方。

公元830年，这群北方人再次突袭，3年后又故伎重施。反复的几次入侵中，他们一路散布恐惧，将所有可及之物洗劫一空。

同一时期，维京人还占领了位于荷兰的雷斯塔德，几度骚扰泰晤士河入海口一带。公元837年，挪威人图尔格齐（Thorgils）率一百二十艘达卡船登陆爱尔兰。他在一个名为阿特克里亚特（Ath Cliath）的小村庄附近建立了未来的都柏林城。直到1170年，盎格鲁—诺曼人入侵之前，都柏林一直处于北方人统治下，并成为他们远征北爱尔兰和英格兰的出发点。不过，图尔格齐征战阿尔斯特时，爱尔兰国王全力抵抗，于845年成功将他的北方敌人俘虏淹死在欧维尔湖。

巴黎围城

公元845年，丹麦人朗纳尔·洛德布罗科（Ragnar Lodbrok）率一百二十艘海船和五千名战士登陆鲁昂。他们溯塞纳河而上，先是洗劫沙勒旺港，摧毁了筑有防御工事的村庄瑟勒（Celle）及其修道院，使得当地只剩下瑟勒圣克劳德教堂遗存下来。维京人将一百一十一名俘虏吊死，并将这一悲惨的景象展示在西法兰克国王、查理曼大帝的孙子秃头查理（Charles II le Chauve）的军队眼前。大惊之下，法兰克人很快放弃了战斗，他们的国王逃亡到圣丹尼斯修道院。朗纳尔一路进军巴黎，攫取圣日耳曼修道院和位于今日亨利四世中学的圣热纳维耶夫修道院珍藏的财宝。复活节的周日，他仍旧在塞纳河两岸劫掠，巴黎居民不得不到西堤岛上避难。这位征服者要求对手支付7000磅银子，作为撤军返回丹麦的代价。返程途中，朗纳尔在英格兰约克的一场战役中被俘。在一个古诺尔斯语的萨加传说中，故事的结局是这样的：公元866年，诺森布里亚（Northumbrie）国王最终将朗纳尔扔到满是毒蛇的大坑里处死。维京人发起这些侵略的目的很简单，要抢劫宗教场所的财富。实际上，在公元800年主教会议建议薄葬之前，信奉基督的逝者下葬时都伴有奢华的衣服，他们的棺材里有大量首饰和珍贵装饰品。维京人也有类似的厚葬传统，于是他们在教堂、修道院和墓地棺材中搜寻财宝，令教士和平民大为惊恐。公元9世纪之前的棺木留存至今的很罕见，即使躲过维京人，大部分也没能避免法国大革命时期的破坏。

公元861年，维京人再度洗劫巴黎，圣日耳曼德佩修道院又一次沦为受害者。公元866年，他们故伎重施，这一次在默伦获得4000磅赎金，因而掉头返回。

维京人与法兰克人支付赎金的谈判中也达成避免之后冲突的约定。然而，公元855年，以另一个丹麦首领赛德罗克（Sydroc）为首的维京人第四次来到塞纳河。朗纳尔的一个儿子比约恩·科特迪费（Björn Côtes-de-Fer）统帅的舰队也参加了这次远征。他是一位骇人的战士，同时也是瑞典蒙索王朝的建立者。征服鲁昂之后，两队人马在塞纳河两岸大肆洗劫，从厄尔一路进军沙特尔。公元856年12月，侵略者抵达巴黎城下，在这座城市又燃战火。所有郊区的教堂都被洗劫。一个月后，圣丹尼斯教堂的修道士在威胁勒索之下只好逃走。接下来轮到圣日耳曼德佩修道院，那里所有值钱的物品被抢走，农奴被杀戮。公元876年，他们一路兵临鲁昂南部筑有防御工事的蓬德拉尔克。第二年，为了应对北方人的入侵，秃头查理着手修筑巴黎城墙和塔楼，建造两座吊桥做为塞纳河和西堤岛的防御工事。

在蓬德拉尔克，曼恩（Maine）公爵拉格诺德（Ragenold）试图抵抗，但公爵战死之后，他的部下放弃了战斗。在塞纳河畔皮特雷建立的堡垒也未能成功御敌。公元885年11月24日，丹麦人第五次出现在巴黎城下。在齐格弗里德（Siegfried）的带领下，他们在三天里发动多次进攻。但是，如今巴黎城四围的堡垒设计精严，在吊桥的入口处有高塔和瞭望台，可以更容易地定位敌人。巴黎伯爵厄德（Eudes）和主教高兹兰（Gozlin）使用滚沸的油抵挡住一波波的进攻。维京人不得不改变策略。他们在如今圣日耳曼奥塞尔教堂所在的圣日耳曼勒宏安营扎寨，围困城市。两个月后，他们还建造了用于凿穿城墙的机器，花了四天时间试图制造一个开口。他们处处需要应对巴黎人，后者甚至夺取了他们的几艘海船。这一次，城市竟然挺过了持续两个月的围困。

公元884年，再度入侵鲁昂的维京人重整阵营，结成一支有约三、四万士兵、七百艘达卡船的可怕军队，目的是洗劫巴黎和勃艮第地区。

于是，气恼的齐格弗里德带着他的手下蹂躏兰斯地区。公元886年2月6日，他又掉头袭击塞纳河左岸、位于桥的一端的小夏特莱（Petit Châtelet）。他大肆放火、杀戮居民，当地人甚至没法通过支付赎金躲过一劫。重新开始围城的维京人使用牵制攻击的方法，策划占领沙特尔和曼恩，但这些出击都被击退。另一战线上，维京人进攻并洗劫了埃夫勒，之后返回巴黎。高兹兰主教向布洛涅（Boulogne）伯爵埃尔康格尔（Erkenger）求援，希望对方可以前来解围。战争演变为一场屠杀，法兰克人节节败退。诺曼援军在左岸集结，驻扎在圣日耳曼德佩。厄德和高兹兰最终得以与齐格弗里德议和，后者接受60磅银子作为撤退的条件，离开巴黎，前往征讨巴约。但是，其他几支北方部队继续围城，甚至加强了进攻。高兹兰主教感染西堤岛横行的传染病，于公元886年4月16日去世。5月28日，巴黎伯爵厄德秘密出城，前往当时在日耳曼尼亚的法兰西国王和西罗马帝国皇帝胖子查理（Charles le Gros）那里寻找增援。厄德很快返回，但皇帝的军队姗姗来迟。9月，维京人重启战事，成功进入巴黎城内。他们洗劫宗教场所，屠杀所有挡路的人。几天之后，皇帝终于来了。

但是，皇帝更愿意通过谈判解决问题。齐格弗里德被允诺一笔更高的赎金，于是离开了巴黎，率部下前往荣纳地区继续洗劫。由于条约并未允许维京人从塞纳河的桥下通过，他们只好将他们的海船搬上陆地，从陆路绕过去。他们一路洗劫默伦、桑斯、欧赛尔的圣日耳曼修道院，以及贝兹和弗拉维尼的教堂。公元887年，维京人回到巴黎，拿到一笔赎金，并且在圣日耳曼德佩驻留，几度入侵荣纳，之后沿马恩河征讨谢西。

巴黎围城标志着维京人历史上重要的一个事件。此前，维京人习惯了战无不胜的远征，这一次却遇到挫折。他们需要像传统的军队一样，与敌人开展谈判，制造机器以摧毁防御工事，安营扎寨以组织围城、准备进攻。这些新的战斗方式在他们和当地人之间建立关系，从附近地区获得食物补给。这些交流逐渐让他们定居下来。

进攻英格兰

这一时期，斯堪的纳维亚人持续劫掠荷兰和英格兰的部分地区。公元858年至860年，比约恩和哈斯丁（Hasting）率六十二艘船前往加斯科涅，洗劫波尔多和加利西亚、拉科鲁尼亚、波尔图以及里斯本和直布罗陀地区的沿海地带，还袭击了马拉加。在与科尔多瓦王子穆罕默德一世（ Muhammad Ier）舰队的战斗中，维京人损失了一些船，但仍继续他们的远征。接下来，他们侵略摩洛哥、纳祖尔，洗劫巴利阿里群岛。他们在纳博讷和尼姆也是同样的行为，之后溯罗讷河而上，火烧瓦伦西亚，由经伊泽尔，一直逼及罗马人居住的区域，沿途摧毁了圣伯纳教团（collégiale Saint-Bernard）。在意大利，他们沿着热那亚湾，洗劫离拉斯佩齐亚不远的卢纳，然后是比萨，接下来沿阿诺河到达佛罗伦萨郊区。最后，比约恩率领幸存的几艘达卡船，满载荣耀和财富回到瑞典。

丹麦人和挪威人的入侵

（9世纪至11世纪）

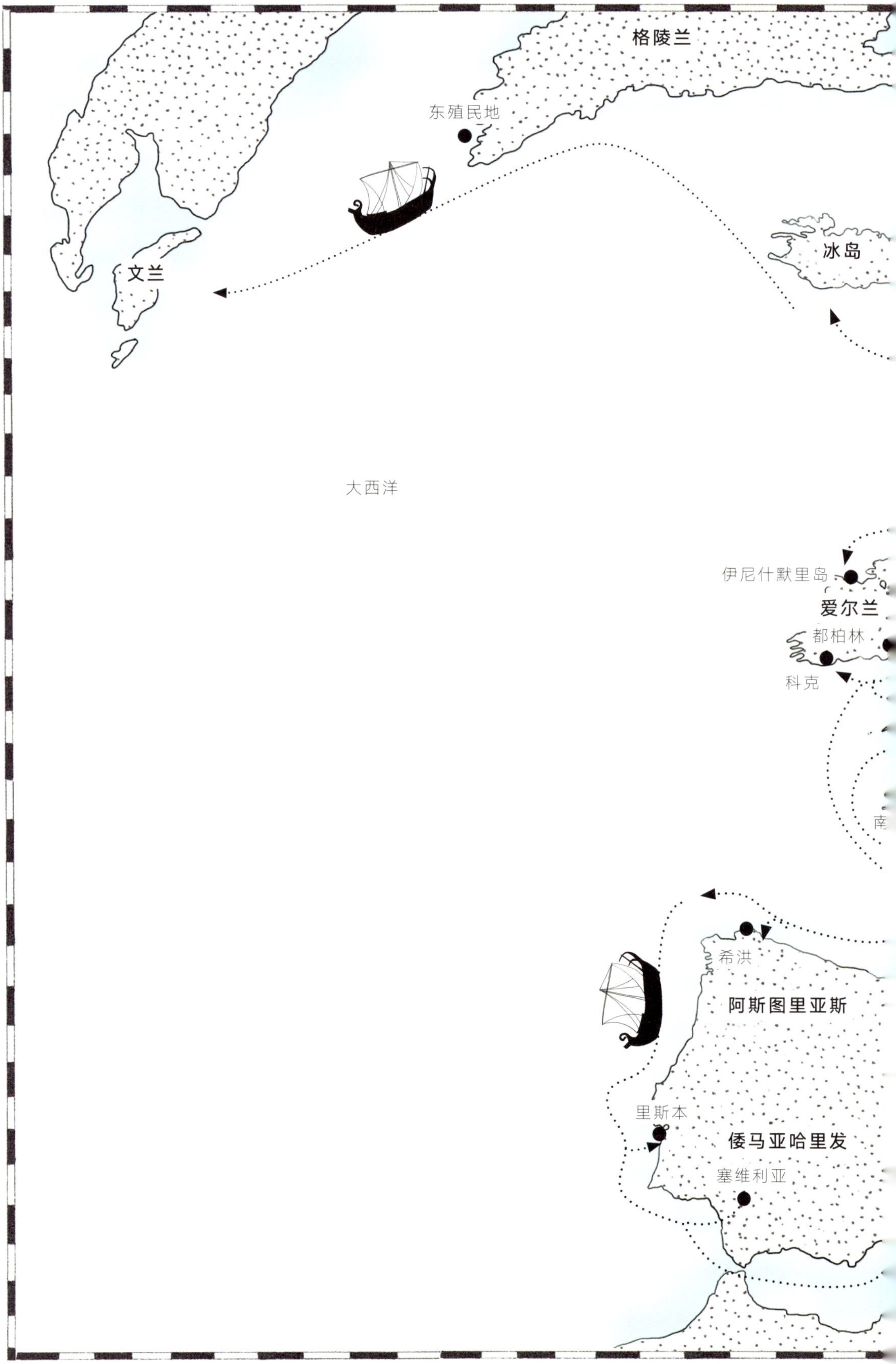

法罗群岛
舍得兰群岛
挪威人
瑞典人
斯堪的纳维亚
北海
波罗的海
丹麦人
英格兰
敦
俄罗斯
弗里西亚
曼底
鲁昂
斯特利亚
巴黎
波尔多
阿基坦
尼姆
阿尔勒
比萨
亚得里亚海
巴利阿里群岛
地中海

9世纪的结束标志着地缘政治局势的若干变化：维京人不再战无不胜。他们不得不撤离默兹和英格兰。

公元896年，英国海军在英吉利海峡击溃丹麦舰队。公元911年，丹麦首领洛隆签署埃普特河畔圣克莱条约（traité de Saint-Clair-sur-Epte），被封为诺曼底伯爵，和巴约公爵的女儿结婚，这也就成为后来诺曼底公国的雏形。洛隆承诺抵挡塞纳河湾的斯堪的纳维亚入侵，第二年接受天主教洗礼。法兰克人和若干维京首领关系逐步走向正常化。但是，布列塔尼和卢瓦河口仍是残暴劫掠的对象。丹麦国王蓝牙哈拉尔德（Harald à la Dent bleue）于公元966年受洗，强令他的王国的子民皈依基督教。10年之后在挪威也是如此。一个新的时代开始了。一些丹麦首领仍旧不改突袭抢劫的行为，但是他们大多兵败布列塔尼、西班牙和加斯科涅。

同时，战事在英格兰持续。公元994年，丹麦国王和挪威国王国攻伦敦，获得1600磅的赎金后才离开。三年之后，他们又发起若干次突袭，得到高达24000磅的赎金。公元1002年，盎格鲁—撒克逊国王埃塞尔雷德二世（Æthelred II）下令歼灭所有在他领土上的丹麦人。他受到了丹麦国王斯文（Sven）的报复，后者于公元1013年攫取英格兰王冠，但五个星期后就去世了。第二年，埃塞尔雷德二世重登王座。斯文的继承人克努特大帝（Knut le Grand）集结兵力准备夺回王位，于公元1017年称英格兰国王。最后，公元1066年10月14日，洛隆的后代、诺曼底公爵征服者吉约姆（Guillaume le Conquérant）获得黑斯廷斯战役（Bataille d’Hastings）的胜利，这一故事被描绘在著名的巴约挂毯上。英格兰王冠落入他的手中，为“维京时代”画上了句号。

充满争议的历史

实际上，这个红毛的挪威人获得这样的名声，最初要多亏了他被驱逐出境。公元970年，埃里克（Erik le Rouge）的父亲索尔瓦德·阿斯瓦德森（Thorvald Asvaldsson）因谋杀被勒令离开挪威，逃亡到冰岛。红胡子埃里克在10年之后因为同样的原因被放逐到这个岛屿。他决定继续向西航行，前往在冰岛最高峰上可以看到的一片土地，他称之为格陵兰。他从南边绕过这一区域四周的冰川，到达临近今日卡科尔托克（Qaqortoq）所在的地方。历经3年的流放和探险，他回到冰岛，为殖民格陵兰岛做准备。他率领二十五艘海船再度西行，其中十四艘到达目的地，大约四百名殖民者在格陵兰岛西南海岸、今日称为埃斯特里拜格（Eystribygdh）的地方登陆。公元986年，一个挪威商人比雅尼·何尔约夫森（Bjarni Herjolfsson）前往格陵兰岛，遇上风暴而偏离既定航线，意外地发现了北美海岸。发现这些新领土的故事写在两个世纪之后的红胡子埃里克萨加传说和格陵兰萨加传说中。这些萨加传说讲述道，约公元1000年时，红胡子埃里克的儿子莱夫·埃里克松（Leif Erickson）首次造访拉布拉多和纽芬兰岛。几年后，他回到这片森林覆盖的土地，建立两个殖民地，命名文兰（Vinland）。三名维京首领冬季在此停航，萨加传说中没有给出具体的日期。这次征服持续不长，多半是由于与北美原住民的冲突。

所有维京人中，红胡子埃里克是最有名的，因为他的故事和美洲大发现紧密相联。

维京人的历史充满争议，因为历史学家只能参考后世书写的原始资料和赞美英雄的萨加传说。对于这段历史，互相冲突的解读有很多，有些观点甚至毫无根据。所有历史书写都不可避免充满着放纵和暴力，而这正是维京时代的特点。

威尼斯

桨帆船

第四次十字军东征

威尼斯商人

总督

军械库

君士坦丁堡

谁能不被威尼斯震撼？这座城市竟然完全建筑在潟湖之上。以贫乏的深海为界，它却能够拥有如此辉煌的历史，从万千城邦中脱颖而出。一定是有特殊的机遇成就了它。事实证明，历史的轨迹经常蜿蜒曲折，难以预料，一时间赋予某个民族或国家无上荣耀，之后又任其陷入衰落和一文不名。威尼斯诞生在一串岛屿之上，从建城之初就意识到，它的存亡取决于和外部维持稳固的商贸关系。因为北方的山峦被蛮族占据，路途受阻，威尼斯城只好向南方的海洋开放门户，它的财富在蓬勃野心驱使下逐渐积聚。这一贸易直接依赖于运送商品的海船。

威尼斯的早期时代

当时的海平面比如今低1至2米。之后，水面上升，可居住的陆地缩减到只剩下一串小岛。公元5世纪中叶，匈族人入侵意大利北部，追随他们脚步的还有一个世纪之后的东哥特侵略者。骑兵无法进入潟湖，因此大量难民涌入威尼斯。北欧的伦巴底人突然入侵，也使得古罗马人口大规模移居南部沿海地区，尤其是靠近威尼斯的潟湖地带。当时威尼斯城还未真正存在。

威尼斯及其潟湖岛屿上最初的居民是古罗马渔民。他们从公元1世纪便来到这里，群居在盐碱滩上，形成村落。

根据流传于10世纪的传说，公元421年3月25日正午，三个来自帕多瓦的执政官在里亚尔托一带建立了威尼斯城。这一故事的真实性有待证实。无论如何，可以确定的是，来到潟湖的群体各自选择一个或一组小岛安顿下来，形成群居的格局，以免受蛮族和拜占庭人的威胁。后期到达这一区域的还有一些富裕的耕种者，从北方或者沿海城市来这里避难。在潟湖定居之后，他们考虑到外部世界不安全因素始终构成潜在的威胁，遂自发组织起来加固新居的堤岸。托尔切洛岛上的圣母大教堂建于公元639年，是保存至今最古老的教堂。

公元693年，保罗·吕齐奥·阿纳法斯托（Paolo Lucio Anafesto）被选为第一任总督，负责保卫潟湖地区。同时，他也接受以拜占庭皇帝名义管理拉文纳大区的长官的管辖。借鉴拜占庭和东方传统，总督的任命由上帝的旨意决定，而且这一职位并非世袭。他需要服务百姓，始终对治下子民负责。

公元8世纪，威尼斯群岛临近海洋的区位优势体现出来。人们的活动集中在里亚尔托区，那里有着吃水深度大的天然良港。商贸逐渐成为威尼斯社会经济活动的核心。手工业和造船业自然也随东西方之间正在萌生的跨区域贸易需求而发展。公元734至751年，拜占庭人一度企图维持对拉文纳的统治权，但伦巴底人不久后入侵了这一地区。威尼斯于是成为拜占庭帝国的一个重要中转枢纽。8世纪末，法兰克国王查理曼大帝的帝国将巴伐利亚和意大利纳入版图。这样一来，威尼斯潟湖两面如被钳子夹住。公元810年，查理曼大帝统御几乎整个欧洲，其领土从波罗的海延伸到罗马。只有为数不多的几个地方始终成功抗衡他的大军，威尼斯便是其中之一。

技术卓绝的军械库

位于城市东面的军械库是威尼斯成功的关键。公元8世纪至18世纪，军械库持续扩张和现代化。12世纪时，早期的造船工场已经可以生产足够多的桨帆船，运送3万人前往始自公元1202年的第四次十字军东征。一个世纪之后，在公元1304年—1335年，造船厂的面积扩张四倍，达到25万平方米。

与此同时，出租和拍卖船只的规则逐渐定型，租出的桨帆船只需定时回到威尼斯进行维护和修理。军械库通常库存一百多艘船，以随时应对战争和贸易的需要。军械库不仅负责建造船只，也涵盖武器、船桨和帆缆索具制造。公元15世纪，其面积再度翻倍。这是世界上最重要的制造厂，有16000雇员，造船厂每天可以造出一条新海船。威尼斯军械库使用的造船技术有别于传统方法。通过运用标准化模型和专家的知识，生产过程中首先分头制作组件，然后进入装配流水线，组装为整船。

公元16世纪时，由于国际竞争和发展势头跌落，军械库的雇员数量减少到2000人。尽管如此，造船厂仍能在两个月里制造一百艘装备完善的桨帆船。之后，随着吨位的增加，建造设备和方法也有相应改变。公元1778年，军械库安排一个大厅，专门用于将大型船的设计图画在地面上。

圣马可的遗物

公元5世纪时，威尼斯人开辟了第一条联系亚得里亚海和君士坦丁堡的海上航线，途径拉文纳、达尔马提亚地区的港口和克基拉岛，以及伯罗奔尼撒半岛的港口墨东和内格罗蓬，也就是如今的美多尼和埃维亚岛。威尼斯的造船业、手工业和以丝织品、贵金属、香料为首的奢侈品贸易迅速发展，成为当时东罗马帝国最尽头的商业中心。随着海运业日渐发达，威尼斯人开展诸多服务于拜占庭利益的跨海远行，从而获得一系列贸易特权，这些助长了它的势力和财富。

威尼斯人清除了亚得里亚海上的海盗，以保护者的名义在达尔马提亚诸岛和港口设立商行，从中牟利。公元828年，使徒圣马可的遗物来到威尼斯，这一事件标志着城市自治权的正式确立。当时，圣徒的遗物原本保存在埃及小港口布克里的一座礼拜堂，由于天主教徒和伊斯兰教徒的冲突而面临危险。威尼斯总督遂命令两个商人前去并护送圣徒的遗物归来，从而证明这座城市的独特性和独立性。威尼斯与圣马可的渊源可以追溯到一则关于这位使徒的传说：公元1世纪，圣马可四处旅行传教，乘船前往威尼斯地区的路上遇到船难。一个天使对他说："我的教士，愿你获得安宁，你将在此安息。"为了呼应这一预言，总督命人在他的宫殿毗邻处建造一座礼拜堂，用于供奉圣徒遗物，这也就是圣马可大教堂的前身。总督还指定狮子——圣马可的象征——为城市的标志。从此以后，威尼斯可以自称天主教世界的首都，其地位堪比供奉使徒彼得遗物的罗马。

> 他们开辟的路线沟通了穿行亚欧大陆的沙漠商队和地中海城市，随后沿波河铺开，一直抵达莱茵河流域的日耳曼国家。

因海上贸易而致富的威尼斯始终致力于扩展自身影响力。威尼斯商人沿波河河谷溯流而上，与蛮族首领交换丝织品、香料等奢侈品。回到威尼斯后，他们用金属原料、织毯、谷物、西方的葡萄酒换取东方的奢侈品。公元11世纪时，时任总督的达尔马提亚公爵赶走了达尔马提亚沿岸港口的比萨人和热那亚人，攫取并

威尼斯及其军械库

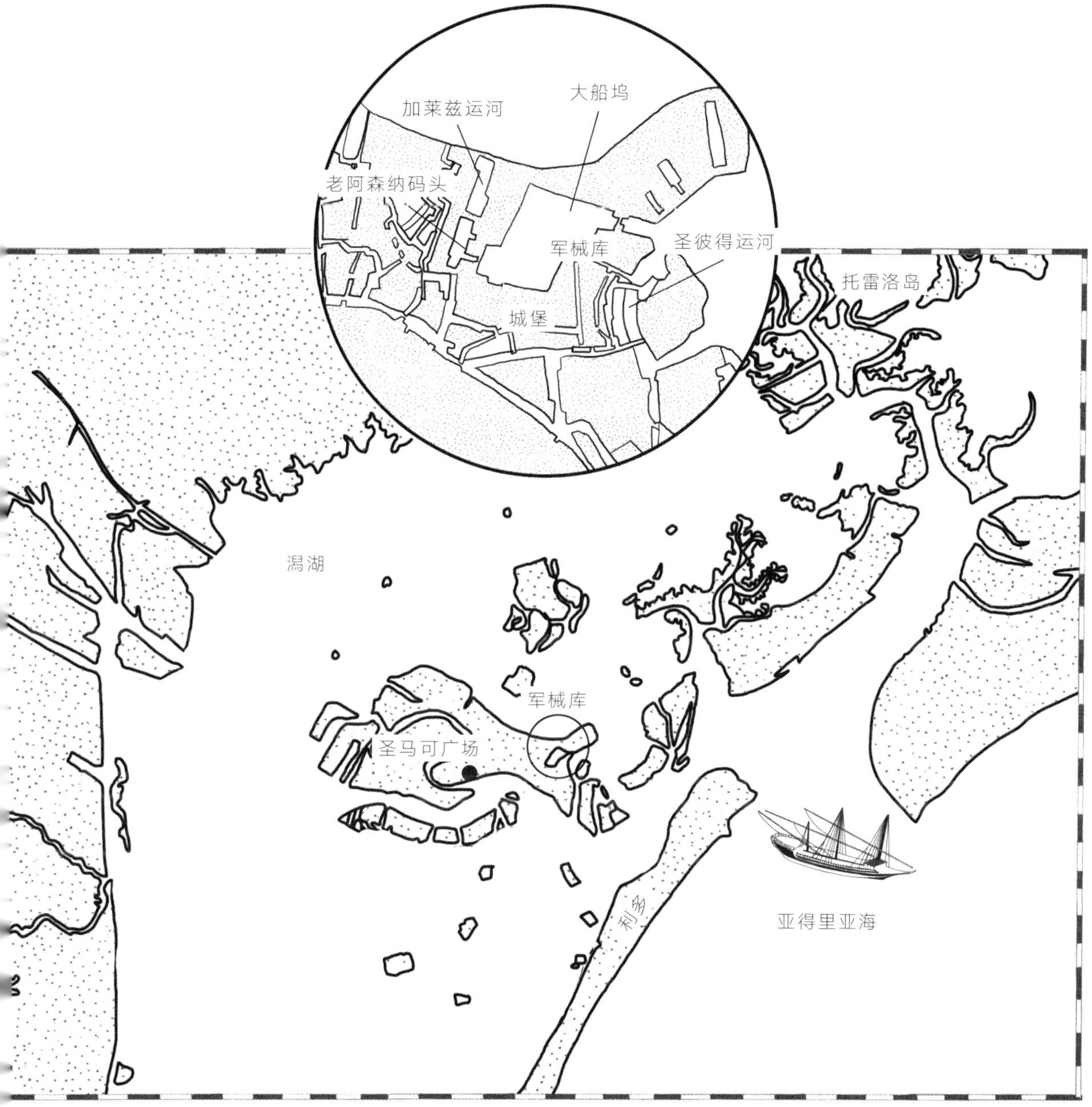

加强了他们享有的与君士坦丁堡之间的特权关系，并取缔之前收取的关税。威尼斯成为所有拜占庭帝国商贸交易的必经之地。

公元1000年起，威尼斯总督在每年的耶稣升天节向潟湖海域扔下一枚金戒指，并宣告：“作为真正永久统治的标志，海洋，我们与你成婚。”

威尼斯人如何从第四次十字军东征获益

公元11世纪末发起的第一次十字军东征经陆路前往圣地。第三次十字军东征和第四次十字军东征则穿越地中海，从马赛和热那亚出发，接下来一站就是威尼斯。实际上，威尼斯人自从第一次十字军东征时就意识到他们的未来取决于建造和运营海船的能力。

威尼斯桨帆船继承古罗马人三层桨战船的样式，类似其他地中海一带的帆船。公元1104年，总督奥尔德拉佛·法利埃罗（Ordelafo Faliero）创建军械库后，船舶生产领域很快形成垄断，海船的组织和管理完全集中统筹。此外，同时也是商人的船长们会将自己的船租给造船厂。军械库由总督一人指挥，所有关于海船的大小事宜，无论发生在威尼斯还是遥远的外地商行，都受到监控。军械库的官员作为总督的代表主持船队的管理，确定出发日期，监督载货、补给和船员队伍。他们可能根据经济形势和国际政治的变动而调整路线和目的地。这一制度赋予他们控制船队的灵活性，威尼斯船队很快成为地中海中最重要的一支商队。

第四次十字军东征为威尼斯人带来一笔意外之财。来自欧洲各地的贵族领主会聚威尼斯，希望能够在前往埃及的远征中献出一臂之力。时任总督的恩里科·丹多洛（Enrico Dandolo）尽管年事已高且双目失明，却足智多谋，将这一事业巧妙引导向利于自己城市的方向。十字军战士到达威尼斯后，他让他们稍安勿躁，多在威尼斯逗留一段时间。于是人们花光了钱，很快便无从支付过路费。好心肠的总督允许他们欠账，条件是他们前往达尔马提亚城市扎拉（即今日的扎达尔），帮忙恢复该地秩序。总督的托辞是这座城市正在叛乱，但实际上这座城市隶属君士坦丁堡。征服扎拉之后，十字军舰队来到克基拉岛，当地长官请求他们帮助被赶下王位的拜占庭皇帝。掌握着一支满载武装骑士的巨型舰队，总督明白这一千载难逢的机会必须抓住。于是，船队在他的命令下转向君士坦丁堡，忘记了十字军东征的最初目的。洗劫君士坦丁堡仅对威尼斯人大有好处。总督倒是没有攫取拜占庭王冠，而是满足于占领几个区位优越的地点：君士坦丁堡港口的一部分，两个位于博斯普鲁斯海峡的商行，位于爱琴海南北航线上的基克拉迪群岛、克里特岛、珂容和墨东，伯罗奔尼撒半岛入口处两个战略性的商行扎金索斯和科基拉岛。于是，威尼斯成为天主教世界在东方之路上首要的保护者。拥有这一优势地位的威尼斯人得以掌控利润最大的贸易，也就是奢侈品贸易，从此以后只派遣运送高价值货物的海船。

威尼斯人的贸易航路

威尼斯商人和海员一样，无论到哪里都如同在自己的领地。大部分地中海港口都由贵族出身的威尼斯领事担任监督。这个人负责保证威尼斯人享受保护和外交的权力，同时也管理警务。

从亚得里亚海深处的威尼斯出发，船队通常沿威尼斯托管之下的达尔马提亚海岸航行，到达科基拉岛，岛上有一支武装舰队保护它们免受海盗威胁。装满补给品后，船队再度出发，沿伯罗奔尼撒半岛航行，在墨东停泊，然后到达珂容。航线在这个希腊城市分支。最南边的航线目的地是亚历山大港，它是阿拉伯世界在地中海最大的贸易中心。船队途中会经过杜姆亚特和罗塞塔，这些古老的自由城市位于尼罗河三角洲的核心，如今也落入威尼斯人之手。从亚历山大港又分出两条航路，一条途经雅法到达贝

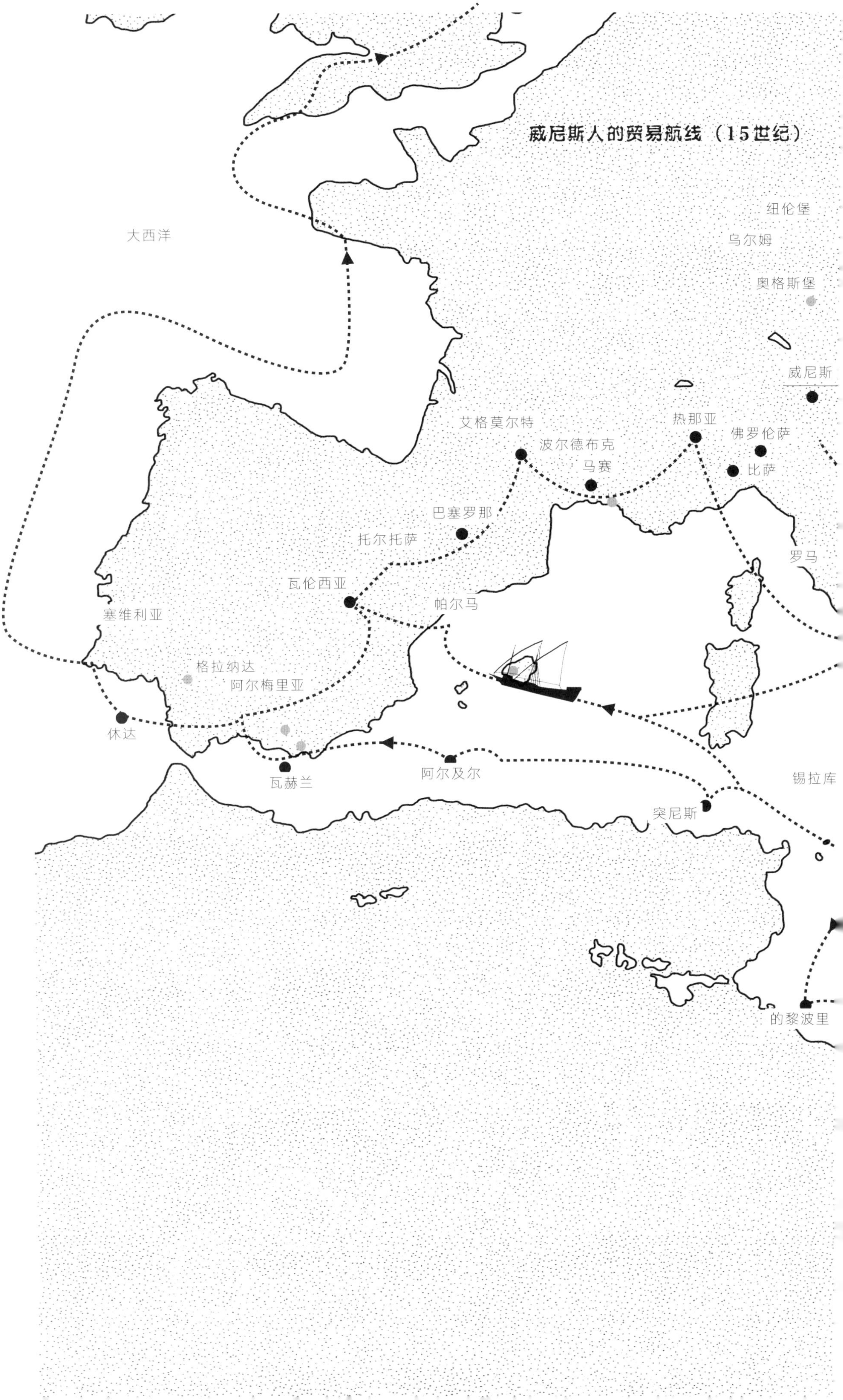
威尼斯人的贸易航线（15世纪）
纽伦堡
乌尔姆
奥格斯堡
大西洋
威尼斯
艾格莫尔特
热那亚
佛罗伦萨
波尔德布克
马赛
比萨
巴塞罗那
托尔托萨
罗马
瓦伦西亚
帕尔马
塞维利亚
格拉纳达
阿尔梅里亚
休达
瓦赫兰
阿尔及尔
锡拉库
突尼斯
的黎波里

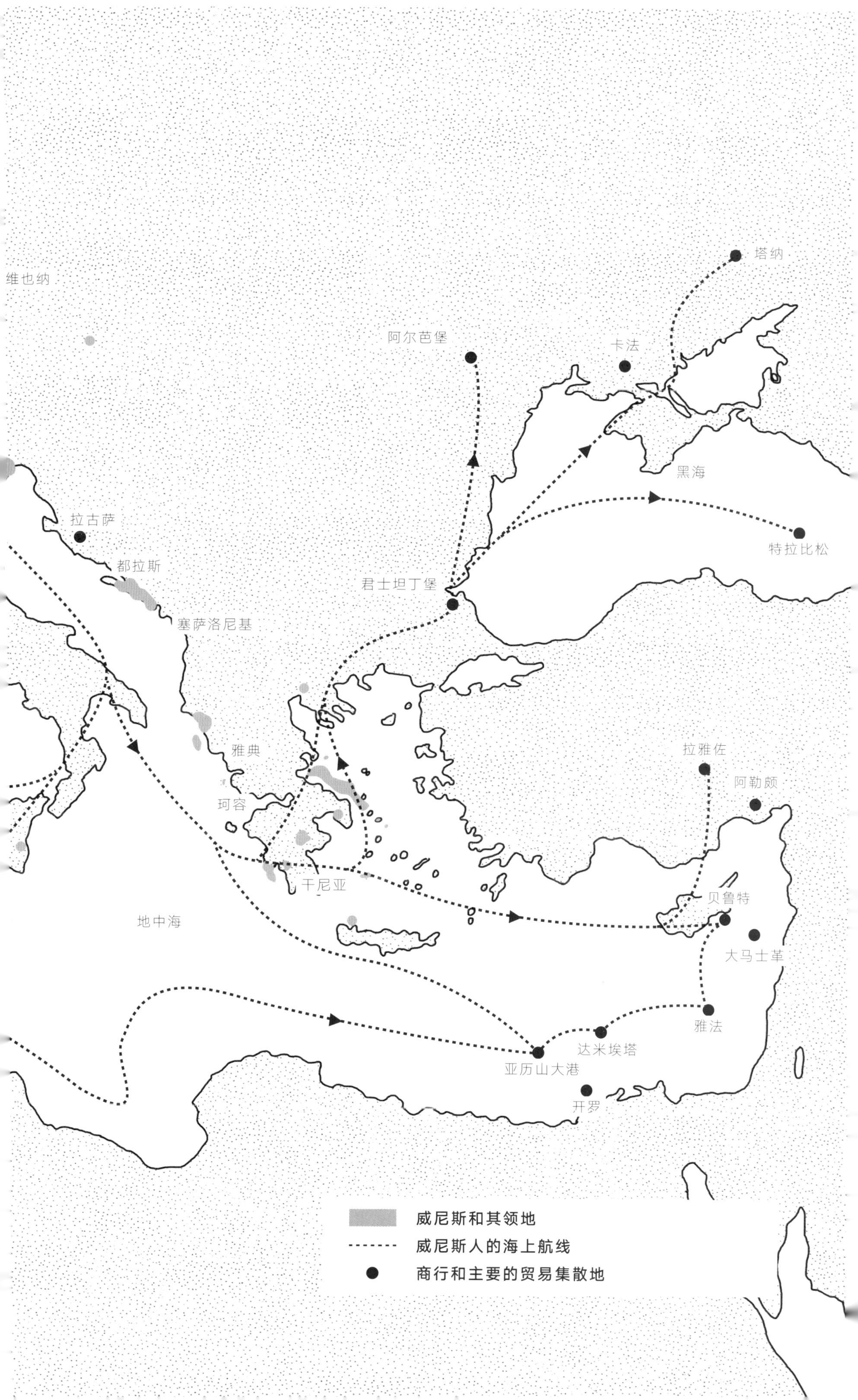
维也纳
阿尔芭堡
卡法
塔纳
黑海
拉古萨
都拉斯
特拉比松
君士坦丁堡
塞萨洛尼基
雅典
珂容
干尼亚
地中海
拉雅佐
阿勒颇
贝鲁特
大马士革
雅法
达米埃塔
亚历山大港
开罗
威尼斯和其领地
威尼斯人的海上航线
商行和主要的贸易集散地

鲁特，另一条沿叙利亚海岸返程，途经的黎波里回到威尼斯。还有一条航线经停克里特岛，目的地是贝鲁特或北边的拉甲佐，即今日土耳其的尤穆尔塔勒克，这里也是公元1271年马可波罗旅行队的第一个中途停靠地。

还有两条航线沿着希腊岛屿之间的水路前往君士坦丁堡。其中一条航线走希腊和埃维亚岛之间的通道。灌溉知识丰富的威尼斯人因此将小麦种植带到了埃维亚岛。之后，船队驶入博斯普鲁斯海峡，沿途需要注意避开隐匿着的穆斯林、希腊和热那亚海盗船。

在君士坦丁堡，威尼斯占有的街区方达可（Fondaco）中有一处港口。在那儿，桨帆船满载东方的香料、丝绸和首饰起航。一些继续走水路去黑海东岸的香料市场特拉比松（Trébizonde），另一些向北方航行，前往距离丝绸之路最近的西方商行、位于顿河在亚速海入海口的塔纳伊斯。然而，公元1453年，奥斯曼人入侵君士坦丁堡，拜占庭帝国宣告瓦解。从此以后，除非冒着成为穆斯林海盗猎物的风险，威尼斯人无法前往黑海。

回威尼斯的航路在秋末冬初最为顺畅。满载货物的海船通常由武装舰队护航而归。当遇上风暴时，船只便迅速前往临近岛屿寻找避风港。

桨帆船：威尼斯的真正财富

威尼斯出口潟湖产的盐、因其清澈透明而广受追捧的镜子、穆拉诺岛的玻璃和斯拉夫殖民地的产品——毛皮、蜂蜜、蜂蜡、糖、小麦和羊毛。地中海东部最好的葡萄酒也在市场上广泛流通，无论在哪里都被人们苦苦求购。此外，威尼斯的军械库通过桨帆船盈利，外国人可以购买、租用或用贸易优惠条件交换船只。这些都可以解释威尼斯宫殿的奢华：贴金的建筑立面、昂贵复杂的建筑材料、轻巧的穹顶和完善的雨水回收系统。

> 以桨驱动的桨帆船吃水小、速度快，在所有状况下都容易操纵，运载货物的价值可以达到船只本身价值的五到十倍之多。

以公元13世纪至15世纪的威尼斯桨帆船为例，其载重150吨至350吨，长40余米，宽约6米。它有一个或两个桅杆，每一船舷上有一排划桨手。贸易船队的保护船队由十个小型桨帆船组成，以其速度和易操作性闻名。划桨手脚下有武器，可以应付狭路相逢的海盗。船舵在罗马三层桨战船上一向位于侧面，自从公元13世纪起处于威尼斯桨帆船中轴线上。其帆缆索具是拉丁类型，配备三角形的帆。船的后方主要包含一个船舱。一个狭长的水平向舰首撞角充当艏柱。一个托架或拐角舰桥，可以在两船碰撞时向侧面展开。到公元14世纪初，热那亚上将本奈迪托·扎卡里欧（Benedetto Zaccario）对船的样式进行改进，划桨手由每桨两名增到三名。后来，每个划桨台上一度多达五名划桨手。之后一个世纪里，桨帆船变得无法适应大西洋上的航海需求，威尼斯人便根据西班牙和葡萄牙的帆船样式进行改进。新型帆船在水上呈现圆形，很高，不适合地中海上的航行状况，但行驶同样的距离时能承载更多人和货物。因此，它被选中用于去圣地朝圣，自从十字军东征的时代这就是威尼斯人的专长。

公元1453年君士坦丁堡陷落之后，奥斯曼人建造了一只船队，与威尼斯人和热那亚人互相敌对。与东方的贸易变得充满风险，威尼斯与西方的关系日益加强。此前，威尼斯一向和西地中海有贸易往来，每个季节都派遣一艘桨帆船。这些航线始终由马赛、比萨和热那亚守卫。船队每年春天离开威尼斯，以便在圣诞节之前回来。

西西里岛上的锡拉库扎是第一个经停点，威尼斯人在这里采购糖。之后，船队取道墨西拿海峡，可能会经停意大利，并避免接近敌对的港口里窝那和热那亚，径直驶向圣路易建造的城市艾格莫尔特。公元1453年，垄断与外国的香料贸易的法国人雅克·柯尔（Jacques Cœur）失势，于是可以再次到达普罗旺斯的城市。从艾格莫尔特出发，船队沿西班牙海岸航行，途经巴塞罗那、瓦伦西亚、阿尔梅里亚和休达，可能会冒险前往马拉加。之后，船队或是沿马略卡岛上的帕尔马，或是沿阿尔及利亚海岸和非洲海岸的主要港口之一突尼斯返回，中间也会开展客运。威尼斯人通过礼物和外交获得运送旅客的特权，不过这样做并非没有风险。碰到西班牙舰队时，因为船队运送穆斯林人，船上的财物可能会被没收。

威尼斯仍然是欧洲大陆最精致的城市，其文化辐射及艺术影响力直到公元18世纪都毫不逊色。

威尼斯人开辟的最后一条航线通向弗朗德勒地区。他们紧随热那亚人，自从公元13世纪起就与布鲁日人建立联系。这条航线很长，航行时长通常超过一年，意味着繁多的中途停靠和新的危险。迎风的葡萄牙海岸、风力巨大的加斯科涅湾、英吉利海峡的潮汐和洋流……这些都是航行者不熟悉的因素。威尼斯人通常在2月起航，装载新近从东方来的货物，航向西西里岛，之后前往巴利阿里群岛和直布罗陀海峡。转向北方，他们尽力避开可怕的法国海盗。他们在里斯本停靠，装载针对英格兰市场的水果。

接下来，桨帆船和圆帆船驶入英吉利海峡，其中一些在南安普敦卸下船上的货物，以装载锡矿石。另一些沿海岸绕行岛屿东面，溯泰晤士河而上到达伦敦。不过，对于威尼斯人而言，在伦敦的生意不易经营，他们通常更乐意继续航行，前往布鲁日。这个佛拉芒城市一度地处海滨。公元12世纪修建沿海大坝之后，海船需要在运河上卸货。城市里的运河纵横交叉，无数的船只来来往往。就算没有意大利的艳阳，船员们也能凭此确定他们的导航标志。从这里出发，根据来自威尼斯的指示，船队继续航行，前往安特卫普和波罗的海沿岸港口。在未知的地区航行两三个月之后，船队回到布鲁日，重整阵容，返航威尼斯。

公元15世纪早期，因为奥斯曼人称霸爱琴海，威尼斯失去了大片领地，与东方的贸易也几乎中断。公元1494年，教皇批准《托尔德西里亚斯条约》(*Traité de Tordesillas*)，从此世界被一分为二，由葡萄牙和西班牙瓜分。新大陆成为人们的欲望之地，运送香料的航线也很快移至太平洋上。尽管威尼斯、热那亚和西班牙联合舰队于公元1571年在勒班陀战役中成功战胜奥斯曼人，地中海的交通仍然变得越来越危险。而且，以阿尔及尔为基地的巴巴里海盗横行海上，四处上岸掠夺，将掳获的人与物卖给奴隶市场。在16世纪末，阿尔及尔聚集了超过二万五千名购自欧洲各地的奴隶。

尽管失去在地中海市场的影响力，公元1791年，拿破仑兼并威尼斯，将其归入意大利的版图，这才结束了这座城市长达八个世纪的独立地位。

明朝

平底帆船

郑和将军

天朝之路

忽必烈可汗

征服日本

吴自牧

中国是重大航海发现的策源地。公元2世纪，对于航海术革命至关重要的发明已经出现在这个国度，其影响力遍布世界上所有海域。公元前4世纪，中国水手已经开始使用原始罗盘：浮动的鱼状物置于装满水的木碗中，因其内部磁性而指向北方。这一工具最初主要用于建设房屋时确定朝向。在一部出版于公元1119年的著作中，朱彧介绍了中式平低帆船及其应用，那么它用于海上航行的时限只能更早。60年后，这种帆船在英国的百科全书编纂者亚历山大·内卡姆（Alexandre Neckam）所著的《工具之名》（*Nominibus ustensilium*）中被提及，但在当时的欧洲只被视为一种稀奇的事物。

复杂坚固的平底帆船

介绍中式海船的文本数不胜数，充分见证其多样性。公元前4世纪，平底帆船在沿海各地都已出现。那一时代的哲学家庄周甚至讲述了一个历时多年前往西方的航行故事。在汉代，罗马人已经和乘船而来的中国商人有过接触。

公元10世纪时存在着不同类型和大小的船只，不仅不同地区船的用途不同，人们崇尚的风格也各异。平底帆船适用于出海远航。从15米至20米长的小型渔船，到长度超过100米、可以承载上千人的大型远洋帆船，都是基于这一模型建造。

平底帆船构造坚实，船壳板的厚度超过同时代的西方海船，装配亦十分复杂。

船体的设计受到竹节的启发，由若干密闭舱体组合而成，从而能够在狂风巨浪时避免船难。若一个舱体进水，可以仅对损坏的这个舱体进行修理，其中货物会被转移到甲板上。如是这般，最大的船有十三个舱体。船的水下部分前部呈圆形，有呈倾斜姿态的花哨艏柱。船底通常是平的，以便驶入河流，还具有几乎与船底平齐的龙骨。西方海船的设计受到鱼类启发，中国人则从水上浮游的鸭子那里获得灵感。船体的侧面或舱底有加强肋，有助于水上漂流。船尾的形态有两种设计，都留出足够空间安置轴线上的巨大舵板，这一部件自公元1世纪起就已出现。

船舵的设计有三个独创之处。和现代帆船一样，此处的船舵通常是代偿性的。也就是说，将旋转轴移动到船桨前方，从而减少驾驶航船需要花费的力气。此外，这样一来，人们也可以更好地控制船只，从而延长途中漂流的距离。在船舵表面上有一些菱形窗格，用于在不损害效能的条件下进一步降低驾船所需的力量，同时避免骤然移动时因水流阻力而损失速度。大部分平底帆船具备减少纵摇的装置。靠近船首的舱壁完全气密，仅允许水流通过，这样一来形成气垫，减弱船在前后方向上的摇动。在一些平底帆船上，安装船舵的船尾处舱壁和前部一样具有减弱纵摇的特性，提升了海上航行的舒适度。在大型海船上，船舵用一根朝向甲板的长竹竿操纵。这一设计也经常出现在一些更小的船上。

对于配备船桨的船而言，船桨的操纵方式也极具特色。这通常是在用于贸易和战争的大型平底帆船上。公元14世纪，阿拉伯大航海家伊本·白图泰（Ibn Battuta）在记录他的第三次麦加朝圣的作品中，就此给出一段详细描述：“每个平底帆船大约配有二十个船桨，大小如同桅杆；每个船桨由三十人组成的队伍站成面对面的两排操作。每个船桨上固定有两条巨大的绳索；两列人中的一列拉紧一根绳索，随后放松，此时另一列拉紧另一根绳索。”人们在滑雪时应用的正是这一技术。

中国人在历史上拥有一流的河流航行技术。他们使用一个大橹驱动满载货物的平底驳船，不用考虑船桨的方向。橹的一头固定，抵在船尾板上。船桨的前端平坦或微凹，置于横向的方向上，在水中保持水平。船桨的柄部弯曲，超出甲板的高度，一条缆绳将其末端连接于甲板。海员于是可以先推后拉船桨，不用考虑其方向，因为船桨会自行调整，走“8”字形推动船只前行。

平底帆船通常配备由二根或三根桅杆支起的纵帆。大型船舵的发现使得一些专家认为最大的帆船上可能多达九根桅杆。这些桅杆的特殊之处在于它们并不是排成一行，而是略微岔开。大部分平底帆船上没有静索，也就是说索具不固定。它们穿过一个与上甲板同高的加固板，立在龙骨上。桅杆略向前倾，负倾斜角十分明显，尤其是最前面的几个。它们可以以任何曲度弯曲，不会发生挤压、造成损失。其在压力下产生的曲度减轻船的侧倾，使得航行可以更加灵活。当然，这样一来，帆船无法迅速加速，但一旦加速，也能维持更长时间。

长方形或圆形的船帆通常整面呈平行或扇形钉在竹板条上。

与西方使用的正方形帆不同，这种船帆平行与船轴线安置，一部分在桅杆前面。船帆与支撑物之间的错位减轻板条受力，调整起来更加容易。船帆也可以沿着侧风向布置，正如马可尼（Marconi）帆缆的式样。这是航海史上最早的板条帆。鹅爪状的设计使得个个部件都可以轻松控制。要想缩减帆面，只需简单地将帆卷起在最低的竹竿上。这样的设计使得处理用竹子或灯心草编成的帆布上的裂缝变得容易：只需要在帆布损坏的部位紧拉两个板条之间的帆面。

发明创新的热潮

自从公元10世纪起，丝绸之路等前往西方的陆路通道遭到封锁，中国人的海洋实力遂迅速发展。海上贸易和军事防御的需要使得航海术在宋代（960—1279年）突飞猛进。这一时期的中国经常被比作文艺复兴时代的西方。约公元105年发明的造纸术和唐代（618—907年）兴起的印刷术使得各类知识前所未有地得到传播。

李淳风（602—670年）的著作中出现了最古老的星图，长达4米。这一时代，所有领域中激荡着发明创新的热潮：从政治、数学、天文学、医学到艺术和技术。例如，公元1010年印行的一部地理百科全书中包含1566张的插图，其中一些地图的精确程度令人惊奇。

这些进步在元朝继续发展。与西方的贸易创造了中国人、波斯人和阿拉伯人之间丰富的交流条件，尤其是在天文学、数学和地理学的领域。这一时期是中国制图学的高峰，比同时代的欧洲领先不少。宋朝和元朝（1279—1368年）时出现的一些发明创新有助于航海业的进步。公元12世纪初，指示极点方向的筒状指南针普遍应用，帮助航海者确定大熊星座的位置。此外，越来越详细的地图和海岸线图更加精准地描摹出中国海岸。元代，人们沿着江河和海岸安置航标，晚上用灯笼照明，以便于导航。在法国，要等到公元1792年，大革命之后，才由国家机关监管布置灯塔和航标。

吴自牧的奇幻故事

公元12世纪，吴自牧的《梦粱录》带领读者进入充满中式意象的海洋世界。书中在所有有关渔民的图画上都画有大量海怪。“浙江乃通江渡海之津道，且如海商之舰，大小不等，大者五千料，可载五六百人……馀者谓之‘钻风’，大小八橹或六橹，每船可载百馀人。此网鱼买卖，亦有名‘三板船’。不论此等船，且论舶商之船。自入海门，便是海洋，茫无畔岸，其势诚险。盖神龙怪蜃之所宅，风雨晦冥时，惟凭针盘而行，乃火长掌之，毫厘不敢差误，盖一舟人命所系也。愚屡见大商贾人，言此甚详悉……若经昆仑、沙漠、蛇龙、乌猪等洋，神物多于此中行雨，上略起朵云，便见龙现全身，目光如电，爪角宛然，独不见尾耳。顷刻大雨如注，风浪掀天，可畏尤甚。但海洋近山礁则水浅，撞礁必坏船。全凭南针，或有少差，即葬鱼腹。”

中国早期贸易路线

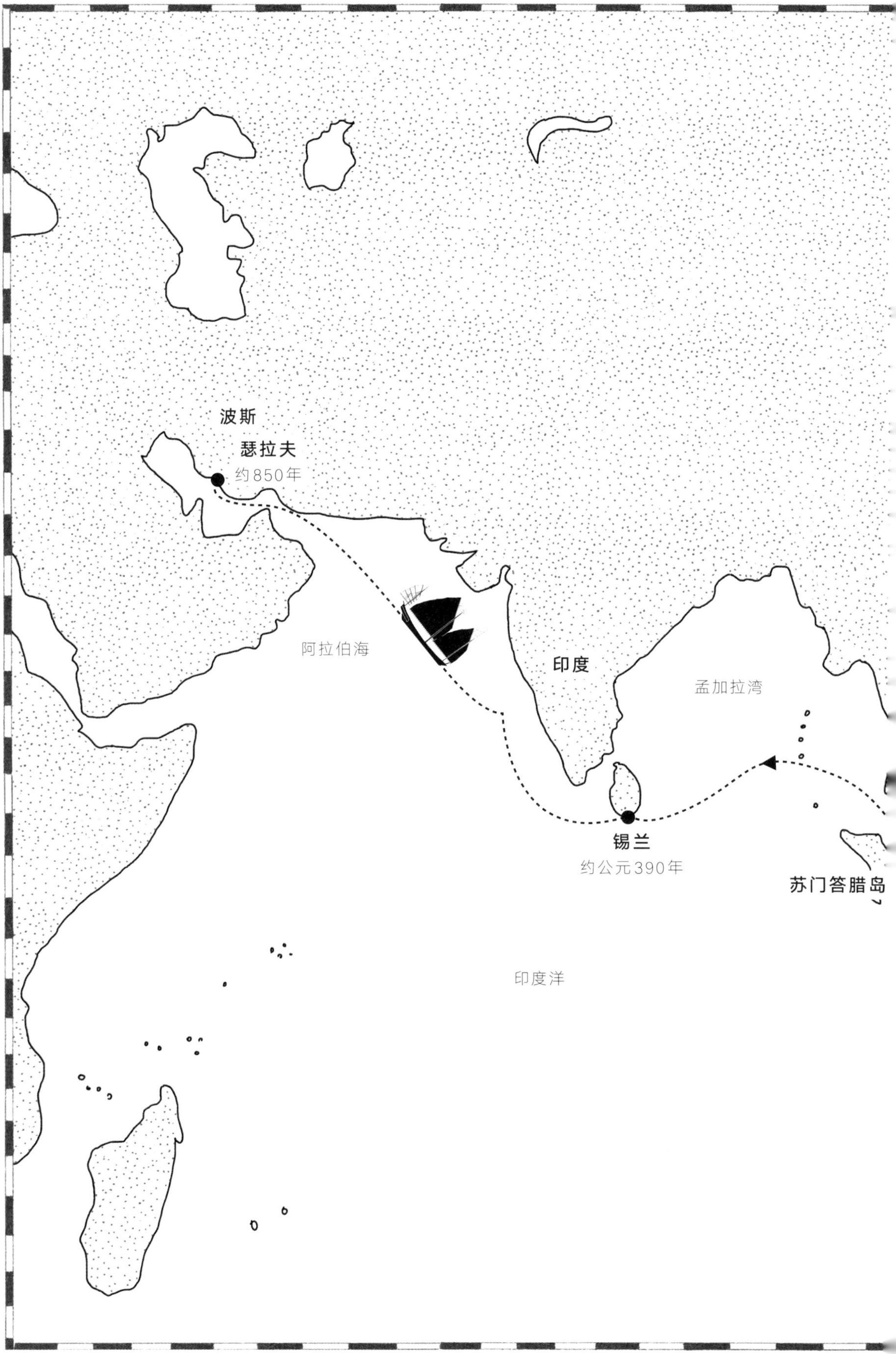

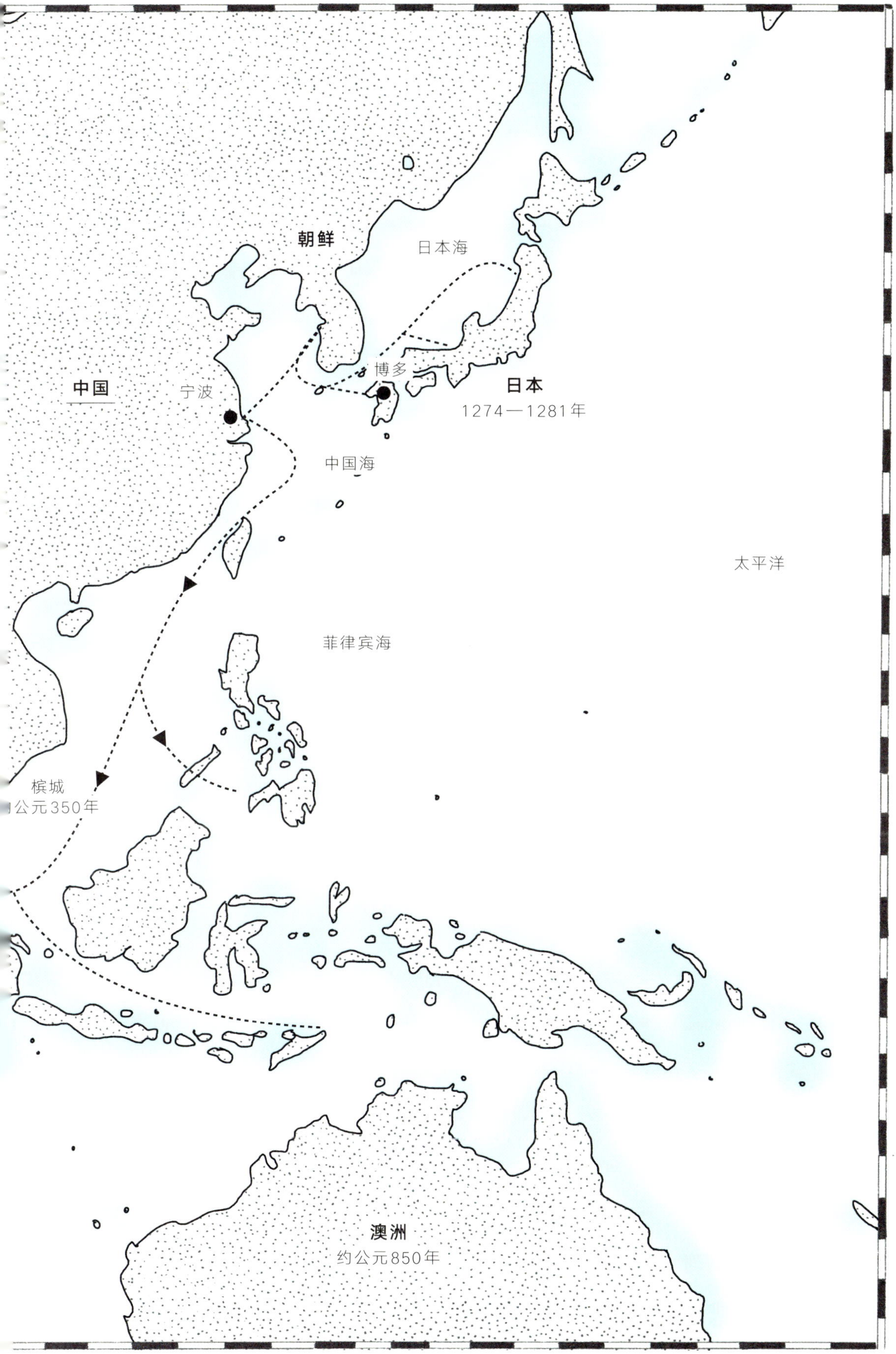

朝鲜
日本海
博多
中国
宁波
日本
1274—1281年
中国海
太平洋
菲律宾海
槟城
公元350年
澳洲
约公元850年

多样的中国航船

公元11世纪时，中国人已经开始进行考古。公元1043年，曾公亮写成一部关于军事技艺的著作，从中可以了解公元前3世纪起的海船。除了火药的化学成分和各式用于围城的投石器，书中也描述战争用的海船，其设计不乏巧妙之处。

蒙冲是一种装甲舰："以生牛革蒙战船背，左右开掣棹空，矢石不能败。前后左右有弩窗、矛穴，敌近则施放。"

楼船是一种四层海船："船上建楼三重，列女墙战格，树幡帜，开弩窗、矛穴，外施毡革御火；置炮车、檑石、铁汁，状如小垒。"

子母舟是一种并在一起的船："母舟腹藏子舟。母舟置铁枪，掷敌。母船发火，角撞敌船，与敌船并焚，军士驾子舟回营。"

联环舟是可以一分为二的船："船从中分，中联环自解。前船载火药，遇敌船，则弃前船，后舟独返。"

赤龙舟更为危险："内藏器械火具，贼船近则暗机一动，火、箭、烟、弩一举俱发，水手赴水走。"

19世纪时，西方的发明专利充满不可思议的主意，航海设计也有很多独创之处。但是，中国人确实是创新的先驱，至少1000年前就精通造船技艺。

忽必烈可汗与日本的征服

中国最早的对外远征可以上溯到公元前4世纪。尽管人们不确定其目的地，可以确定的是，当时中国已经拥有相当长的航海和河运历史。中国船约公元350年首次抵达马来西亚的槟城，公元4世纪末到达锡兰，约公元5世纪时到达位于伊拉克的幼发拉底河口，公元7世纪时到达琉球群岛、苏门答腊和越南海岸。公元850年，波斯湾的西拉夫（Siraf）被视为海洋贸易的最远端。当时的人可能也已经去过澳大利亚的北部。在宋朝，中国人与印度尼西亚群岛保持稳定联系。他们海上贸易的扩张很大程度上得益于阿拉伯世界的衰落。

中国历史上最大型的跨海远征发生在蒙古人统治的元朝和接下来的明朝（1368—1644年）早期。最初，远征目的是军事性的，但后来逐渐变成和平的表示。蒙古人打败南方的宋朝，重新统一全国后，建造了一支拥有上千艘船的舰队。当时的皇帝忽必烈（1215—1294年）是成吉思汗的孙子，被马可波罗称为“人类远祖亚当以来最强大的君主”。他坚信自己的力量无穷，企图让远东的其他国家屈服。朝鲜国接受他的条件之后，他派遣使者去日本、安南、缅甸和爪哇，希望被尊为最高统治者，但没有获得日本人的回应。他组织远征，试图武力征服日本诸岛。公元1274年，一支九百艘船组成的舰队满载一万四千名蒙古战士和中国人、朝鲜、满洲人组成的八千人大军。这支无敌舰队从朝鲜南部的马山（Masan）出发，意欲在九州岛北部的博多登陆。经过15天激烈搏斗之后，蒙古的坚船利炮才征服壹岐岛和肥前岛。但是，台风的突袭使得舰队大部被毁，侥幸脱险的人放弃战斗，回到中国。尽管如此，忽必烈持续派遣使者前往日本，他们却都被斩首。公元1279年，他决定再次组织远征，要使出和这个伟大帝国相匹配的一切手段。这位伟大的战士在所有战役中战无不胜。但是，尽这些战士们并不是绝佳的水手，所以才会在台风季节派遣船队出海。

于是，忽必烈命人额外打造三千艘船，在全国范围内招募战士，军队很快启程前往朝鲜。公元1281年阴历五月十六日，十四万人乘坐四千二百艘船航向日出之国。日本人对这次进攻做了充足准备，修建了坚固的防御工事，并进行顽强的抵抗。四个星期之后，三百四十五艘船从宁波赶来支援。战斗又持续了五个星期，直到8月13日，台风吞噬了上千士兵，元军的船撞上岩礁而毁坏。

传奇般的增值

中国和日本之间的贸易没有受到两国之间恶劣关系的影响。1976年，在朝鲜海域发现的一艘公元1323年的沉船残骸证实宁波和日本之间的往来完好继续着。这艘船由一个日本人统帅，运送18000件瓷器、好几吨中国铜钱和檀香木材。旅行的一部分收益将用于重修一座失火的京都禅寺。

这一贸易后来被日渐强大的日本海盗“倭寇”干扰，他们一个世纪以来游荡在中国海岸。不过，官方派遣海岸警卫舰队并加固港口防御之后，贸易再度复苏。生活于明朝时的商人楠叶西忍很好地例证了此时的繁荣景象。兴福寺的要僧寻尊在其日记《大乘院日记目录》中讲述了这位商人的故事。据说，楠叶西忍花10贯文（日本硬币单位）在坐落于广岛和大阪之间的备前省购置了一些铜料，以五倍的价格卖到中国。他凭借其中利润购入生丝织品。以250贯文的价格在中国买进的一件丝织品在日本价值高达5000贯文。他还买了不少日本军刀，也以五倍的价格在中国卖出。归国后，他需要付百分之十的税给政府，但每次航行剩下来的利润还是足够他出资建造两座宫殿。

在这里，我们见证了日本金钱文化的开端，利润和道德是同义词——“道德获得利润，利润使人道德”，这是东方资本主义时代的格言。所有国家和所有时代的船主都知道，即使吨位不大的海船也有着极高的收益性，其他交通工具无法与之媲美。

郑和将军的远行

公元1403年至1433年，中国最后的几次出海远征由郑和（1371—1434年）在明朝皇帝的命令下开展。郑和是中国西南的回族人，原名马三宝，是云南地方首领的后代。14岁时，云南被中原帝国的军队吞并，他的父亲死于战斗。郑和被俘虏，受到宫刑，这在当时是处置敌方政权统领后代的通行做法。他成为服侍皇家的太监，深受燕王宠爱。公元1398年，燕王成为明朝第三个皇帝。郑和在靖难之役中脱颖而出，于1404年被赐名郑和，以纪念中国第一个皇帝嬴政。

一些史学家认为，要在南京和周边地区种下一百万棵树，才能为船队提供足够的造船材料。也有人认为这一地区的森林因此半数被砍伐。

第二年，他成为史上最大舰队的统帅，进行了七次引人注目的远航。

无论如何，舰队包含六十二艘127米长、25米宽的宝船，每艘船配备9根桅杆。此外还有一百九十艘其他类型的船，组成宏伟的舰队。附属船的规模也不小，有运送马匹和补给品的载货船，长103米、宽42米，配备9根桅杆。运输布匹和衣服的船长78米、宽35米，配备9根桅杆。运送军队的坐船长67米、宽25米，配备5根桅杆。战船长50米、桅杆5根。勤务船长37米。此外还有运送饮用水的船，水容量足够船上三万士兵、翻译员、科学家以及船员饮用一个月。相比之下，克里斯托夫·哥伦布的船比舰队中最小的勤务船还要小。

总体上，郑和通过外交手段实现目标。船队的军事实力让人

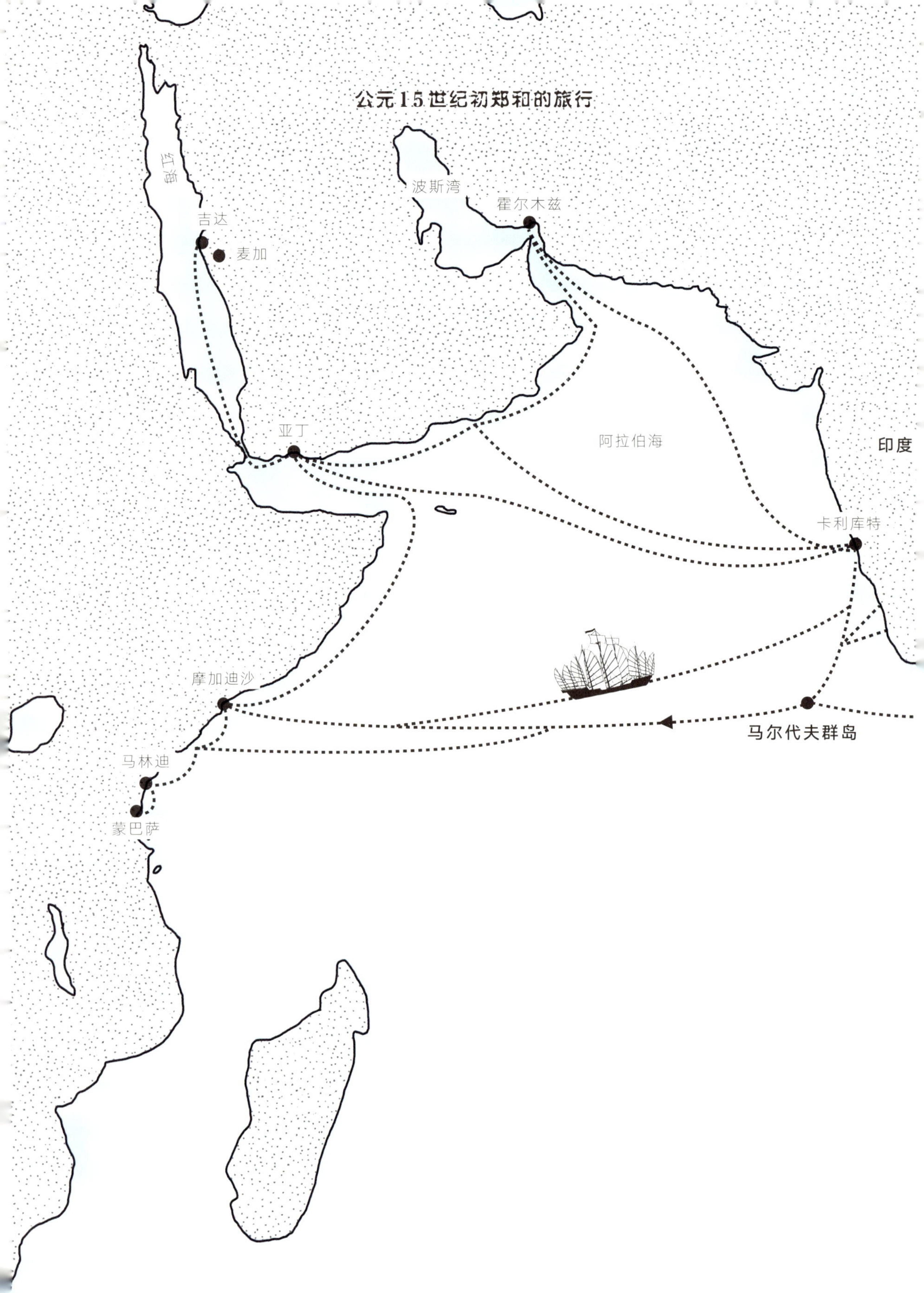
公元15世纪初郑和的旅行
红海
吉达
麦加
波斯湾
霍尔木兹
亚丁
阿拉伯海
印度
卡利库特
摩加迪沙
马尔代夫群岛
马林迪
蒙巴萨

南京
北京
泉州
中国
太平洋
菲律宾
吉大港
克塔克
孟加拉湾
中国海
曼谷
锡兰
马来西亚
婆罗洲
苏门答腊
印度洋
爪哇
澳大利亚

们对他的商业和政治交易的要求无法提出异议。同时，一位同时代作者的记录显示，这位中国将军“行动如虎”，屡次通过示威行动彰显自身实力，给外国人留下深刻印象。他消灭了当时横行中国海和东南亚海域的海盗。马六甲海峡最著名的海盗之一陈祖义被遣返中国，接受处决。在锡兰，郑和率手下登陆，武力解决了与位于今日科伦坡（Colombo）南边的科提王国的冲突。每次旅行，郑和都让到访各国的使者上船，向他们展示中国的实力。

最初的两次远航，航线沿印度西海岸一直到达卡利库特（Calicut，即科泽科德），其中第一次从1405年至1407年，第二次从1407年持续到1409年。第一次，郑和介入当地中国人移民群体和苏门答腊地方权势的纠纷之中。第二次，他强制几个中途停靠的地区成为附庸国，包括在交趾、锡兰和卡利库特。第三次远征时他在锡兰使用了武力，之后沿印度海岸向北行驶去卡利库特。第四次，他一直来到位于波斯湾另一边的多法尔（Dophar），中途停靠12个地方，包括亚丁（Aden）。第五次，他再次来到亚丁。舰队的一支从苏门答腊出发，行驶6000千米前往索马里。第六次，即公元1421至1422年，船队进入波斯湾，再次到达非洲。1424年，永乐皇帝去世。他的继任者洪熙帝对海上远征的热情不高。不过，1425年，他的儿子就继位了。郑和于公元1430年至1433年最后一次出海，到达波斯湾入口处的霍尔木兹（Ormuz），还有几艘船一路前往红海，来到临近麦加的吉达（Djedda）。郑和有规律的出航巩固了中国作为主要经济体的实力。帝国以此彰显手工业大生产的能力，尤其是在瓷器和丝织品方面。

发现美洲?

这些远征对中国经济产生积极效益，令其在整个东亚和印度洋获取极高声望，吸引移民前来为国家创造更多财富。但是，这些远征标志着其海上影响力达至巅峰的同时，也宣告其结束。在北方和西北游牧民族的威胁下，明朝自公元15世纪始致力于防御北方领土，修筑了著名的长城，这也使得其海上力量逐渐走向瓦解。

有些人想要寻找中国人环球旅行的踪迹，试图从新发现的古代文献中获得证据。2002年，英国海军军官加文·孟席斯（Gavin Menzies）提出，中国舰队的一支曾绕过非洲南部，进入大西洋和安的列斯群岛。根据他的说法，其中一些船穿过麦哲伦海峡，探索美洲西岸，另一些在南极洲的酷寒中航行。他甚至假想一部分船抵达了澳大利亚。这些说法的依据是一个私人收藏的地图，据称为一份公元1418年的文献在1763年的复制品。但是，大部分历史学家认为，其中大量不精确之处和可疑标示可以证实，这份所谓的文献实际上只是对一幅古地图的当代剪辑。

即使中国在公元15世纪的跨海远征中没有越过非洲大陆，这里也仍是诸多航海业进步的源头，对于日后征服各大洋的西方航海技术的发展起着关键性作用。

克里斯托弗·哥伦布

前往印度的航线

航海者恩里克

东西印度之路

托尔德西里
亚斯条约

瓦斯科·达伽马

圣玛利亚

正如奥德修斯的传奇旅行故事所记录，风神埃俄罗斯（Éole）的岛屿马德拉岛是所有大西洋上大航海家的必经之地。腓尼基人在上古时代就已熟知这一群岛。他们前往大洋洲北部或非洲沿岸的商行时，会在此停靠。14世纪编纂的地理著作中收录的海岸图上也标示了这一地点。可怜的埃俄罗斯，他的土地于15世纪初被葡萄牙人重新发现，用于种植制糖用的甘蔗，成为最早的奴隶剥削场所。

循着祭司王约翰的足迹

阿尔加维总督唐·恩里克王子（Infant Don Henri，1394—1460年）在葡萄牙南部的港口拉古什创立造船厂，将萨格里什半岛打造为航海和地理研究的中心。19世纪时，他以“航海者恩里克”的名字为人所知。作为葡萄牙王子，他是国王若昂一世（Jean Ier，1357—1433年）和英国国王亨利四世之姊菲利芭·德·兰开斯特（Philippa de Lancastre）的第三个孩子。

恩里克王子醉心于祭司王约翰（Prêtre Jean）的传说。约翰是东方三智王（Rois mages）的后代，兼任教士和国王。1145年，一位叙利亚主教来到维泰博主教廷，报告了一封祭祀王约翰用拉丁语写成的信，这位国王从而为人所知。信中描绘了位于东方的神奇国度：“发源自天堂的河流流淌在这片土地，水中闪烁着绿宝石、蓝宝石和红宝石。在这里，人们严格遵守所有天主教世界的道德准则。偷窃、贪婪、谎言从不存在。这里没有穷人，最富裕的是祭司王约翰，他的宫殿装饰精美的宝石，灿烂夺目。”1165年，又有一封来自祭司王约翰的信抵达拜占庭皇帝曼努埃尔一世（Manuel Ier Comnène）手中。“如果您有任何需要都可以提出，我们很乐意提供帮助。”1177年，教皇亚历山大三世（Alexandre III）寄出一封回信，却没有得到任何回应。1245年，诺森四世（Innocent IV）也派遣特使寻觅传说中的国度。1321年，多明我会修士佐斯敦·德·赛维拉克（Jourdain de Séverac）从印度塔纳发生的穆斯林教徒对天主教传教士的屠杀中逃出，根据自身经历将这个王国定位在埃塞俄比亚。

“黑暗之海”

15世纪初，故事的神秘色彩依旧没有褪去。葡萄牙人始终被这个故事吸引，渴望找到贵金属矿藏丰富的国家，扩展贸易往来。航海者恩里克每年都派遣海船探索非洲大陆西岸。1419年，航海者若昂·贡萨尔维斯·扎尔科（João Goncalves Zarco）和特里斯唐·瓦斯·特谢拉（Tristão Vaz Teixeira）遇到风暴而偏航，来到圣港岛，在腓尼基人两千多年之后重新发现了马德拉岛。第二年，他们和巴尔托洛梅乌·佩雷斯特雷洛（Bartolomeu Perestrelo）共同建立了丰沙尔和马希库。当时，岛屿被森林覆盖，无人定居。1425年起，航海者管控了岛上若干地点，开展需要大量人力的葡萄和甘蔗种植。为了达到这一目的，葡萄牙人在非洲大肆掠夺奴隶，运送到岛上。贡萨洛·维利乌·卡布拉尔（Gonçalo Velho Cabral）同样被恩里克王子派遣，于1431年到达亚速尔群岛，几乎与另一位船长迪奥戈·德锡尔维什（Diogo de Silves）的地理发现同时，后者受到王子委托，制作群岛地图。这些岛屿正如马德拉岛一样是无人岛，于是葡萄牙人从1432年起开始有组织的进行殖民活动。

彼时，加纳利群岛南部的博哈多尔角被称为“恐惧之角”。人们认为那里是南半球的尽头，越过它便是“黑暗之海”。的确，借用海员们的说法，这个海角“铺就得格外不好”，正如很多著名海角一样。要知道，这一切都令人相信世界尽头有着充满海怪的沸腾之海的传说。1433年，航海者恩里克派遣原籍拉古什的船长吉尔·埃阿尼什·德·维拉罗伯斯（Gil Eanes de Vilalobos）前往加纳利群岛对面的非洲海岸探险。他带着俘虏而归，第二年又带着穿越博哈多尔角的任务再次出发。他指挥一艘配备船桨和一面船帆的克拉克帆船，与十四个船员来到海角，绕远路兜过海角，避开浅滩。他在一个更为适宜的海岸登陆，采集了迷迭香在内的一些植物。这次历险标志着葡萄牙人非洲探索的开始。

在这25平方千米内，海水深度只有2米，海岸上到处是有着尖锐棱角的暗礁，海水永远汹涌。

吉尔·埃阿尼什·德·维拉罗伯斯于1435年重新穿越这著名的海角。他向南航行200千米，直到阿萨克河的入海口图卡尼，沿途试图寻找人迹，但只遇到充斥沙漠区的蜥蜴。1444年，他参与一次新的远征。这次航行走得更远，到达一个有人居住的地区，这也就促成了拉古什奴隶市场的第一次买卖。这一时期，航海者恩里克的造船厂发明了一种适于地理发现的新型海船卡拉维尔帆船（caravelle），与此前通用的克拉克帆船相比大有改进。克拉克帆船主要用于运输货物，有方形帆，通常有拉丁帆作为后桅帆，其原型一方面来自北海和波罗的海的柯克船（coque），另一方面来自地中海上的腓尼基商船。卡拉维尔帆船使用多个拉丁帆，更适宜逆风而行。它在顺风航行的时候也可以采用方形帆。此外，它的吃水深度更低，因此用途不限于运输货物。它的长度约20米至30米，前后都有很好的防御设备，比克拉克帆船更容易操作，也更轻快，因而成为大探险家的首选。

前往印度的航路

恩里克王子继续远航非洲海岸的事业，派遣努诺·特里斯唐（Nuno Tristão）和安唐·贡萨尔维斯（Antão Gonçalves）前往布朗角。两年后，两位航海者沿今日毛里塔尼亚海岸穿越阿尔金滩，它是这一海岸沿线有持久水域的地点之一。他们在此建筑了一处堡垒。1446年，努诺·特里斯唐在他的第四次旅行中来到几内亚，试图抓当地人做奴隶，结果和二十个同行者都中了塞雷尔人（Sérère）的毒箭而死。如今，也有历史学家认为他是中了当时控制热巴河以东的曼丁战士的伏击。1444年，里斯本贵族迪尼什·迪亚士（Dinis Dias）应恩里克王子的命令远征，先后来到佛得角和格雷岛，目的是掠劫奴隶。自他之后的3个世纪，这条航线成为奴隶贸易的要道，荷兰人和后来的法国人都追随葡萄牙人的脚步。之后，英国人占据格雷岛，直到1817年法国人重新夺回。

努诺·特里斯唐死后，与他私交甚密的恩里克王子暂时中断了前往非洲海岸的远征。从非洲来的金子保障了他的财富。1452年，他又派遣骑士侍从迪奥戈·代·特夫（Diogo de Teive）出航，目的地是神秘的安提利亚岛，被认为位于亚速尔群岛的另一端。在人们的想象中，这片土地即传说中的亚特兰蒂斯，出现在很多地图上，其中一幅由威尼斯人祖恩·皮齐加诺（Zuane Pizzigano）于1424年绘制。迪奥戈和他的儿子约翰（João）绕过亚速尔群岛向西航行，抵达纽芬兰岛。随后他们返航葡萄牙，途中再次经过亚速尔群岛中的科尔沃岛和弗洛雷斯岛。

航海者亨利使得欧洲各国对海外殖民、寻找稀有食品和香料的兴趣大增，形成一股热潮。随着1453年君士坦丁堡陷落、东西方之间的贸易路线阻断，海上探险愈发加速。1462年，王子去世两年之后，“非洲的”阿方索五世（Alphonse V，1438—1481年）重新开始为探险提供资助。原籍拉古什的探险者佩德罗·德·辛特拉（Pedro de Sintra）成为首个抵达塞拉利昂的人，以“狮子山”命名这片土地。

若昂一世的曾孙若昂二世（1455—1495年）重启叔祖航海者亨利的伟业。他再度发起前往非洲海岸的远征，意图找到前往印度的航路。1482年至1486年，迪奥戈·康（Diogo Cão）两次奉国王之命出航，他也受命保障葡萄牙商行的安全。他带着巨大的石质十字架出发，每当到达新的土地，就立一个十字架。1483年，在刚果河入海口，他立下第一个十字架，随后前往圣玛丽角。在德国地理学家马丁·倍海姆（Martin Behaim）的陪伴下，他开展了第二次旅行，一直来到纳米比亚的克罗斯角，溯刚果河而上。他认为这里已经十分接近祭司王约翰的国家。若昂二世和他的祖先恩里克一样渴望寻找这个传说中的国度，甚至派遣两名使者，佩罗·达·科维良（Pêro da Covilhã）和阿丰索·德派瓦（Afonso de Paiva），遍历整个地中海，寻找前往东方的直接通道，打探关于祭司王约翰的信息。1487年，两人起航，穿越红海，抵达印度果阿邦。但是，阿丰索·德派瓦很快去世，佩罗·达·科维良则在阿比西尼亚一直逗留到1524年。

托尔德西里亚斯条约

马丁·倍海姆的学生、航海者迪尼什·迪亚士的亲戚巴尔托洛梅乌·迪亚士（Bartolomeu Dias）受若昂二世之令，继续迪奥戈·康在南部刚果的探险，目的在于开发前往祭司王约翰的国度的航线。1487年，他遇上连绵13天的风暴，毫不知情的情况下绕过了非洲海角。海面恢复平静之后，他继续向东航行寻找大陆，却没有发现任何陆地的影子。于是，他改变航向，到达非洲东岸，在阿尔哥亚湾离现在南非的伊丽莎白港不远的地方登陆，立起十字架。随后，他抵达伊丽莎白港和德班之间大鱼河的入海口，却在船员要求下不得不掉头返航。回去的路上，船队沿海岸行驶，恰逢气候条件极佳，迪亚士清晰看到非洲海角，将其命名为“风暴角”。后来，若昂二世将其改名为好望角。非洲不再是无法跨越的界限：取道南方的香料之路变得可能。

1481年，为避免西班牙和葡萄牙之间的争端，教皇颁布一项谕旨，保障葡萄牙拥有所有在加那利群岛南边发现的土地。

1493年5月，教皇亚历山大六世宣布，对于所有新发现的大陆，以距离佛得角群岛100古里（478千米）的子午线为界，西边属于西班牙，东边属于葡萄牙。1494年6月7日，由各国君主起草并批准的《托尔德西里亚斯条约》进一步确定了新大陆的分配，分界线位于佛得角群岛西边370古里（1770千米）。显然，由于其他国家被排除在外，走私和海盗行为迅速猖獗。法国国王弗朗索瓦一世（France François Ier）不无挖苦地宣称：“太阳照在别人身上，也照在我身上。我倒想看看亚当的圣约中那个条款将我排除在瓜分世界之外。”

既然地球是圆的，所有路线都能抵达摩鹿加群岛，这些印度尼西亚岛屿上重量轻但价值高的香料令人垂涎。陆路上每一站都要交税，而且一艘海船的载货量可达一辆沙漠货车的十倍甚至二十倍。直接从生产地点运货、走海路、避免中间人的贸易能够获得的利润无与伦比。西行探险从而到达东方获取财富的念头就这样开始萌生。

热那亚人和安达卢西亚人

接下来登场的两人注定将改变世界格局。第一个人于1451年出生在热那亚，他是意大利织布工人之子。克里斯托弗·哥伦布（Cristoforo Colombo或Christophe Colomb）从年轻时就注定要成为水手。他的父亲在萨沃纳当酒商时，他已开始随热那亚湾的近海船出海。之后，哥伦布成为帕维亚大学（Université de Pavie）的学生，接受制图学教育，同时对星相学、宇宙学和几何学产生兴趣。他从约1298年写成的《马可·波罗游记》（*Le Livre des merveilles du monde*）和皮尔·达伊（Pierre d’Ailly）1410年出版的《像界》（*Imago Mundi*）第一版中获益良多，后一本书中描绘了极圈、回归线、磁极和气候带。克里斯托弗·哥伦布在他的藏书中主要的几本上面做了两千多条笔记。

第二个人既是水手，也是水手的儿子。马丁·阿隆索·平松（Martín Alonso Pinzón）于1441年出生在帕洛斯德拉夫龙特拉，位于力拓河汇入加的斯湾的入海口，从小和父兄一同出海。1488年，他和弟弟维森特·雅涅斯（Vicente Yañez）在船长让·古赞（Jean Cousin）指挥的一艘诺曼底船上工作。他们返程途中沿非洲海岸行驶，目的地是亚速尔群岛，却因为一场猛烈的风暴改道抵达巴西，一直来到美洲大陆最东段的圣罗克角。当时，随着葡萄牙人对大西洋的了解增加，西班牙人主要满足于在地中海海域航行，过于专注于将阿拉伯人从伊比利亚半岛驱逐出去。马丁没有接受正式教育，但是和家乡村庄的拉比达圣玛利亚修道院的方济各会修士有交往。这些修士可谓宇宙学家、博闻强识的天文学家，对晚近的航海大发现很感兴趣。一些文本声称，示巴女王（la reine de Saba）除了访问所罗门王，还曾驶出地中海，以95° 向西航行，发现一片面积大于非洲和欧洲的肥沃、富饶土地。马丁·阿隆索·平松能够到达这片土地纯属偶然。他希望能够在此开展探险，但远征花费太高，船队很快入不敷出。不过，自从1488年，他和弟弟成为两艘卡拉维尔帆船“品塔”（Pinta）和“尼娜”（Niña）的共同所有人，三弟弗朗西斯科·马丁（Francisco Martín）成为“尼娜”的舵手。

哥伦布在马德拉

同一时间，国王安茹的雷内（René d’Anjou）从对头阿拉贡国王手中抢来一艘双桅战船，资助克里斯托弗·哥伦布的航行。后来，1474年，哥伦布为热那亚的航海爱好者桑图里欧内（Centurione）工作，前往希腊的希俄斯岛获取橡胶。两年之后，在一次前往英格兰的热那亚贸易远航中，他的海船在葡萄牙西南角的圣维森特角被法国海盗船击沉。他紧抓一只船桨，通过游泳上岸，不过这一事件仍未得到证实。在里斯本，他与制图家弟弟巴塞洛缪（Barthélemy）重逢，也见到了热那亚投资人的代

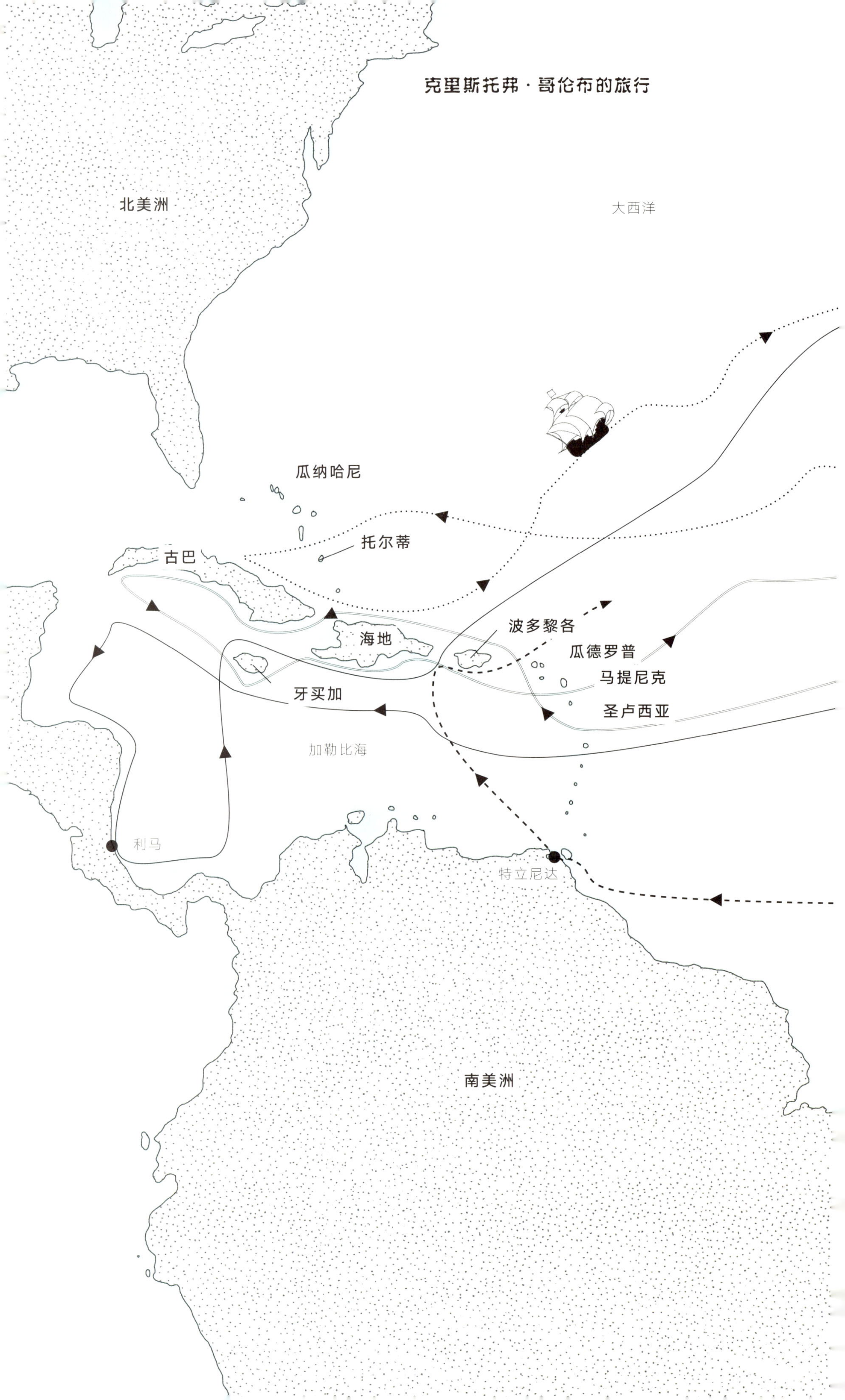

克里斯托弗·哥伦布的旅行
北美洲
大西洋
瓜纳哈尼
托尔蒂
古巴
海地
波多黎各
瓜德罗普
马提尼克
圣卢西亚
牙买加
加勒比海
利马
特立尼达
南美洲

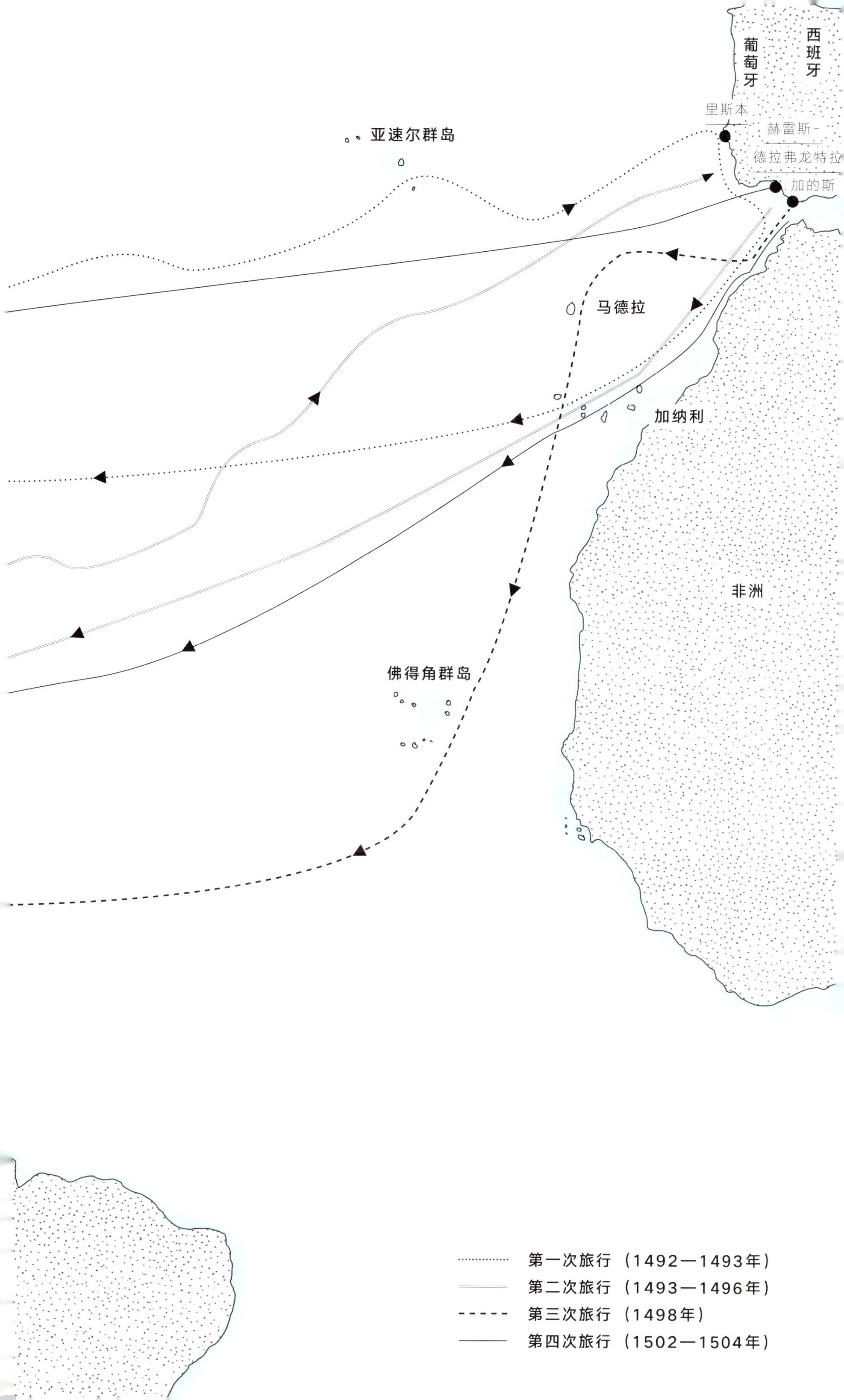

葡萄牙
西班牙
里斯本
赫雷斯-德拉弗龙特拉
加的斯
亚速尔群岛
马德拉
加纳利
非洲
佛得角群岛
第一次旅行（1492—1493年）
第二次旅行（1493—1496年）
第三次旅行（1498年）
第四次旅行（1502—1504年）

表。克里斯托弗·哥伦布在此结识了菲丽帕·佩雷斯特雷洛·莫妮丝（Filipa Perestrelo Moniz，1455—1407年），她是马德拉圣港岛总督巴尔托洛梅乌·佩雷斯特雷洛（Bartolomeu Perestrelo）之女。

哥伦布和他所参考的地理学家对地球圆周的估算让他相信，日本和中国离欧洲没有那么远，完全可以通过向西航行抵达。

这位热那亚航海家第二年重新出发，前往爱尔兰，继而来到冰岛，当时是人们所知离极地最近的陆地。回到里斯本后，他和菲丽帕于1479年成婚，居住在马德拉群岛上，在那里得以研究岳父收藏的地图。这一地图收藏位列葡萄牙第二，仅次于航海者恩里克。而且，令人惊奇的是，虽然埃拉托斯特尼（Eratosthène）约公元前200年就确定地球周长39375千米之后——与现实十分接近，误差大约700千米，随着时间的流逝，学者对地球周长的估算逐渐变小。1477年发现的2世纪古希腊学者克劳狄乌斯·托勒密（Claude Ptolémée）的著作《地理》(*Géographie*）中提出33345千米的估算，皮尔·达伊在1410年基于提尔的马利诺（Marinos de Tyr）提出的数字是30000千米。1484年，克里斯托弗·哥伦布基于最后一个数字提出他的计划。尽管他向葡萄牙国王若昂二世的陈述不乏成功，他的提议最终却被拒绝，不是因为地球体积的事实被质疑，而是因为国王的顾问们更关心远征非洲的事业，而不是跨越人们尚不知道面积的大洋。哥伦布向法国和英国国王的提议也一样徒劳。

1485年，哥伦布和不到五岁的儿子迪奥戈来到西班牙，请求拉比达圣玛利亚修道院的方济各会修士照顾他的儿子。修士向这位梦想着航海大发现的人介绍了船长马丁·阿隆索·平松：他们的探险即将开始。修士拜尔斯（frère Pérès）向女王伊莎贝拉一世（Isabelle la Catholique）引荐了哥伦布，女王于1486年5月接见他。但是，王室当时优先考虑的事情是收复失地运动，动员全国力量投入于此。哥伦布再一次前往葡萄牙、法国和英格兰游说，依旧没有成功。最后，1492年1月2日，在8个世纪的占领之后，格拉纳达（Grenade）投降，西班牙从摩尔人手中得到解放。当时哥伦布在安达卢西亚，为天主教国王的胜利也贡献了一份力量。之后，又经过几轮推诿，双方最终于1492年4月17日在格拉纳达附近的圣达菲营地签订合约，将克里斯托弗·哥伦布任命为“大洋将军”和所有被征服土地的总督。此外，他可以占有这些土地生产的资源的百分之十。哥伦布和马丁·阿隆索·平松率两艘卡拉维尔帆船“品塔”和“尼娜”，外加一只卡拉克帆船——也是最重要的贸易船“圣玛利亚”（Santa Maria）——组成了探险舰队。

驶向日本国

1492年8月3日，哥伦布驾驶的“圣玛利亚”、平松驾驶的“品塔”和他的弟弟维森特驾驶的“尼娜”三艘海船载着九十名水手，于拂晓前驶出加的斯海峡附近的力拓河，航向加那利群岛，并于6天海路之后到达、停靠，等待9月盛行的信风。9月8日，船队重新出发。10月12日，船队看到了新大陆，也即巴哈马的庐卡雅群岛，但是哥伦布坚信自己到达了一心向往的日本国。对于这一观点保持怀疑的马丁·阿隆索·平松继续向东南方向寻找大陆，哥伦布则选择西南方向，穿过一个个岛屿，到达了古巴。在他眼中，这里极其符合马可·波罗对远东的描写。哥伦布收到平松用信鸽传来的消息：平松在一个被他命名为伊斯帕尼奥拉岛的岛屿上发现一条大河和很多金子，也就是现在的海地。于是，哥伦布的“圣玛利亚”扬帆起航，但是在古巴海岸触到暗礁，船只受损，在当地人帮忙下卸下船上货物。圣诞节那天，人们在陆地上修筑了堡垒纳维达（Navidad），因为“尼娜”体积太小，无法容纳船队的三十九名船员。“尼娜”重新出发后，哥伦布很快决定返程，取道深海和“品塔”汇合。接近亚速尔群岛时又遇上风暴，“尼娜”失去控制撞向“圣玛利亚”。修整之后，帆船重新下海，在葡萄牙卡斯凯什登陆。平松和他的帆船“品塔”逃过了风暴一劫，但是偏航到了西班牙维戈，短暂停靠之后重新驶入公海，避开葡萄牙海岸，绕过菲尼斯泰角（cap Finistère）前往帕洛斯。哥伦布礼节性地拜访了若昂二世，随后重新出发，沿海岸航行回到他的出发点，西班牙的帕洛斯德拉夫龙特拉。哥伦布于1493年3月15日到达，比“品塔”晚半天。同年圣周期间，克里斯托弗·哥伦布在巴塞罗那受到了君主的盛情接待，被封为贵族。平松因为生病不得不留在帕洛斯，4月就因病去世。

平松生前身后都没有获得任何荣誉，他在这段被视为全球历史、现代世界诞生的象征的传奇探险中的作用屈居第二、被人遗忘。平松在后勤支持、路线选择和策略援助等方面和克里斯托弗·哥伦布贡献相当，同样应该拥有文明之先驱的位置。

1493年至1496年，哥伦布进行了第二次大规模航行：这是西欧人最大型的远航事业。

当时，意大利人亚美利哥·韦斯普奇（Amerigo Vespucci）在塞维利亚，参与了船只的准备工作。几年后，他的名字成为他的同国人发现的新大陆的命名来源。十七艘船和一千五百人出发，前去殖民哥伦布始终坚信是远东的新大陆。经过加那利群岛时，他们制定了种植甘蔗的计划。这一次探险比上一次的路线偏南，发现了多米尼加，之后重新向北抵达玛丽-加朗特岛、桑特群岛和瓜特罗普岛。之后，哥伦布来到波多黎各和伊斯帕尼奥拉岛，发现所有之前留在岛上的人都死了，可能是被当地人所杀。他在今日的多米尼加共和国北岸的位置建立了伊莎贝拉，任命他的弟弟巴尔托洛梅奥掌管，并在金矿区附近修建一座堡垒。之后，他率三艘船登陆牙买加，勘测了其南岸和诸岛。回到伊莎贝拉后，哥伦布镇压了一场当地人起义，并借机令岛上当地人服从于强迫劳动。

哥伦布回到西班牙时，王室对他的航海发现兴趣降低，因为他既没有带回黄金，也没带回香料。尽管如此，1498年，他组织三艘船发起第三次旅行。在这次探险中，哥伦布首先于1498年8月5日到达特立尼达岛，然后和手下在帕里亚湾、美洲大陆的奥里诺科地区登陆，以为自己又到了一个岛屿。之后，在伊斯帕尼奥拉岛，他们发现当地的情况恶化：哥伦布的弟弟很难让他人服从自己的统治。王室不得不派来一名调停者，克里斯托弗·哥伦布被遣送回西班牙。

卡斯蒂利亚的伊莎贝拉一世释放了他，归还了他被没收的财产。但是，前往新大陆的探险任务被令一名探险家取代：尼古拉斯·德·奥万多（Nicolás de Ovando）。1502年2月，他统帅三十艘船，从加的斯出发远征。同年5月，哥伦布率四艘卡拉维尔帆船开始了最后一次旅行。当时奥万多已经被任命为西印度群岛的总督，对哥伦布的接待十分恶劣。之后在安的列斯群岛发生的一次狂暴的龙卷风摧毁了十九艘西班牙海船。同时，哥伦布发现了洪都拉斯，又遇上风暴，穿过大约是现在哥斯达黎加和巴拿马所在的地区。整个冬天，他偏离航路，在牙买加海岸游荡，最后遇到海难，几个月之后才被奥万多解救。1504年11月，哥伦布离开伊斯帕尼奥拉岛。1506年5月20日，他在位于巴利亚多利德（Valladolid）的住处去世。他凭借着勇气和毅力发现了美洲，但一直至死，都认为自己开辟的航路通向东方。

瓦斯科·达伽马在卡利库特

西班牙人开启了探索之路，葡萄牙人也从自己的海岸出发远行。葡萄牙的若昂二世于1495年去世，指定自己的日耳曼表弟曼努埃尔一世（Manuel Ier，1469—1521年）为继承人。新国王有着同样的扩张意愿，用国库的钱重新开启葡萄牙的远征，支持贸易垄断。在他任期，瓦斯科·达伽马（Vasco de Gama）开辟了前往印度之路。1497年7月8日，达伽马和四艘船、二百名船员从特茹河出发，沿航行条件优越的巴西海岸行驶。绕过好望角后，他沿非洲东岸向北航行，沿途聘请了印度和阿拉伯人作为船上向导。1498年5月20日，他成功开辟了香料之路。但是，他的抵达不能称之为大获成功。卡利库特的拉惹扎莫林·马纳维克拉曼（Samutiri Manavikraman）拒绝购买他带来的商品，达伽马不得不将贵族作为人质以支付欠款。1502年至1503年，瓦斯科·达伽马率二十艘船进行了第二次航行。但是，在返回路上，他的好战行为令他出丑。他不仅轰炸了卡利库特港口，而且还对一艘载有麦加朝圣者的商船发动袭击。自从1499年夏天达伽马第一次航行归来，佩德罗·阿尔瓦雷斯·卡布拉尔（Pedro Álvares Cabral）就负责开发这条新航线。他领导了十三艘船和一千五百名船员，其中半数是士兵。驶出加那利群岛和佛得角群岛之后，他穿行与赤道平齐的热带低压带，联系非洲和巴西的路线。1500年4月22日，他在巴西东北蒙帕斯库亚尔曼（Monte Pascoal）登陆。根据《托尔德西里亚斯条约》，他获得新发现土地的所有权，并派遣一艘船向曼努埃尔一世宣告这一消息。国王立刻组织船队探索这些新的土地。当时服务于葡萄牙国王的意大利人亚美利哥·韦斯普奇负责指挥这只船队。他向佩德罗·卡布拉尔讲述了他的发现，证实对方踏上的是新大陆。

卡布拉尔离开巴西之后，继续沿着南美洲海岸航行，之后前往非洲南部，但是在风暴中丢掉了四条船，其中包括巴尔托洛梅乌·迪亚士指挥的卡拉维尔帆船和三百八十名手下。在短暂停留修整一番之后，船队向北行驶到达坦桑尼亚，之后穿越印度洋前往卡利库特。在当地发生的一次冲突中，阿拉伯人和印度人袭击了设立不久的葡萄牙商行。卡布拉尔遂擒获、掠夺十艘商船，当即烧死六百名船员，然后炮轰卡利库特一整天。就这样，他获得了贸易专营权和保护商行的承诺。之后，在卡利库特南部的交趾，凭借运气，他再次达成了新的商社和贸易合约。最后，他指挥九艘船回到葡萄牙，其中五艘满载香料。对葡萄牙王国而言，这次远征成果的利润率高达百分之八百！

1503年4月6日，阿方索·德·阿尔布克尔克（Alfonso de Albuquerque）和表兄弟们启程前往印度，每人指挥三艘船。他们首先在巴西停靠，之后来到交趾和卡利库特，在当地参与多场战争，以维护和加强葡萄牙商行的利益，并且在交趾修建了一座堡垒。随着时间流逝，印度沿岸的葡萄牙租借地彻底成为被侵占的领土。1505年，曼努埃尔一世任命海军上将弗朗西斯科·德·阿尔梅达（Francisco de Almeida）为印度总督。第二年，特里斯唐·达·库尼亚（Tristao da Cunha）指挥由十四艘船组成的舰队开始新的印度远征，其中有五艘船由阿方索·德·阿尔布克尔克率领。这一次，他们将新发现的群岛以特里斯唐·达·库尼亚的名字命名，并勘测了马达加斯加海岸。征服索马里海岸之后，两个探险家分道而行。1507年，阿尔布克尔克占领了马斯喀特在内的若干阿曼城市，之后在波斯湾的另一边占领了忽里模子，以此获得海湾入口的控制权。2年后，他成为弗朗西斯科·德·阿尔梅达的继任者，被任命为印度总督。1510年，他占领了卡利库特北部的果阿邦。在一封写给国王的信中，他讲述道："我残忍地火烧村庄，一切都逃不出我的剑刃。"斐迪南·麦哲伦（Fernand Magellan）也是这次远征的成员之一……阿尔布克尔克控制了印度洋和波斯湾之间的贸易航线。被冠以"伟大的"名号，阿方索·德·阿尔布克尔克建立起的殖民帝国使葡萄牙居于世界富裕国家的前列。

瓦斯科·达伽马的航行
欧洲
亚洲
大西洋
威尼斯
里斯本
1497年7月18日
亚速尔群岛
休达
地中海
马德拉
加那利群岛
阿拉伯半岛
红海
印度
卡利库特
1498年5月
佛得角
非洲
拉克代夫群岛
1498年8月20日
塞拉利昂
圣乔治德拉米娜
摩加迪沙
1499年1月3日
马林迪
1498年4月
桑给巴尔
蒙巴萨
马尔代夫
圣赫勒拿
莫桑比克
马达加斯加
印度洋
纳塔尔
1497年11月7日
好望角
1499年3月20日
去程
回程
传统的香料之路

斐迪南·德·麦哲伦

巴西

维多利亚号

第一次环球帆船航行

香料航线

好望角

胡安·塞巴斯蒂安·埃尔卡诺

1519年至1522年的第一次环球帆船航行是一次朝向无限未知的探险。探险的发起人是斐迪南·德·麦哲伦（Fernand de Magellan，1480—1521年）。他的个性和遭遇如同船帆的阴影，笼罩着航行全程。这位葡萄牙航海者沉默寡言，却充满自信，毫无畏惧。当时，很多首屈一指的地理学家认为美洲大陆一直向南延伸，与南极洲大陆相连。但是，于1492年设计了第一个地球仪的地理学教授马丁·倍海姆（Martin Behaim，1459—1507年）认为美洲是一个群岛。所以，理论上讲，取道西方前往香料国度的航线具有可行性。

朝向新的香料航线进发

历史需要麦哲伦这样坚定、执着、久经历练的人来书写如此的丰功伟绩。他身材矮小，有着棕色皮肤和浓密胡须。他在摩洛哥时，在一次和摩尔人之间的战斗中膝盖中箭，从此只能跛行。他熟悉印度，在那儿逗留了九年之久，从普通军官晋升为一名船长。他是一位苛刻的海员，但颇受手下敬重，因为他在艰难时刻始终出现在前线。然而，他的上级并不看好他的自信。作为一个指挥西班牙船队的葡萄牙人，他的航行显得充满变数。他试图说服国王出资支持他的航行计划，但是被断言拒绝：葡萄牙的香料航线长期以来绕行非洲、穿越印度洋，带来滚滚财源，以至于朝向未知之地的远征显得无用。

最后，麦哲伦在西班牙年轻的君主卡洛斯（Carlos），也就是未来的神圣罗马帝国皇帝查理五世（Charles Quint）那里，获得了支持。西班牙人对取道西方到达东方充满宝藏之地的路线很感兴趣。为了避免西班牙和葡萄牙两个“教会之女”之间的冲突，教皇亚历山大六世在大西洋上划定南北向的边界线，限制双方的扩张：1494年6月7日，签订《托尔德西里亚斯条约》。两个强大的王国由此瓜分世界。西班牙可以任意征服所有分界线以西的土地。因此，假如麦哲伦提出的航行计划是现实的，他可以开启朝向那些被无限渴求的香料的新航线。

长达一年的准备

1518年，麦哲伦在塞维利亚接收为他的远航准备的五艘海船。他不得不承认：船的状态很糟糕。但是，经验丰富的船长应对过类似的情况。就算葡萄牙使者动用所有手段企图让远航失败，他也不会停滞不前。相反，这个个头矮小的人对外交斡旋没有好感。他施加权威，通过行动证明自己的能力。经过一年的准备和武装之后，他的帆船装载了足够两年的补给品，最终做好离港准备。最大的船“圣安东尼奥号”（San Antonio）排水量达120吨，由胡安·卡塔赫纳（Juan de Cartagena）指挥。这位西班牙人是皇家卫队军官，担任舰队的总监督。“特立尼达号”（Trinidad）的排水量少10吨，速度更快，也更易于驾驶。麦哲伦在这艘船上竖起自己的旗帜。接下来是排水量90吨的“圣灵降孕号”（Concepción），由加斯帕·德克萨达（Gaspar de Quesada）执掌；排水量85吨的“维多利亚号”（Victoria）由路易斯·德门多萨（Luis de Mendoza）负责。最小的船是排水量75吨的“圣地亚哥号”（Santiago），担任侦察舰的角色，船长是胡安·塞拉诺（Juan Serrano）。船队由二百六十五名船员组成。最后一个加入的是意大利人安东尼奥·皮加菲塔（Antonio Pigafetta），他自荐成为远征路途上的记录员。麦哲伦的首位合伙人，一位同时是航海者的天文学家退出了行动，被一个叫安德烈斯·圣马丁（Andrés de San Martín）的人替代。

巴西海角

1519年9月21日，舰队从塞维利亚附近瓜达尔基维尔河的入海口出航，开始第一次帆船环球航行。从“特立尼达号”的后舱，麦哲伦监视舰队的行驶冒险开始了。绕过马德拉群岛之后，船队在西班牙管属的加那利群岛停靠，之后向南航行。麦哲伦制定规则，要求人们每天晚上集合、向自己敬礼。这样做一方面避免帆船走散，另一方面使得手下尊重他的权威。实际上，他们中有三人听令于西班牙船长，好几次密谋排斥那个“小葡萄牙人”，这一计划也传到了麦哲伦耳中。麦哲伦知道他的远航终将为此付出代价。此时，他逆风换抢行驶，使佛得角始终处于右舷，也就是在他的右手边，努力躲避葡萄牙舰队可能的袭击。他的路线和前往印度的葡萄牙人重合，而他知道根据从里斯本传达的指令，葡萄牙人正在采取一切手段让他失败。

船队南下接近赤道，接下来需要穿越被称作“黑锅”的热带低压带，这一海域因常年处在平静与狂风暴雨的交替之中而闻名。麦哲伦的

16世纪葡萄牙的香料航线

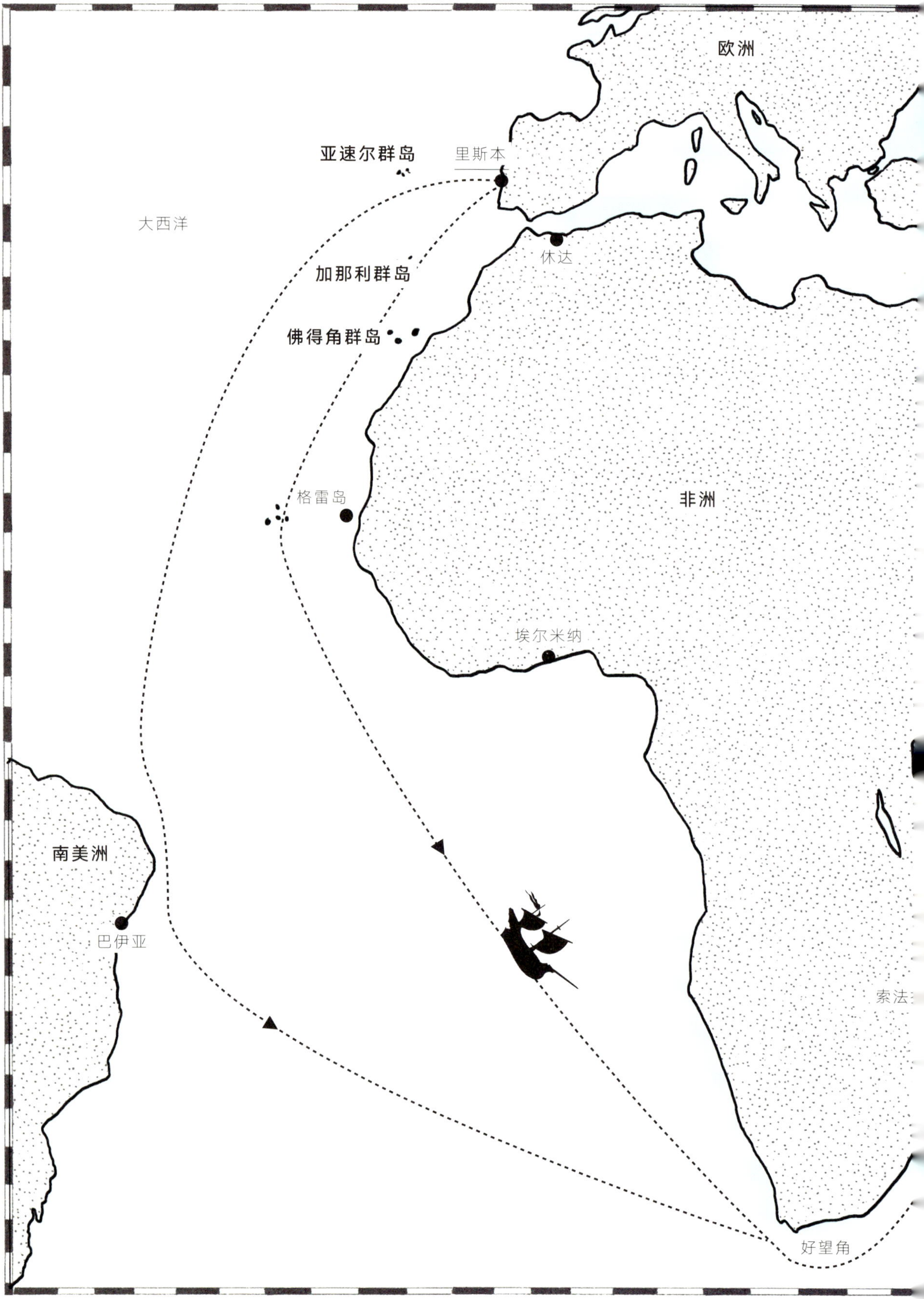

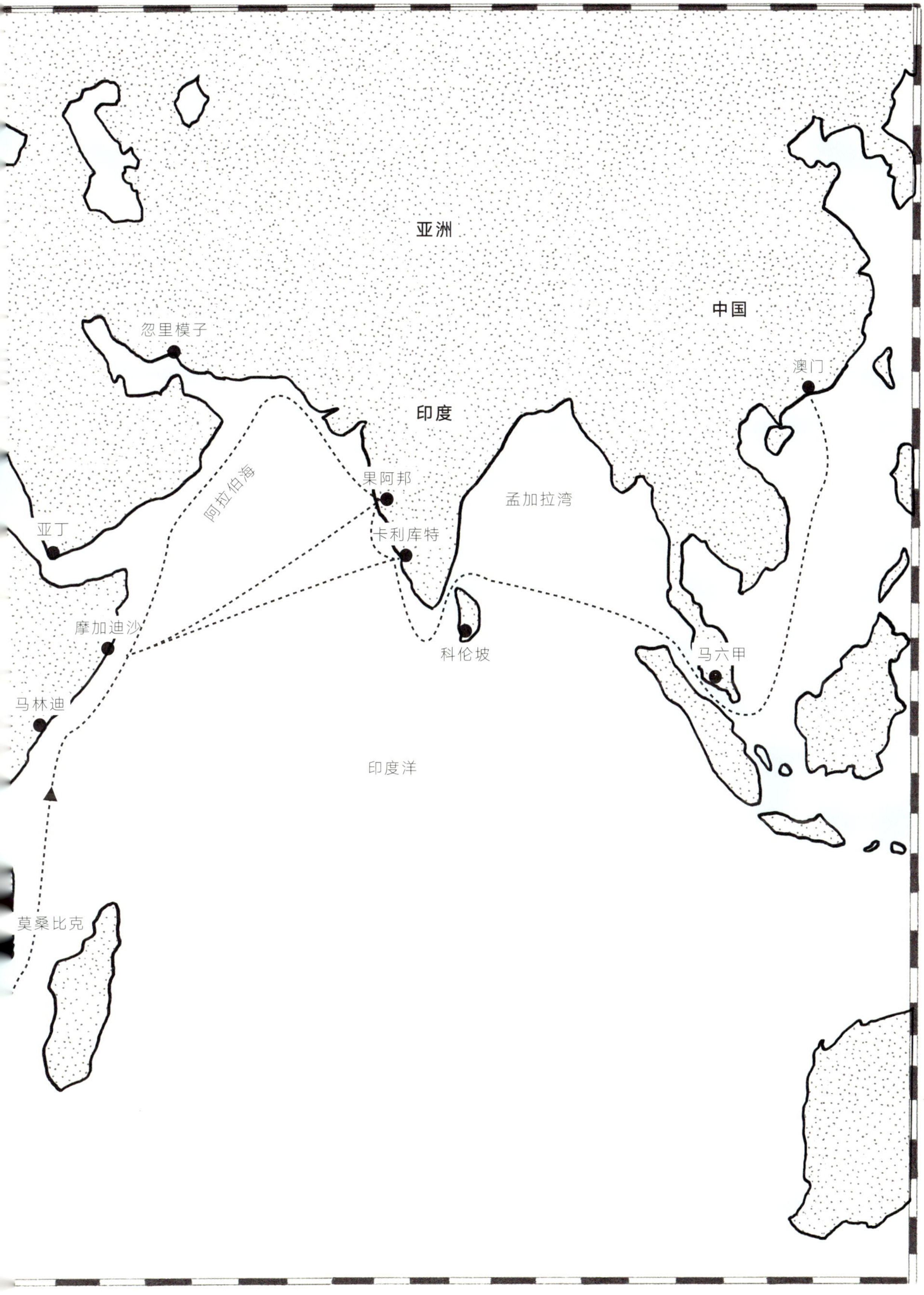

⋯⋯⋯ 葡萄牙海上航线

● 葡萄牙商行和停靠点

航行计划要求人们绝对服从。他没有咨询其他船长，也毫不给人讨论的余地。他了解这一纬度的海域，也确信能够借助南半球自东向西横贯大西洋的信风抵达巴西海岸。在这种令人恼怒的气氛中，“圣安东尼奥号”的船长胡安·卡塔赫纳头一个反叛，拒绝向海军上将敬礼。叛乱很快被镇压，胡安·卡塔赫纳失去船长地位，屈居于“维多利亚号”的船长路易斯·德门多萨监视之下。

二十多年来，法国人、西班牙人和葡萄牙人经常来到这一海岸，当地的印第安人颇为喜欢水手们给他们的小饰物。

不久后，海上风起，舰队向西方起航。1519年11月29日，船队已经可以看见巴西的土地。但是，海岸暗礁过多，船队无法接近，不得不顺着海岸继续航行，直到抵达一处绝佳的海湾，后来被麦哲伦命名为“圣路西亚湾”，也就是现在的“诸圣湾”，并受葡萄牙控制。船员和他们的船在这里整顿休息两个星期，重新装满淡水。为了强化权威，麦哲伦调整了船队指挥权的分配，卡塔赫纳被转移到“圣灵降孕号”船长加斯帕·德克萨达的监管之下。

接下来，舰队沿海岸航行，寻找穿越南美洲的路径。在纬度约34°的区域，右舷方向的陆地终于变得模糊不清，帆船于是向这一方向进发。然而，“圣灵降孕号”船长加斯帕·德克萨达认出了这里，正是如今拉普拉塔河的河岸。五年前，他眼看着六十人在此被食人者捕捉、吞食。尽管如此，“圣地亚哥号”仍作为巡查舰被派出，花15天进行探索，最后不得不接受事实：这不是所寻找的海峡。2月挟风暴而来，人们感受到了南半球的秋天。3月末，麦哲伦命令严格定量分配给养，在圣胡利安港抛锚过冬。

此时，一直被排挤在所有决定之外的西班牙船长们的愤怒终于爆发。他们控制了“圣安东尼奥号”，杀害葡萄牙领航员，关押了船长，然后回到自己的船上。第二天，麦哲伦气愤但并不惊讶地目睹了叛乱：“圣安东尼奥号”“维多利亚号”和“圣灵降孕号”三艘船在叛变者手中，叛乱者要求定期共同商议。麦哲伦邀请他们派来的使者暂时留下，另外派遣警卫队长和一位携带大刀、身材巨大的英格兰人传递他的回应。结果是，德门多萨被刺杀，一队人马在麦哲伦的姻兄杜阿尔特·巴博萨（Duarte Barbosa）指挥下乘坐第二艘小船涌上“维多利亚号”。巴博萨操纵帆船，接近停留在海湾入口处的“特立尼达号”和“圣地亚哥号”。“圣安东尼奥号”在充满野心的胡安·塞巴斯蒂安·埃尔卡诺（Juan Sebastián Elcano）手中，他盘算着出其不意地逃走，但计划失败，它和“特立尼达号”狭路相逢。麦哲伦的手下夺取船只，“圣灵降孕号”的船员投降，麦哲伦赢得战役。“圣灵降孕号”前船长加斯帕·德克萨达被判刑斩首，胡安·卡塔赫纳和教士佩德罗·桑切斯·德雷纳（Pedro Sánchez de la Reina）于春天被遗弃在一个岛屿上。

这片海洋很平静

随着气候变得更加温和，麦哲伦立刻派遣“圣地亚哥号”前往南方考察，但海船迟迟未归。原来，船只在途中遇到风暴，被海浪掷入圣克鲁斯湾，一个木工、一个黑人奴隶胡安淹死，不过船长和此外的全体船员都成功脱险。在圣克鲁斯河入海口附近，他们得以制服两名当地人。当地人的身材和大脚启发探险者根据当时流行的骑士小说主人公的名字，将他们命名为“巴塔哥尼亚人”(Patagons)。春天，仍旧停留在圣胡利安港的船队趁低潮将船只运上浅滩，逐个检查。之后，船队起航来到圣克鲁斯，接上留在那里的“圣地亚哥号”船员，等待白昼变长。麦哲伦不知道自己离目标已经很近，坚持只在更适宜的季节驶向高纬度地区。

直到1520年10月18日，他才决定起锚。3天后，船队绕过维哥基角，发现一个新的海湾。麦哲伦立即派遣两艘船探索这处可能的通道。山中吹来汹涌的风，强大的水流使得航行不得不小心翼翼。不过，分水岭很快出现，此时毫无疑问可以知道这是一个海峡。在一个河流分叉口，麦哲伦再次将船队划分为二，约定在南边海域重新汇合。但是，“圣安东尼奥号”失踪了。参考南十字座导航将近一年的天文学家安德烈斯·圣马丁猜测道，那艘船显然更愿意回西班牙去。11月28日，人们抵达盼望已久的海角，海豚在艄柱前嬉戏。麦哲伦将眼前的海域命名为太平洋。对于麦哲伦而言，印度和日本也就不远了——克里斯托弗·哥伦布一直到死都认为自己抵达了中国……只有知道摩鹿加群岛所在经度

麦哲伦的环球航行

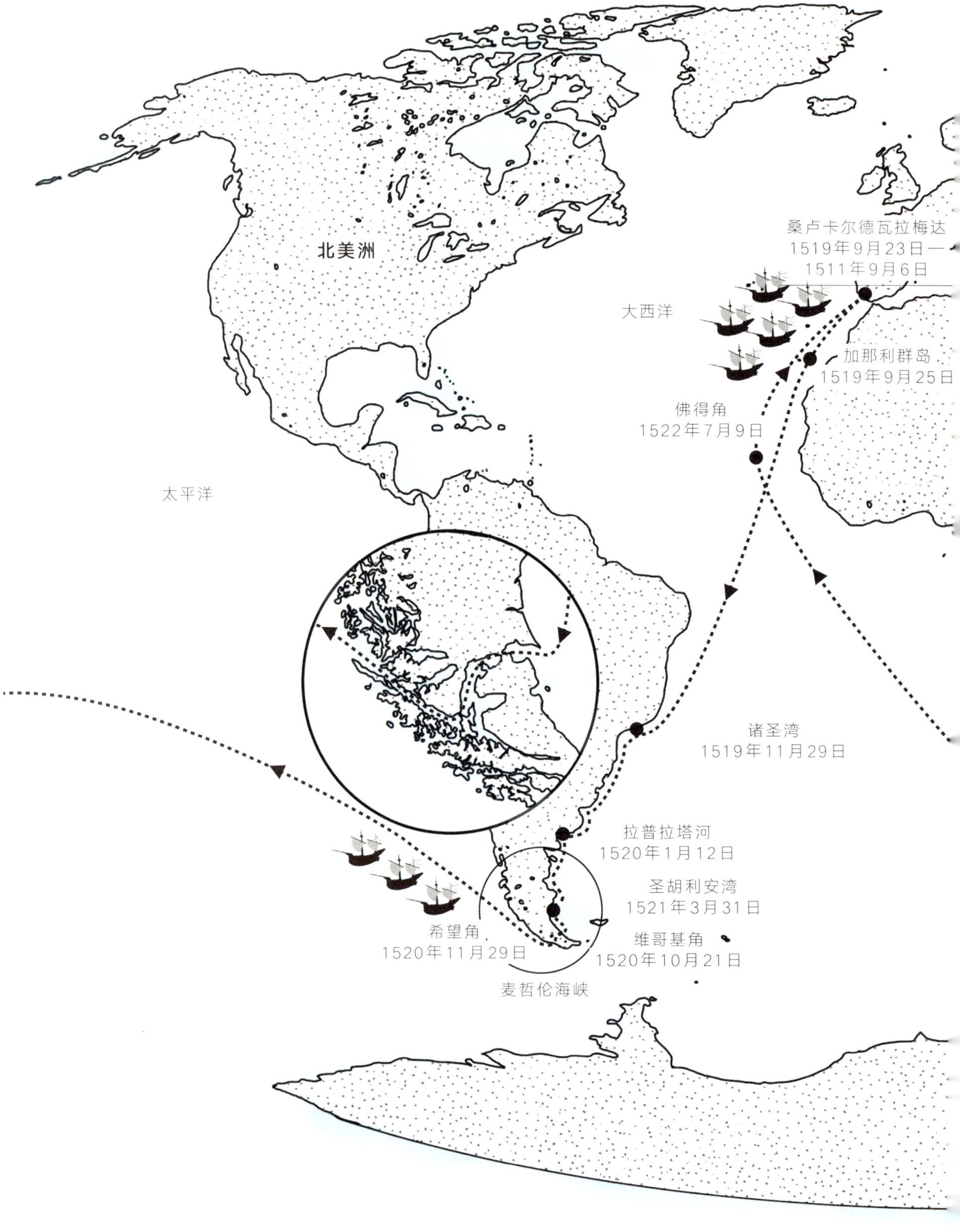

北美洲
大西洋
太平洋
桑卢卡尔德瓦拉梅达
1519年9月23日—
1511年9月6日
加那利群岛
1519年9月25日
佛得角
1522年7月9日
诸圣湾
1519年11月29日
拉普拉塔河
1520年1月12日
圣胡利安湾
1521年3月31日
维哥基角
1520年10月21日
希望角
1520年11月29日
麦哲伦海峡

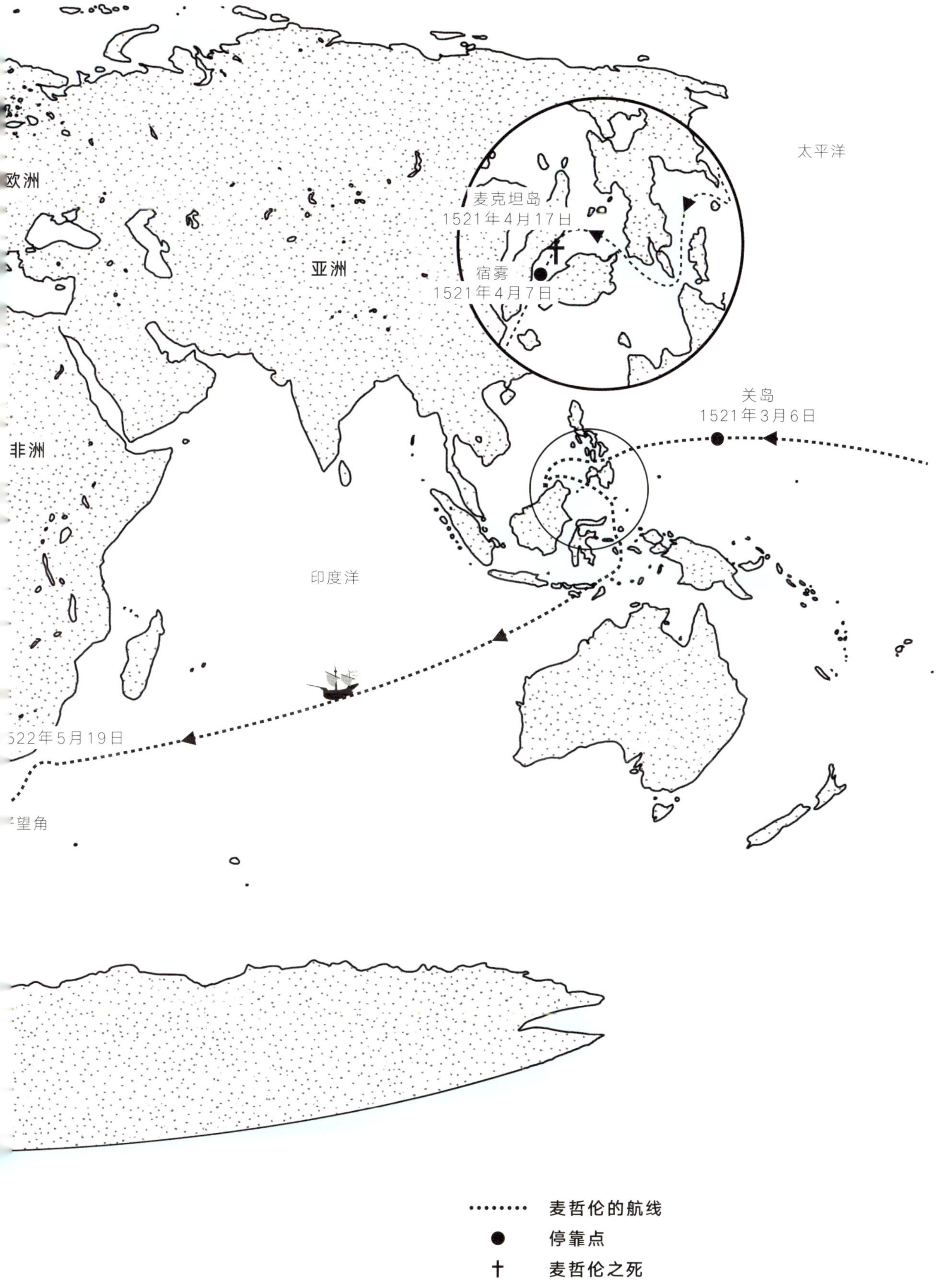
欧洲
亚洲
非洲
太平洋
麦克坦岛
1521年4月17日
宿雾
1521年4月7日
关岛
1521年3月6日
印度洋
麦哲伦的航线
停靠点
麦哲伦之死

的安德烈斯·圣马丁逐渐意识到他们剩余航程之大，它是已经覆盖的航程的1.5倍。船队向北航行，借助有利的风向迅速离开寒带，也就必然地来到了南美洲海岸。接下来，航向确定为西方，船队开始穿越无边无际的太平洋。

东方！

探险者们运气不佳，没能碰上波利尼西亚群岛天堂般的岛屿，直到100天之后，才抵达陆地。他们唯一碰上的是位于太平洋正中、圣诞岛附近多石的小岛。作为最早行驶在这片海域上的西欧人，他们当中大约有二十人因为饥荒和坏血病死在途中。麦哲伦深居自己的船舱，比以往更加令人难以捉摸，严格遵守和船队其他成员一样的艰苦饮食配给。皮加菲塔在他的笔记中记载道，他无法想象未来任何人能执行这样的航行。

1521年3月6日，疲惫的水手们在充满水汽的迷雾中辨认出一片陆地，并试图接近。此时他们看到一艘有舷外托架的独木舟驶来。但这些手中满是水果或鱼的土著人竟然是小偷。他们偷走了一切可以拆下或被带走的东西，然后回到岛上传出欢呼声。麦哲伦再次以他征服者的姿态控制了事态的发展。对于那些生活在被他称为“盗贼岛”——也就是如今的关岛上的小偷，他组织了惩罚性的讨伐，使用武力取回被偷的物品。3月28日，远航队抵达更殷勤好客的海岛。

接下来，他们终于到了东方的菲律宾群岛。麦哲伦在印度的九年里从未来过如此靠东的地方。1509年，他在马六甲买的奴隶恩里克（Henrique）和霍蒙洪岛附近马萨瓦的土著人说一样的语言。可以说，恩里克同麦哲伦一样，他是第一次实现环球航行的人。他作为翻译，帮助麦哲伦和当地苏丹达成协议，用铜和铁交换黄金。麦哲伦急于在船上装满香料、返航西班牙。在此之前，他试图寻找一种方式，达成一个能够巩固西班牙在这片土地上持久权益的条约。于是，他向改信天主教的宿雾（Cebu）苏丹胡玛邦（Humabon）提议，劝他成为所有临近岛屿的共主。胡玛邦与马丹岛上的邻居奇拉帕拉普（Cilapalapu）敌对已久。麦哲伦自荐前去武力降伏这个小国王。4月21日，这位始终充满自信的航海者取得袭击的指挥权，没想到落入敌人陷阱之中：马来人扰乱这支小型军队，瞄准其首领进攻。一支标枪从前方而来，另一只从后方，麦哲伦遂被击毙。

主人死后，恩里克理应成为自由人，但其他船长不这么想。气恼的奴隶向苏丹泄露了欧洲人的怯懦。胡玛邦于是以宝石为许诺，邀请船长们参加晚宴。包含一位神父、麦哲伦的姻兄、两位船长在内的十多个人被割喉而死。三艘海船立刻起锚逃离。然而，状况不佳的“圣灵降孕号”最终被抛弃。“特立尼达号”上的葡萄牙人和其指挥官、最后一个忠于麦哲伦的埃斯皮诺萨（Espinosa）像普通海盗一样被绞死。只有取得“维多利亚号”指挥权的胡安·塞巴斯蒂安·埃尔卡诺于1522年9月6日满载丁香香料回到西班牙。整个船队只剩下二十二名消瘦的水手，其中包括三个法国人和四个摩鹿加群岛土著。1525年和1526年，“特立尼达号”的五名船员回到欧洲。

查理五世的秘书马克西姆利亚纳斯·特兰西瓦尼（Maximilianus Transylvanus）是首位记述这次环球航行的人。在一次巴利亚多利德宫廷举办的招待会上，他向十八名幸存者询问细节，之后在寄给萨尔茨堡主教的书信中描写了航行的全过程。这封信于1523年1月出版，直到1525年皮加菲塔的书出版之前，一直是唯一流传出的信息。安东尼奥·皮加菲塔将第一份手稿呈现给皇帝查理五世。之后他来到里斯本，面见若昂三世，后者大概不想出版一本关于为西班牙工作的航海者的书。这位历史记录者继续游历欧洲，来到巴黎，将第二份手稿交给国王弗朗索瓦一世之母萨瓦的路易斯（Louise de Savoie）。进入意大利，作家在教皇克雷芒七世（Clément VII）的宫廷着手编纂他的文字记录，以几乎民族志的方式，补全了对土著人的描写、岛屿地图和两种小词典。多亏了他坚持记录的日记，人们首次清晰看到了时差的效应。根据皮加菲塔的记录，他于一个星期四回到西班牙。然而，那天实际上是星期三。追随着太阳航行地球一周之后，他逐渐失去了一个整天的时间。

阿姆斯特丹

安特卫普

汉萨同盟

大洋上的荷兰人

范·奈克

印度尼西亚

东印度公司

黎塞留（Richelieu）主教一向吝于称赞之辞。然而，就连他也不得不对荷兰奇迹表达惊讶。1626年，他写道：“那个只有水和海盗的弹丸之地上屈指可数的人口竟然取得了如此财富。毫无疑问，这是贸易之益处的明证。”事实的确如此，尽管自身条件并不完美，这个平凡的国家却在17世纪光芒四射。

汉萨同盟

843年签订的《凡尔登条约》，将布拉班特（Brabant）和荷兰归于查理曼大帝之孙洛泰尔一世（Lothaire Ier）的治下。但是，直到9世纪末，这一地区被维京人占据，从935年起才真正纳入神圣罗马帝国的管辖。当地人口的主要海上活动是捕鱼。得益于北海较浅的海水和充沛的鱼群，渔业迅速发展成一项主要贸易，腌鲱鱼是首当其冲的出口产品。

创建于640年的安特卫普市镇一度被维京人摧毁。之后，城市从废墟中重建、扩张，建造起一座城堡和防御性的城墙。港口位于埃斯考河三角洲，距海80千米，通过近便的海路和莱茵河相连。优越的地理位置为港口提供天然保护的同时，使其和英格兰、内陆维持联系。自从1000年起，荷兰人口开始增长，农民给沼泽排水，开垦农田。2个世纪后，若干城市涌现。约1270年，在阿姆斯特尔河上建造的水坝周边形成一个小渔港，获益于税费豁免，成为一个繁荣的贸易城市阿姆斯特丹。

13世纪中叶起，一个贸易体系将北海和波罗的海沿岸若干大港联系在一起，一直延伸到诺夫哥罗德。

1284年，英国伦敦和格里姆斯比加入这个被人们成为“汉萨”（Hanse）、“汉萨同盟”（Ligue hanséatique）或“条顿汉萨”（Hanse teutonique）的体系。北欧的35个港口和66个商行通过这一体系解决争端，制定贸易条约。

同盟有权力封锁港口，因此各国政府倾向于承认同盟的贸易特权。在汉萨港口之间的交通主要靠柯克船实现。这是一种平底近海船，早期船的体积中等，只有一根桅杆，后来成为有两根桅杆、前后舱室的远洋货船，配备武器，以免受海盗袭击。汉萨同盟给波尔多和诺夫哥罗德之间所有沿岸国家带来利润：同盟在波尔多有一个商行；每个国家都向诺夫哥罗德出口产品：英格兰的羊毛、法兰德斯的纺织品、加斯科涅的葡萄酒、斯堪的纳维亚一桶桶的鲱鱼、波兰和普鲁士的谷物，还有俄罗斯的皮货。一个统一的机构通过协调控制贸易交换产生更大的势力。同盟的海船从不空船旅行，在各个港口停留时间也很短。然而，15世纪末，英国和荷兰商人的竞争、鲱鱼海滩从波罗的海到北海的转移、诺夫哥罗德商行的关闭等因素使得同盟权力开始衰落。

新世界的黄金

14世纪，勃艮第公爵通过一系列精心安排的婚姻兼并了荷兰各省。先是勇敢的菲利普二世（Philippe II le Hardi，1342—1404年）与法兰德斯的玛格丽特结合。其次，他们的儿子无畏的约翰（Jean sans Peur，1371—1419年）与巴伐利亚的玛格丽特成婚，新娘是巴伐利亚公爵、埃诺（Hainaut）、荷兰和泽兰（Zélande）伯爵、弗里泽勋爵阿尔伯特一世（Albert Ier）之女。于是，到了第三代，好人菲利普三世（Philippe III le Bon，1396—1467年）得以统一荷兰和勃艮第公国之间的诸省。

在此期间，该地区度过了一段相对和平、秩序和繁荣的时代。但是，最后一位勃艮第公爵勇士查理（Charles le Téméraire，1433—1477年）在百年战争中坚持他父亲与英国达成的政治同盟，在与法王路易十二的连续冲突中节节败退，直到南锡战役中彻底失败阵亡。他的女儿勃艮第的玛丽于1477年与哈布斯堡大公、日耳曼皇帝马克西米利安一世（Maximilien Ier de Habsbourg，1459—1519年）成婚，但1482年从马上摔下而死。于是，荷兰归属哈布斯堡的摄政之下，陷入内战长达十年。一部分低级贵族支持的城市与新的中央权力对抗，试图保存自身特权。一系列冲突持续不断，既没有哪一方获胜，也没有找到解决方法。由于惨淡收成和军队行军导致的破坏，饥荒和瘟疫横行，造成人口大量死亡、堕入贫困。最后，马克西米利安的继任者查理五世（1500—1556年）通过继承和婚姻得到欧洲几乎所有的王座：他继承勃艮第公爵、卡斯提尔和阿拉贡国王和祖父马克西米利安的头衔，成为奥地利和哈布斯堡大公。查理五世

汉萨同盟（15世纪）

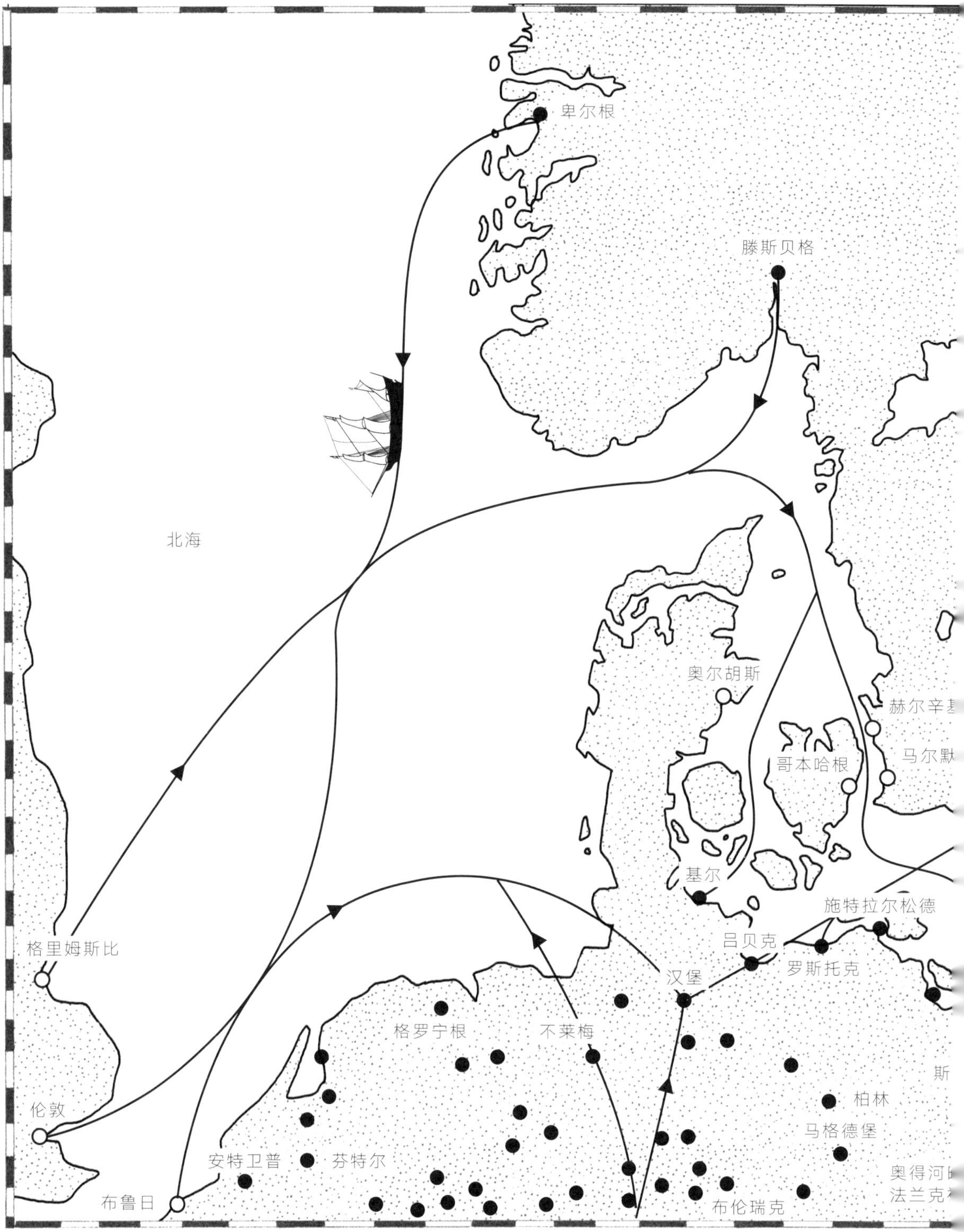

卑尔根
滕斯贝格
北海
奥尔胡斯
赫尔辛基
哥本哈根
马尔默
基尔
施特拉尔松德
吕贝克
罗斯托克
汉堡
格里姆斯比
格罗宁根
不莱梅
斯
柏林
伦敦
马格德堡
安特卫普
芬特尔
奥得河畔
法兰克福
布鲁日
布伦瑞克

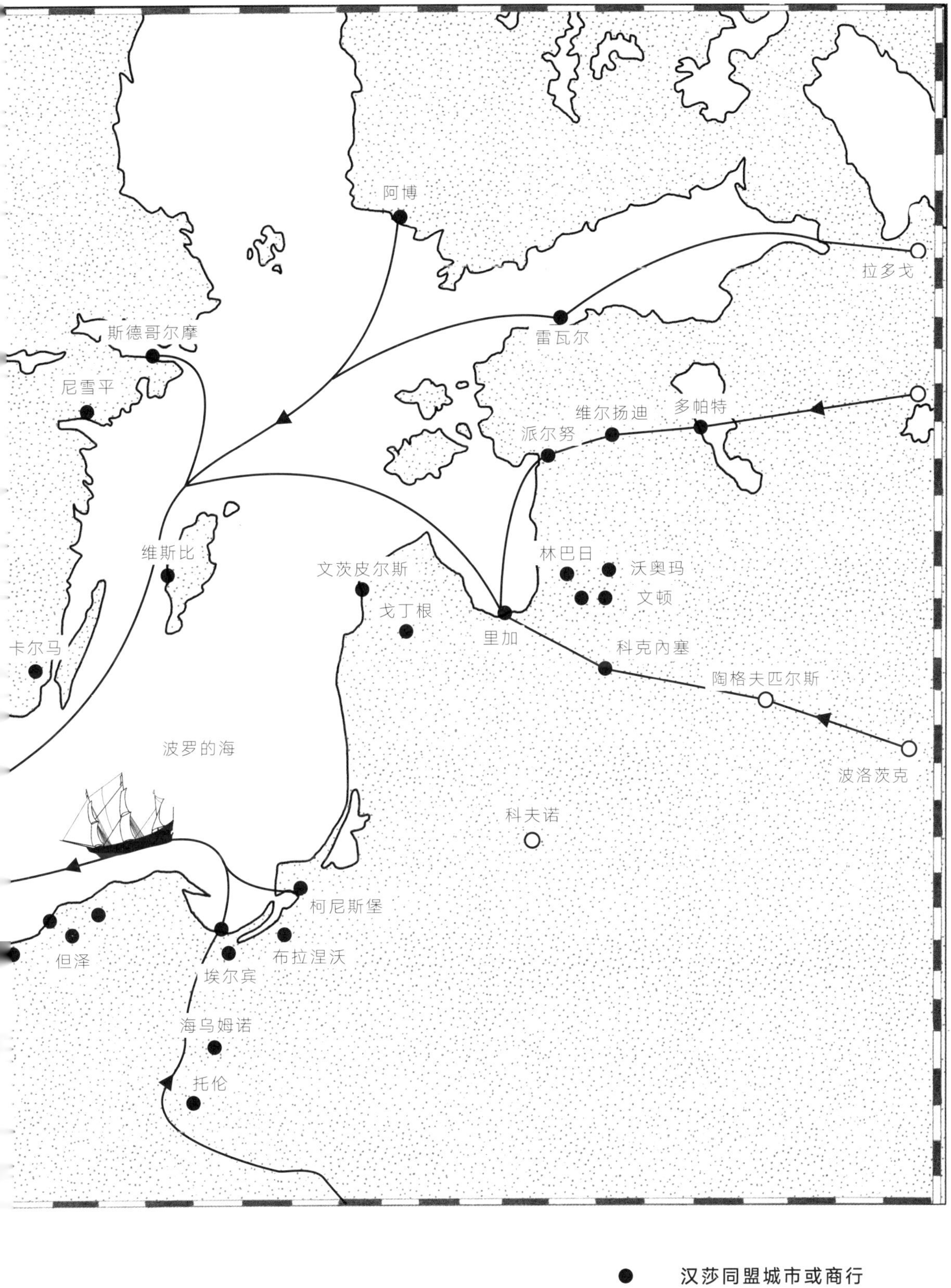

阿博
拉多戈
斯德哥尔摩
雷瓦尔
尼雪平
多帕特
维尔扬迪
派尔努
维斯比
林巴日
沃奥玛
文茨皮尔斯
文顿
戈丁根
里加
卡尔马
科克內塞
陶格夫匹尔斯
波罗的海
波洛茨克
科夫诺
柯尼斯堡
但泽
布拉涅沃
埃尔宾
海乌姆诺
托伦

汉莎同盟城市或商行
其他城市
主要的贸易路线

进一步凭借权力整合了若干荷兰省份，其地方原有政体各不相同：有公爵领地、伯爵领地、主教领地和庄园。

西班牙武装商船开辟的远航使得新大陆的黄金大量涌入，充盈着神圣罗马帝国的钱箱，但是帝国的权威因战争而大为降低，尤其因为对法国和土耳其人的征战。一个事件将打破查理五世帝国的平衡状态：1519年10月31日，在撒克逊的维滕堡，一个名叫马丁·路德（1483—1546年）的修道士在他的教堂门上张贴布告，列出84个要点，揭发教会权力的丑恶行为。自从1450年印刷术的发明，阅读之风兴起，路德的文本很快造成了整个北欧，尤其是荷兰的宗教分裂，奠定基督教新教的基础。

自从16世纪早期，荷兰港口的发展得益于经由葡萄牙人和西班牙人转运从东方涌来的奢侈食品。

这些香料从伊比利亚半岛出发，扩散到整个北欧。安特卫普这一北海首要贸易港口也为返程的船只提供运送去西班牙的产品，包括德国的银子和金属、波罗的海的谷物和蜂蜡，以及来自荷兰其他港口的织毯、艺术品、家具和书籍。

安特卫普从国际贸易的扩张中获利，几十年里人口迅速增长。但是，宗教改革使得这一利润丰厚的贸易面临危机：一方是信奉天主教的伊比利亚半岛，另一方是新宗教占上风的法兰德斯。自从1567年起，西班牙的菲利普二世（Philippe II）任命的西属尼德兰总督阿尔瓦公爵（duc d'Albe）大肆迫害新教徒，从而摧毁了安特卫普的贸易。居民不是拿起武器、加入私掠船、成为海盗，就是流亡北方或丹麦。荷兰海员在所有海域航行，追随西班牙人和葡萄牙人的航迹，一直到达美洲——在那里，他们创建了纽约这座城市。他们也前往印度和远东，尤其喜欢印度尼西亚，因为那里和他们的祖国一样有着沼泽和散布的岛屿。

最后，与西班牙人战争80年之后，荷兰于1581年宣告独立。一段时间里，荷兰试图寻找一位国王，但多次被法国在内的国王拒绝。法兰德斯、布拉邦和海尔德兰省的一部分失给西班牙人之后，这个国家按照共和国的形式组织起来。

制图学的飞速发展

阿姆斯特丹市从阿尔瓦公爵在安特卫普的残暴行为中间接获益，由一个渔港摇身一变，成了北欧大港。荷兰人拥有一千多艘渔船，位列欧洲之首。自从9世纪起，捕鲸业已成为利润率极高的活动。独立之后，荷兰人变得更有创业精神：他们建立的鲸鱼加工站从斯匹次卑尔根岛蔓延到更北边的扬马延岛。融化成油状的鲸脂被用来制作香皂、处理篷布、提供照明。鲸须用于制作女性服装的衬里、雨伞和阳伞。16世纪末，荷兰试图寻找绕过葡萄牙人、前往香料之路的办法。在荷兰的纬度上，从北边航行可能比绕行非洲更容易，前提是这样的航路存在……于是，一些商人提供奖金，鼓励人们寻找从东北方向驶向日本的航路。

1594年，两艘帆船进行了第一次尝试：威廉·巴伦支（William Barents）设想了一条绕行俄罗斯北部新地岛以北的航线，但是冰川拦路，不得不掉头而返。第二年，他率领九艘帆船重新开始这项事业，尝试从岛的南边穿过，不料海峡堵塞。10年后，他再次率领两艘帆船再次出发，但是在斯匹次卑尔根岛，大风吹散了两艘帆船。巴伦支所在的船向新地岛以北驶去，在一个海湾被四面围绕的冰川挡住去路。海船在冰川的压力下解体，人们搭起棚屋，以在当地过冬。之后，到了春天，他们步行前往南部。船队付出了沉重代价：巴伦支因过度劳累而死，只有十三名船员脱险。这次失败之后，荷兰地理学家和制图专家彼得勒斯·普朗修斯（Petrus Plancius）认为在西北方向存在着一条更加可行的航路，经由美洲大陆北边，但这不是商人优先考虑的航线。

对新的海平线的追寻与制图学的发展齐头并进，尤其是航海图。印刷术在荷兰全境已经发展成熟，对于插图书编辑而言，版画技术也不是什么秘密。于是，欧洲制图学前所未有地发展。所有市民阶级的家里都装饰航海图和陆地地图，上面点缀着闪闪发光的泥金装饰。与试图攫取新领土的葡萄牙和西班牙不同，关于新大陆知识在荷兰传播不意味着远方的土地面临被侵略的危险，反而鼓励居民在海洋贸易中投资。出版人经常更新他们的作品，使得很多旅行指南广为流传。从1584年起，地图随着新的航海发现逐渐充实。丰富多样的彩画插图用于表现世界上所有已知国家，传递出富饶和繁荣的景象。这一专长很快声名鹊起，地图和旅行指南被翻译成多种语言，在整个欧洲流行开来。

海员雇佣兵

葡萄牙对东方和远东的远征变得如此重要，以至于葡萄牙本国人口不足以提供足够人力，不得不雇佣外国水手和雇佣兵。1585年，安特卫普被西班牙人围城，城市人口中有一半因为担心西班牙的宗教迫害而逃走，航海者让·哈伊根·范林斯霍滕（Jan Huygen van Linschoten，1563—1611年）也是其中之一。他加入葡萄牙人，为葡萄牙在印度洋的贸易服务，在四大香料港口之一印度果阿邦承担大主教秘书的职务。他写作了三本关于印度和美洲航线的指南，讲述他的经验，清晰勾画出这些海路的航行知识。他的作品被翻译为三种语言，是17世纪所有商业远航船长的参考。

航海者科内利斯·凡·霍特曼（Cornelis van Houtman，1565—1599年）被阿姆斯特丹商人派遣前往里斯本，打探关于香料贸易的信息。他和兄弟弗里德里克（Frederick）因间谍罪的罪名入狱。然而他还是回来了，带回大量关于葡萄牙香料之路的信息。多亏这些珍贵的信息，阿姆斯特丹商人于1594年4月成立了远方贸易公司（Compagnie van Verre），次年开启第一次远征，四艘海船载着二百五十个人航向爪哇岛，目的是在岛屿西边、苏门答腊岛对面的万丹建立商行。四艘海船分别是“毛里求斯号”（Mauritius）、“阿姆斯特丹号”（Amsterdam）、“荷兰号”（Hollandia）和“幼鸽号”（Duyfken）。最后一艘长十余米，2006年得到了复原。科内利斯·代·霍特曼指挥舰队，让·哈伊根·范林斯霍滕和海军少将维布朗德·凡·瓦维克（Wybrand van Warwijck）与他同行。两年多的航行之后，船队已经由于叛乱和坏血病损失了将近一百五十名船员。他们终于到达万丹，得到葡萄牙商人的接待，将他们介绍给苏丹。统治者同意与荷兰执政官，拿骚的莫里斯（Maurice de Nassau）亲王签订同盟条约。由于科内利斯·凡·霍特曼缺乏外交手段，他带着手下荷兰人很快离开了，甚至没来得及装载香料。小船队朝向爪哇东北的马都拉岛驶去，但是被爪哇海盗攻击，后者放火烧了他们的一艘船。到达马都拉岛后，凡·霍特曼命令洗劫村庄，作为对海盗袭击的报复，尽管当地人口和袭击者之间没有任何关系。最后，荷兰探险者在巴厘岛获取了一些胡椒，于1597年开始返程。但是，在经停圣赫勒拿岛时，葡萄牙人不允许他们补给水和食物。远征最后成为贸易和人道意义上的彻底失败，只有八十七个人重新回到阿姆斯特丹。

范·奈克的印度尼西亚远航

“毛里求斯号”“荷兰号”和“阿姆斯特丹号”已经在第一次印度之行中行驶过这条航线。其余帆船以荷兰省份命名：“热兰遮号”（Zeelandia）、“海尔德兰号”（Geldria）、“乌特勒支号”（Utrecht）、“弗里斯兰号”（Vriesland）和最小的“上艾瑟尔号”（Overijssel）。

从阿姆斯特丹北部的特塞尔岛出发，船队遵从彼得勒斯·普朗修斯的航线指南，在三个月的航行之后到达好望角。然而，沿非洲海岸北上，驶向东方时，剧烈的风暴将船队一分为二。凡·瓦维克和五艘船在毛里求斯岛停靠，因为岛上无数的渡渡鸟，给这座岛屿起名天鹅岛。这是一种头是灰色、像天鹅的鸟，翅膀太小因而不能飞行。毛里求斯岛无人定居，大量繁殖的渡渡鸟从未面临捕食它们的动物，不惧怕人类。海员们于是捕食渡渡鸟，更腌制鸟肉，当作接下来旅程中的补给品。尽管鸟肉有些咬不动，味道也没那么好，但是优点是其体重高达十多千克，而且很容易捕获，以至于一百年后这一物种完全消失了！17世纪荷兰舰队在毛里求斯的频繁停靠对这一物种的存活给予致命一击。今天看来，捕食性鸟类的引进和自然灾害也是导致渡渡鸟灭绝的因素。

1598年5月，雅各布·科内利斯·范·奈克受命指挥八艘海船开启荷兰第二次前往印度尼西亚的探险。和他同行的有海军上将维布朗德·凡·瓦维克和探险家雅各布·凡·黑姆斯克尔克，后者参与了威廉·巴伦支的第三次极地探险。

凡·瓦维克在毛里求斯重整舰队时，范·奈克的三艘海船在马达加斯加的印度洋海岸靠岸，以补充补给品，之后直接航向爪哇岛。1598年11月，九个月的航行之后，他们抵达了目的地万丹。范·奈克既不打算征服这里，也不致力于使当地人口皈依基督教。他明确宣布自己的意图，简而言之就是大量购买香料。不到三个月，三艘船的货舱都装满了胡椒。凡·瓦维克和他的四艘船在新年前夜加入。新来的船也装满香料后，范·奈克命令瓦维克和黑姆斯克尔克继续向东。他自己则返航阿姆斯特丹，于第二年7月抵达。欢迎他的排场很大。根据航海阅兵的传统，船队由军号开道，在街上游行，全城钟声齐鸣。指挥官雅各布·科内利斯·范·奈克获得一只金杯，后来被验证其实是镀金。这一庆祝会至今留存在荷兰人记忆中。这次远征的收获全部卖出，利润率超过百分之三百。要知道，船舱中载有600000磅胡椒、250000磅丁香、20000磅肉豆蔻种子和200磅肉豆蔻花。

范·奈克在祖国大受褒奖时，瓦维克的两艘船和黑姆斯克尔克的两艘船在马都拉岛与阿里撒巴亚国王产生纠纷。几年之前，科内利斯·凡·霍特曼曾对当地人口大肆劫掠。国王遂抓走几名船员，要求赎金。荷兰人最终赢得了谈判，并于1599年3月到达了摩鹿加群岛南部的安汶岛。这片土地以出产丁香而闻名，但存货不足以装满一艘船，于是船队离开。瓦维克北行前往北摩鹿加群岛以东的小岛特尔纳特。那里的国王对他们的招待要友善得多，并且借助他们的在场处理和临近的蒂多雷岛的争端。海船上配备的枪炮轻易解决了问题。瓦维克因此满载香料而归。经过万丹时，他又在货舱中装满胡椒，于1600年9月回到阿姆斯特丹。

至于雅各布·凡·黑姆斯克尔克，他前往由一系列小岛组成的班达群岛，其中最大的大班达跨度也不超过10千米。他于1599年3月到达，受到了当地人的热情接待。经受了葡萄人的虐待和岛上火山近期爆发的惊吓之后，他们很乐意与不会剥削利用他们的荷兰人贸易交换。黑姆斯克尔克成功获得了当地原住民的信任，在原地留下二十个人监督肉豆蔻库存，为之后的远征建立一个基地。这样看来，第二次远行仿佛进展颇为顺利。但是，荷兰人讲述的版本并非一切如实。被翻译为英文的原始文献对事件的叙述略有不同。例如，范·奈克曾毫不迟疑地抓了一个地方君主，要求当地人支付几头牛作为赎金，从而为队伍提供补给。

所有这些前往远方地平线的海船船长都从他们的总督处得到委任信、贸易许可信和特权信。

这些信件赋予他们袭击和抢劫敌船的权利，也可以占领所有无人居住的土地或敌人占据的土地，条件是将战利品的一部分转让给国家。可以说，这些海船都是私掠船。如果说，在第一次远征中，科内利斯·凡·霍特曼曾应用甚至滥用这些特权，范·奈克和他的船长们更成功地使用外交手段，为荷兰成为世界一流强国奠定基础。

荷兰东印度公司

第二次远航归来后，阿姆斯特丹商人建立起多个与东方进行贸易的公司，5年之内就有十四支舰队、六十五艘海船前往后来被称为东印度和印度尼西亚的地方。1600年，荷兰人开始与日本进行贸易，第二年开始与中国进行贸易。这些公司于1602年3月20日合并成为荷兰东印度公司（Vereenigde Oostindische Compagnie），简称VOC。荷兰国会也介入股票交易中，以强化远航中的军事力量。远航涉及的地域，按照地图测绘的范围来

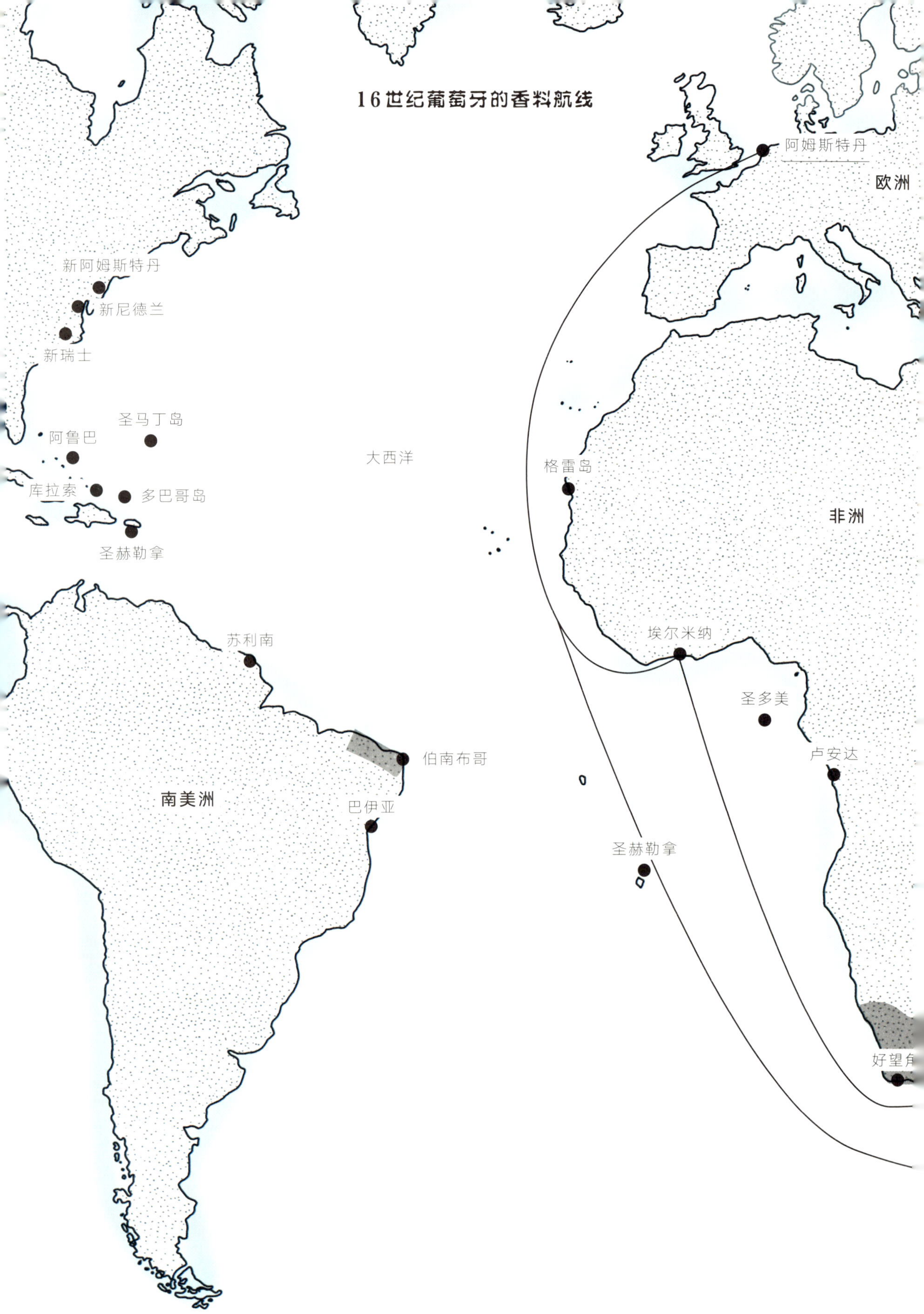
16世纪葡萄牙的香料航线
阿姆斯特丹
欧洲
新阿姆斯特丹
新尼德兰
新瑞士
圣马丁岛
阿鲁巴
大西洋
库拉索
多巴哥岛
圣赫勒拿
格雷岛
非洲
苏利南
埃尔米纳
圣多美
伯南布哥
卢安达
南美洲
巴伊亚
圣赫勒拿
好望角

亚洲
澳门
科罗曼德尔
科伦坡
交趾
毛里求斯
印度洋
澳洲
荷兰商行
荷兰属地

看，从好望角延伸到印度洋、大西洋，一直到麦哲伦海峡。目的很明确，要将西班牙和葡萄牙人挤出贸易航线。最初的几次远航中，船队都武装齐全。与葡萄牙人和西班牙人相反，荷兰东印度公司的目的是贸易，不试图侵占土地、传教或寻求政治依附。特别的是，日本和中国接受了贸易协定，条件便是荷兰人的存在不会扰乱当地宗教和权力体系。

这也是历史上第一个所有者匿名在证券交易所上市的组织。

尽管目的是和平的，荷兰人的远航在执行过程中仍无法排除武力，以建立和保护商行。1605年，一支队伍被派遣前往摩鹿加群岛的安汶岛，驱逐葡萄牙人，建立第一个商行。不久之后的1619年，人们离开安汶岛，占据了爪哇岛的首府，在其废墟之上建立巴达维亚，成为在当地的首要据点，与阿姆斯特丹地位相当。即使这样也无法阻挡与爪哇苏丹和爪哇叛乱者之间持续的战争，纠纷一直持续到1755年。有的总督大规模使用武力镇压顽强抵抗的当地人口，处决所有英格兰或葡萄牙公司的代表，例如，荷兰东印度群岛总督简·皮特斯佐恩·科恩（Jan Pieterszoon Coen）就是这样做的。但是，他从印度洋发来的贸易分析留给人丰富贸易可能性的印象："古吉拉特邦（Gujerat）的织物应该用来交换苏门答腊沿岸的胡椒和黄金；万丹的胡椒交换硬币和织物……中国的物品和黄金可以用来交换檀香木、胡椒和硬币。人们可以在日本找到银子用于在中国采购。科罗曼德尔半岛沿岸的织物可以交换香料、其他商品和西班牙银元；阿拉伯的西班牙银元可以交换香料和其他产品。我们保证每次购买互相补偿，我们的海船完成这些操作，却不花荷兰人一分钱。"荷兰东印度公司在这些地点之间穿梭，建立起一个以阿姆斯特丹和巴达维亚为枢纽的殖民帝国。

这一贸易霸权的建立取决于无人匹敌的航海优势、贸易航线的多样性、对一系列高增值产品的控制和所有航线上船只负载的最优化。荷兰东印度公司每年都命令制造新的船只，于是荷兰的港口提供了一支巨大的舰队，在1670年左右达至巅峰时期，超过所有其他欧洲国家舰队之和。这些船和法国船或其他国家的船亦有相似之处，但是它们的货舱更大，武装更少，优先权在于运输。荷兰人的重要发明是小吨位船，其原型来自于内海航行的帆船，支有一面可以收起的斜帆，只需要几位船员。荷兰人建造一系列这样的帆船，行驶于所有海域，实行其他国家航海贸易无法媲美的价格。直到17世纪中期，荷兰东印度公司在买卖香料和胡椒中获得的利润最高。18世纪初期，织物替代胡椒成为海运的首要产品。之后，进口纺织品数量下降，茶和咖啡的市场重要性增加。其他密度大的产品，例如铜、锡、糖和硝石，也被用来做压舱物。荷兰人同时擅长进口中国瓷器、中国和日本的丝绸。一直到第二次世界大战时被安特卫普替代之前，阿姆斯特丹始终是最重要的服装制造和钻石贸易中心，其钻石大部分来自亚洲。在大约两个世纪里，荷兰东印度公司主宰国际贸易，但是，英国和法国公司很快兴起，与荷兰人激烈竞争。1780年至1784年的第四次英荷战争也使荷兰国力衰弱。负债累累的荷兰东印度公司于1798年解体。

弗朗西斯·德雷克

麦哲伦

詹姆斯·库克

探索太平洋

拉贝鲁斯伯爵

布干维尔伯爵

阿尔瓦罗·德·蒙达纳

对克里斯托弗·哥伦布而言，太平洋和美洲大陆一样，都是子虚乌有。当然，15世纪人们热衷制图学，他不是例外，对于宇宙结构学和几何学也颇有兴趣。但是，他很难理解同代人的作品，没有下工夫去验证他们的计算。古希腊数学家埃拉托斯特尼（约公元前284年—前192年）早已提出一种简单的计算地球周长的方法：只需要在夏至日时，选取同一经度上两个不同地点测量太阳高度角。他的估算只有百分之一的误差，但是在克里斯托弗·哥伦布的认知中，地球周长足足缩减了四分之一。于是，这位热那亚探险家直到1506年去世时都坚信自己一直是在东方的印度诸岛航行。1507年4月25日，孚日省的修士马丁·瓦尔德泽米勒（Martin Waldseemüller）在他的世界地图《宇宙志》(*Universalis Cosmographiae*）上绘制出新大陆，标注的名字和哥伦布无关，而是根据亚美利哥·韦斯普奇的名字命名的“亚美利加”(America)。这部著作在封面凸显这位佛罗伦萨航海者的名字，描述了1499年至1504年他的四次美洲航行。这个词语很快流行开来，被所有探险者采用，尽管西班牙人认为之后几十年中征服的新大陆都不过是他们的“新西班牙”的一部分。

第一次环球航行

既然欧洲和东方之间存在一个大陆，那么这个新的美洲大陆的西边应该有一片大洋。在他的最后两次航行中，亚美利哥·韦斯普奇试图绕过巴西南部，但是还没抵达麦哲伦几年后发现的海峡，就掉头而归。直到10年后的1513年9月25日，才有一位西班牙征服者看到了这片大洋。巴斯克·努涅斯·德·巴尔波亚（Vasco Núñez de Balboa）步行穿越了卡里达和圣米格尔之间的巴拿马地峡，寻找新的财产。从北向南穿越大陆之后，他给自己所发现的水域命名为“南海”，以国王费尔南多五世（roi Ferdinand V）和卡斯蒂利亚的伊莎贝拉（Isabelle de Castille）的名义将其据为己有。

4年后，这位探险者再次来到圣米格尔湾，在巴尔萨斯河沿岸建造了四艘船，驾船游历巴拿马湾属于国王的群岛，一路来到巴拿马的波多皮尼亚。他暂停了航行，打算建造更大的海船。但是，1517年1月，由于征服者弗朗西斯科·皮萨罗（Francisco Pizarro）的背叛，他的计划不得不中止。巴拿马市长加斯帕尔·埃斯皮诺萨（Gaspar de Espinosa）对其做出斩首的判决，没收了他的船和财富，包括大量珍珠和黄金，并且在当地大肆劫掠，充实西班牙国王的国库。

1520年10月21日，他绕过大陆最南端的维哥基角，进入如今以他的名字命名的海峡。他派遣“圣安东尼奥号”先行侦察，但甲板上发生叛乱，这艘帆船折返塞维利亚。11月28日，其余三艘克拉克帆船“特立尼达号”“维多利亚号”和“圣灵降孕号”进入被麦哲伦称为“太平洋”的海域，这样命名是因为他恰好碰到大洋的平静时分。借助南美洲沿岸的北风，这支小型舰队抵达南纬20°附近，随后径直驶向菲律宾群岛。船队不幸与所有波利尼西亚岛屿失之交臂，在抵达“盗贼岛”之前，只经过基里巴斯的两个珊瑚岛。所谓的“盗贼岛”位于菲律宾群岛以东1000海里处，马里亚纳群岛的最南。最后，1521年3月28日，麦哲伦终于再次找到东印度。1506年至1513年，他曾在此驻扎，一度效忠于弗朗西斯

西班牙征服者竞相瓜分中美洲、觊觎财富的同时，服务于西班牙国王的麦哲伦率领四艘船沿南美洲西岸航行，试图寻找通往印度的航路。

科·德·阿尔梅达（Francisco de Almeida）。于是，麦哲伦和恩里克，即他于1509年在马六甲购买的奴隶一起，花费12年的时间实现了第一次环球航行。麦哲伦死于菲律宾群岛当地人的斗争之中，此外，船队又损失了两艘船。尽管如此，“维多利亚号”终于在1522年9月8日返回塞维利亚，证实横穿太平洋是可行的，亚洲的财富之路可以由这条航路抵达。

3年后，皇帝查理五世派遣一只新的远航队，追寻麦哲伦的足迹起航。1525年7月24日，四百五十人组成的船队驾驶七艘船，离开了拉科鲁尼亚，前往摩鹿加群岛。船队的指挥者是加西亚·霍夫雷·德·罗萨（García Jofre de Loaísa）和胡安·塞巴斯蒂安·埃尔卡诺（Juán Sebastian Elcano），后者也即麦哲伦探险队中著名的“维多利亚号”的船长。1526年1月9日，船队到达圣克鲁斯（Santa Cruz）河入海口，暂住下来。埃尔卡诺的船“圣灵号”（Sancti Spiritus）被派遣去探索海峡的入口，但是，1月14日，船在维哥基角遇难，九名水手丧生，其余人得以幸存。

18日，船队再次尝试出行，三艘船不幸搁浅，不过在涨潮时得以脱离险境。海峡上狂风大作，在逆风之下，船只只好重新回到大西洋。其中两艘放弃了远航，返回西班牙。4月8日，剩余的四艘帆船再度挑战海峡。弗朗西斯科·代·霍斯（Francisco de Hoces）的“圣莱斯姆号”（San Lesmes）遇上风暴，偏离了海峡，被激烈的风浪推到更南方，一直抵达火地群岛（Terre de Feu）。之后，这艘船取道当时还不为人所知的德雷克海峡（passage de Drake），绕过大陆，企图与其他经由麦哲伦海峡进入太平洋的船汇合。这是欧洲人首次航行于南纬50°以外，一条重要的海上航线从此开启。

离开海峡、进入太平洋后，战舰“维多利亚的圣玛利亚号”（Santa María de la Victoria）在风暴中沉没，罗萨被救上另一艘船。6月1日，与计划一样，船队汇合，谁知又因为一场大风而分散。穿越太平洋带来了大批的死亡：“圣莱斯姆号”在阿马努的土阿莫土珊瑚岛搁浅，1921年人们甚至在当地发现了船上的枪炮。一艘船向北航行，到达了墨西哥。另一艘被葡萄牙人扣押。远航的两个指挥官罗萨和埃尔卡诺在同一艘船上，1526年7月末、8月初皆因坏血病而死。最后，1526年9月，他们的船由马丁·伊尼奎兹·卡尔奎扎诺（Martin Iniguiz de Carquizano）指挥，抵达摩鹿加群岛。此时只剩下二十四名幸存者，安德烈斯·德·乌达内塔（Andrés de Urdaneta）是其中之一。

东方之路

征服者埃尔南·科而特斯（Hernán Cortés，1485—1547年）于1520年占领特诺奇蒂特兰（即未来的墨西哥城），第二年征服阿兹特克帝国（Empire aztèque）。他尝试寻找墨西哥和巴拿马之间贯通大西洋和太平洋的海峡。此外，探索和征服“南海”更多地区也是他的目标。因此，从1524年起，他命人建造海船，以实现远航。

1527年，他派遣三艘海船组成的远航队前往摩鹿加群岛，由他的表兄弟阿尔瓦罗·阿瓦洛斯·德·萨韦德拉（Alvaro Avalos de Saavedra）指挥。船队从太平洋沿岸、墨西哥的锡瓦塔内霍（Zihuatanejo）出发，穿越大洋，找到了驻扎在摩鹿加群岛当地的安德烈斯·德·乌达内塔。他试图原路返回墨西哥，但是在新几内亚海岸因海难而不幸身亡。

征服新西班牙保证了西班牙获得源源不断的财富，而且在中美洲建立造船厂后，香料之路可以直接从这里出发，不用再穿越麦哲伦海峡。但是，第一次东西向穿越太平洋的尝试是彻底的灾难。1536年，埃尔南·科而特斯派出一只远航队，最初目的是支持征服者皮萨罗与秘鲁印加人的战争。其指挥者赫南多·格里哈尔瓦（Hernando de Grijalva）在执行任务时改道，打算前往摩鹿加群岛上的香料国度。1537年4月，他离开秘鲁北部的派塔，但因热带信风的逆风风向，不得不放弃这一计划。此时，他的船队叛变，将他杀死，重新起航向西。叛乱者抵达了赤道以南、基里巴斯群岛中的圣诞岛和诺诺乌蒂岛。最

1532年至1539年，埃尔南·科而特斯发起了四次远航。其间，他巡查了下加利福尼亚半岛，以为这是一个岛屿。但后来他的一艘船“特立尼达号”抵达科罗拉多河的入海口，推翻了这一观点。

后，七名叛变者存活下来，他们的船在新几内亚附近的岛屿搁浅，被巴布亚人逮捕，卖作奴隶，最后作为人质被卖给摩鹿加群岛的葡萄牙政府。

1542年，墨西哥总督安东尼奥·门多萨（Antonio de Mendoza）派出第一支西班牙官方远航队，由鲁伊·洛佩斯·德·比利亚洛沃斯（Ruy López de Villalobos，1500—1544年）全权负责。11月1日，四百名船员驾驶四艘大帆船、一艘后桅杆船、一艘双桅纵帆船从墨西哥港口纳维达（Navidad）出发。12月25日，他们发现了墨西哥附近雷维利亚希赫多火山群岛（Revillagigedo）的一部分。麦哲伦环球航行的幸存者之一吉恩斯·代·马弗拉（Ginés de Mafra）率领的"圣克里斯托瓦尔号"（San Cristóbal）在一次风暴期间与船队分散，抵达了菲律宾群岛的立马萨瓦岛（Limasawa），也即麦哲伦22年前的目的地。其他海船沿途经过若干岛屿：加罗林群岛的乌利西、马绍尔群岛的埃尼威托克以及位于加罗林群岛以西、密克罗尼西亚的帕劳。1543年2月29日，船队抵达如今菲律宾群岛中上棉兰老岛的巴冈阿湾。洛佩斯·德·比利亚洛沃斯为致敬西班牙王子、未来的菲利普二世，将岛屿命名为莱特（Leyte）和萨马（Samar）。8月27日，贝尔纳多·德拉托雷（Bernardo de la Torre）指挥的"拉特朗圣若望号"（San Juan de Letran）返航墨西哥。但是，和前人一样，因风暴袭击不得不回到菲律宾群岛。在航行中，他发现了一些如今属于日本的岛屿，例如马库斯岛（Marcus，现称南鸟岛）和无人岛（Bonin，现称小笠原群岛）。船队饱受疲倦、饥饿的打击，在摩鹿加群岛寻找避难所。后来，鲁伊·洛佩斯·德·比利亚洛沃斯被葡萄牙人抓获并关押，第二年在安汶岛的监狱中死去。

一个人的名字将被铭记在返回阿卡普尔科的航线上。安德列斯·德·乌达内塔是一位热衷于天文学的数学家。1525年，他参加了加西亚·霍夫雷·德·罗萨从拉科鲁尼亚岛西行前往摩鹿加群岛的远航，成为印度洋航线的专家。回到西班牙后，他毫不迟疑地再度动身前往墨西哥，成为奥古斯丁会的修士。1564年，国王菲利普二世发起征服和殖民菲律宾群岛的远航，一度打算将指挥权交给他。乌达内塔谢绝了这一任命，但是同意和米格尔·洛佩斯·德·莱加斯皮（Miguel López de

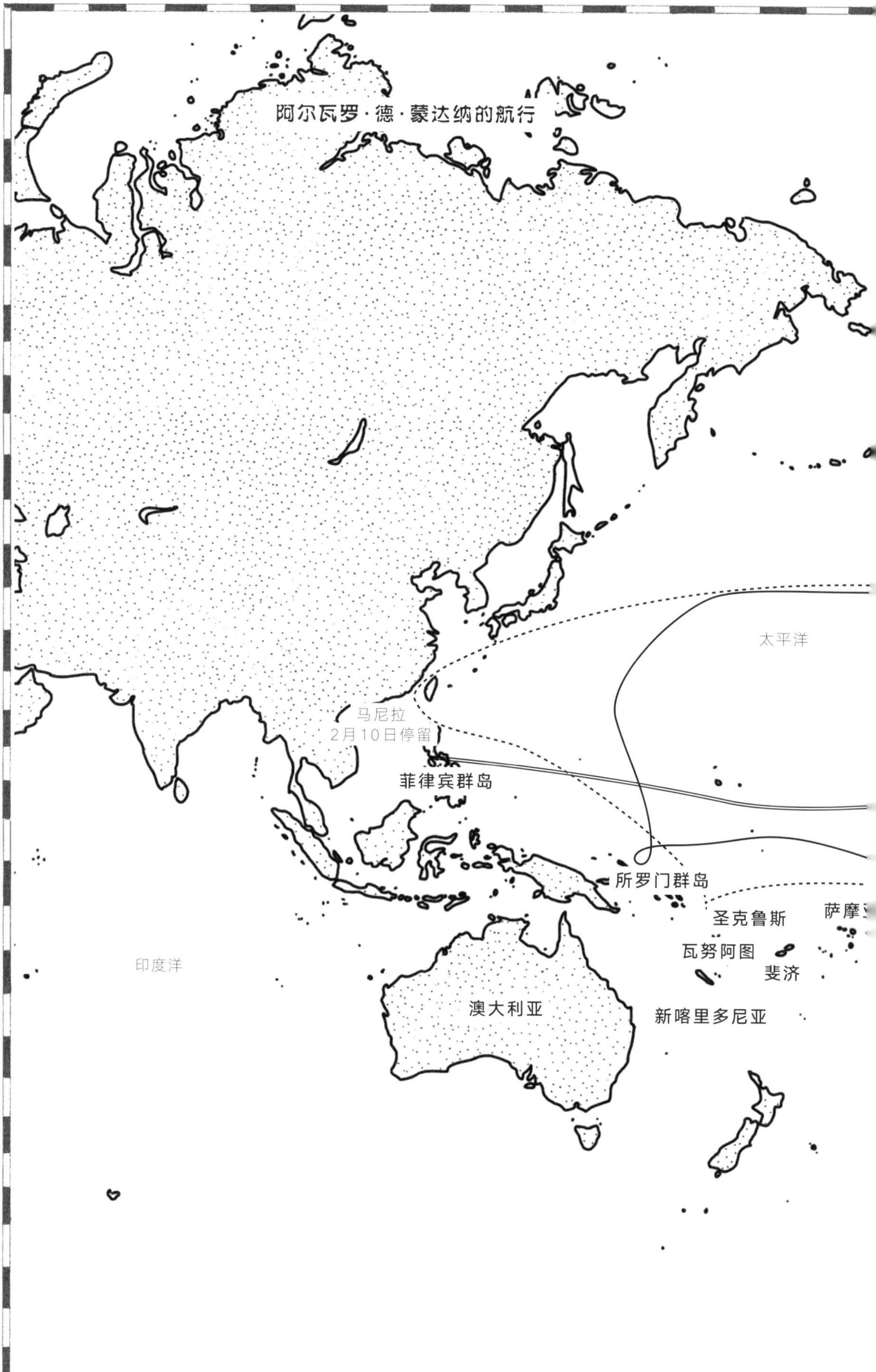

阿尔瓦罗·德·蒙达纳的航行
太平洋
马尼拉
2月10日停留
菲律宾群岛
所罗门群岛
圣克鲁斯
萨摩
瓦努阿图
斐济
新喀里多尼亚
澳大利亚
印度洋

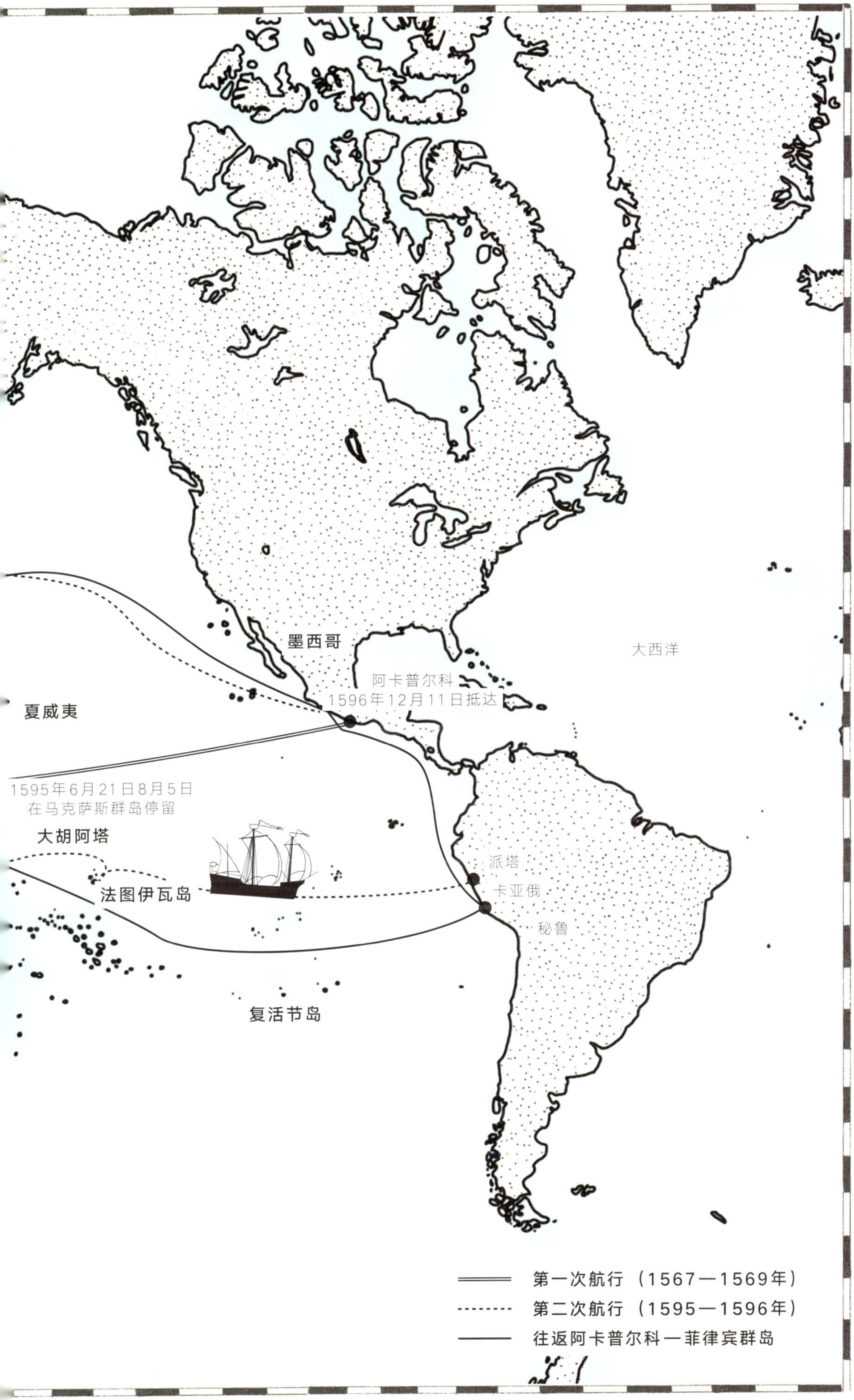
墨西哥
大西洋
阿卡普尔科
1596年12月11日抵达
夏威夷
1595年6月21日8月5日
在马克萨斯群岛停留
大胡阿塔
派塔
卡亚俄
法图伊瓦岛
秘鲁
复活节岛
第一次航行（1567—1569年）
第二次航行（1595—1596年）
往返阿卡普尔科—菲律宾群岛

Legazpi）一起出发。1564年11月21日，五艘海船离开墨西哥的纳维达港，在海上航行93天。在马里亚纳群岛停靠之后，船队于1565年2月13日到达宿雾。环游菲律宾群岛之后，莱加斯皮派遣乌达内塔回新西班牙请求援军，以殖民菲律宾群岛。这位修士水手于6月出发，先向北行驶到达北纬36°的夏威夷群岛，以获得有利的风向。1565年10月8日，劳累的船队抵达阿卡普尔科，此时已因坏血病失去了大量船员。但是，返航的海路终于开启了。自此之后的2个世纪里，每年都有装配两三个甲板的强大武装商船在马尼拉——阿卡普尔科之间旅行，装满黄金、白银、丝绸、瓷器和香料。去程走夏威夷南边，返程走夏威夷北边，但直到1778年詹姆斯·库克之前，没有人发现这座岛屿。

私掠船长的环球航行

穿梭在亚洲、美洲和西班牙之间满载财富的航船很快引起私掠船和海盗船的垂涎，它们的身影开始出没在加勒比海。1560年起，装满黄金白银返航塞维利亚的海船都需要武装舰队伴随护卫。

绰号为“龙”（El Dragon）的英国人弗朗西斯·德雷克（Francis Drake，1540—1596年）在西班牙人眼中是一介海盗。但他拥有英格兰女王伊丽莎白一世授予的贵族身份，他是女王手下的私掠船长。从23岁开始，他和表兄约翰·霍金斯（John Hawkins）一起出海，后者的海船在非洲和新大陆之间进行奴隶贸易。1572年，德雷克自费出发，率领两艘船去抢劫西班牙人在秘鲁掠夺的黄金。这些黄金被装载上武装商船之前，暂时存放在巴拿马。德雷克的计划很成功，海员获得了私掠许可证，以此名义在太平洋上抢劫西班牙武装商船。1577年11月15日，他率领五艘海船——“鹈鹕号”（Pélican）、“伊丽莎白号”（Elizabeth）、“克里斯托弗号”（Christopher）、“天鹅号”（Swan）和“本尼迪克号”（Benedict）——组成的舰队，从英国的普利茅斯出发，一共载有一百六十四名船员。德雷克首先在佛得角强占一艘葡萄牙船上的货物。穿越大西洋时，船队遇上风暴，不得不将“克里斯托弗号”和“天鹅号”

抛弃、凿沉。船队在麦哲伦曾经停靠过的阿根廷圣胡利安（San Julian）休整，将“鹈鹕号”更名为“金鹿号”（Golden Hind），之前强占的葡萄牙船状态太差，也被烧毁。

1578年8月20日，麦哲伦海峡已经出现在船队的视线中，德雷克和手下足足花了16天穿过海峡。但是，风暴在太平洋上肆虐，击沉了“本尼迪克号”，“金鹿号”被吹到南纬55°附近。“伊丽莎白号”则从海峡中退出，返回英国。沿美洲海岸北行寻找武装商船途中，德雷克扣押劫掠了许多西班牙海船。圣诞节那天，他来到智利沿海的瓦尔帕莱索，洗劫满载黄金的武装商船“伟大船长号”（Gran Captain），之后又洗劫秘鲁的卡亚俄港，袭击装满珍宝和黄金的“圣母号”（Nuestra Senora）和“圣灵降孕号”。装载足够多的财富之后，德雷克返航。他一直北行，试图寻找北边的航路时，一度抵达温哥华，将这一带的土地命名为新阿尔比恩（Nouvelle-Albion）。但是，因为没有找到通路，他决定穿越太平洋，先在“盗贼岛”停靠，于1579年11月3日到达摩鹿加群岛，装载了一些香料。在苏拉威西岛附近，他的船撞上暗礁，于是在爪哇停靠、修理。1580年7月22日，德雷克通过好望角，在加那利群岛短暂停留之后，于1580年9月26日回到普利茅斯。他将船上载回的丰厚货物的一半献给女王伊丽莎白一世，另一半归他本人所有。弗朗西斯·德雷克和幸存的五十九名水手继麦哲伦团队之后第二次完成环球航行，这也是英国人的第一次环船航行。

德雷克归来6年后，另一位私掠船长托马斯·卡文迪什（1560—1592年）租下三艘船，驶向麦哲伦海峡。之后，向北航行，他洗劫智利港口，烧毁秘鲁的派塔城，强占满载金银的西班牙武装商船“圣安娜”（Santa Anna）。返程途中，他复刻德雷克的航线，在马里亚纳群岛、菲律宾群岛、爪哇和好望角停靠。在圣赫勒拿岛停靠时，距他出航的时间恰好过去了两年。最后，他回到普利茅斯，也收获了大量荣誉。

发现太平洋岛屿

与此同时，西班牙人继续探索太平洋岛屿。当时的地理标记方法还不够精确。秘鲁总督的侄子阿尔瓦罗·德·蒙达纳（Álvaro de Mendaña）于1567年从秘鲁卡亚俄出发穿越太平洋，发现了所罗门群岛。他和同样是探险者的妻子伊莎贝尔·巴雷托（Isabel Barreto）于1595年再次出发，发现了位于所罗门群岛南边的马克萨斯群岛和圣克鲁斯群岛，后在那里去世；他的妻子便成为远航的指挥。

听命于西班牙的葡萄牙探险者佩德罗·费尔南德斯·德·基罗斯（Pedro Fernandes de Queirós）曾担任1595年蒙达纳远航队的首席领航员。1603年，他来到秘鲁，意图探索“南半球的广阔土地”，也就是当时人们认为存在于太平洋中间的大陆。1606年，他在土阿莫土、库克群岛、所罗门群岛停靠，经过了基里巴斯和新赫布里底群岛，以为自己发现的就是传说中的大陆。一次狂风使他的船和船队分离，最后回到阿卡普尔科。他的副官路易斯·瓦斯·德·托雷斯（Luis Váez de Torrès）率船队的大部回到新赫布里底群岛，却发现那里不过是个岛屿，于是朝向菲律宾的马尼拉航行，经过新几内亚和澳大利亚之间，后来以他的名字命名的海峡。

17世纪，荷兰人在海上发现中扮演重要角色。1615年，威廉·柯那利·斯考腾（Willem Cornelisz Schouten）和雅各布·勒梅尔（Jakob Le Mair）从荷兰特塞尔出发，发现了一条新的前往南美的航路。他们得到荷恩市的商人资助，起航寻找一条和印度公司不同的航路，以规避公司在麦哲伦海峡通道上征收的税费。他们绕过一个海角，按资助者命名为和恩角，游历了新几内亚西边的新爱尔兰群岛、新几内亚和若干小岛，给岛屿命名斯考腾。最后，抵达巴达维亚时，他们的船被荷兰东印度公司没收。

荷兰人阿贝尔·杨斯尊·塔斯曼（Abel Janszoon Tasman）受荷兰东印度公司之命，1642年从公司位于爪哇的商行巴达维亚出发远航。他指挥两艘船前往莫里斯岛，然后向东，从澳大利亚南边驶过，却没有发现大陆。但是，船队抵达并发现了临近的岛屿，以船长的名字命名为塔斯马尼亚。继续向东，塔斯曼登陆新西兰，认为其南部还连接着一片大陆。在返回巴达维亚的航行中，他发现了汤加群岛。

战胜坏血病

直至半个世纪之后，才有新一次环球航行成功完成。英国的自然学者、作家、制图者和国家海盗威廉·丹皮尔从牙买加出发，洗劫西班牙属地，之后穿越太平洋。抵达东印度后，他探索了菲律宾群岛，洗劫中国海岸的港口，环游东印度岛屿，最后于1691年回到英国。1699年，他的第二次旅行取道东边，首次抵达澳大利亚大陆。几年之后，率领一次太平洋上的远航时，他在智利附近胡安·费尔南德斯群岛（Archipel Juan Fernández）中一个岛屿上发现了一个独自生存的人。苏格兰水手亚历山大·塞尔科克（Alexander Selkirk）在他的岛上待了四年多，成为丹尼尔·笛福（Daniel Defoe）1719年出版的名著《鲁滨逊漂流记》（*Robinson Crusoé*）中主人公鲁滨逊的原型。

1740年，宣战一年之后，英国舰长乔治·安森（1697—1762年）率领2000人驾驶六艘船出发，奉命攻打太平洋上的西班牙人。四年后，只有一艘船装满黄金和战利品归来，船员有半数因坏血病而丧生。1753年，医生詹姆斯·林德（James Lind）出版了他的作品《论坏血病》（*Traité du scorbut*），将其献给安森。坏血病和缺乏维生素C的关系直到1913年才被美国生物化学家埃尔默·麦科勒姆（Elmer McCollum）证实。

柠檬汁从此成为甲板上的常备食品。在远程航行的主要过境点，人们建立起柠檬种植园，以供应英国海船。

同时，在太平洋上，还存在着很多没有探索过的土地。舰长约翰·拜伦（John Byron，1723—1786年）受英格兰派遣探索太平洋。历经23个月的航行之后，他于1766年返程，一路上只碰到少数有趣的岛屿，包括去程时的福克兰群岛和太平洋上的乔治王岛。同年，海军司令部派遣塞缪尔·瓦利斯（Samuel Wallis，1728—1795年）指挥了第二次远航。他率领六艘海船，于1766年8月离开普利茅斯。瓦利

詹姆斯·库克的航行

白令海
亚洲
北美洲
三明治群岛
（夏威夷）
太平洋
新几内亚
爪哇
社会群岛
复活节岛
塔西提
澳大利亚
植物学湾
大洋洲
新西兰

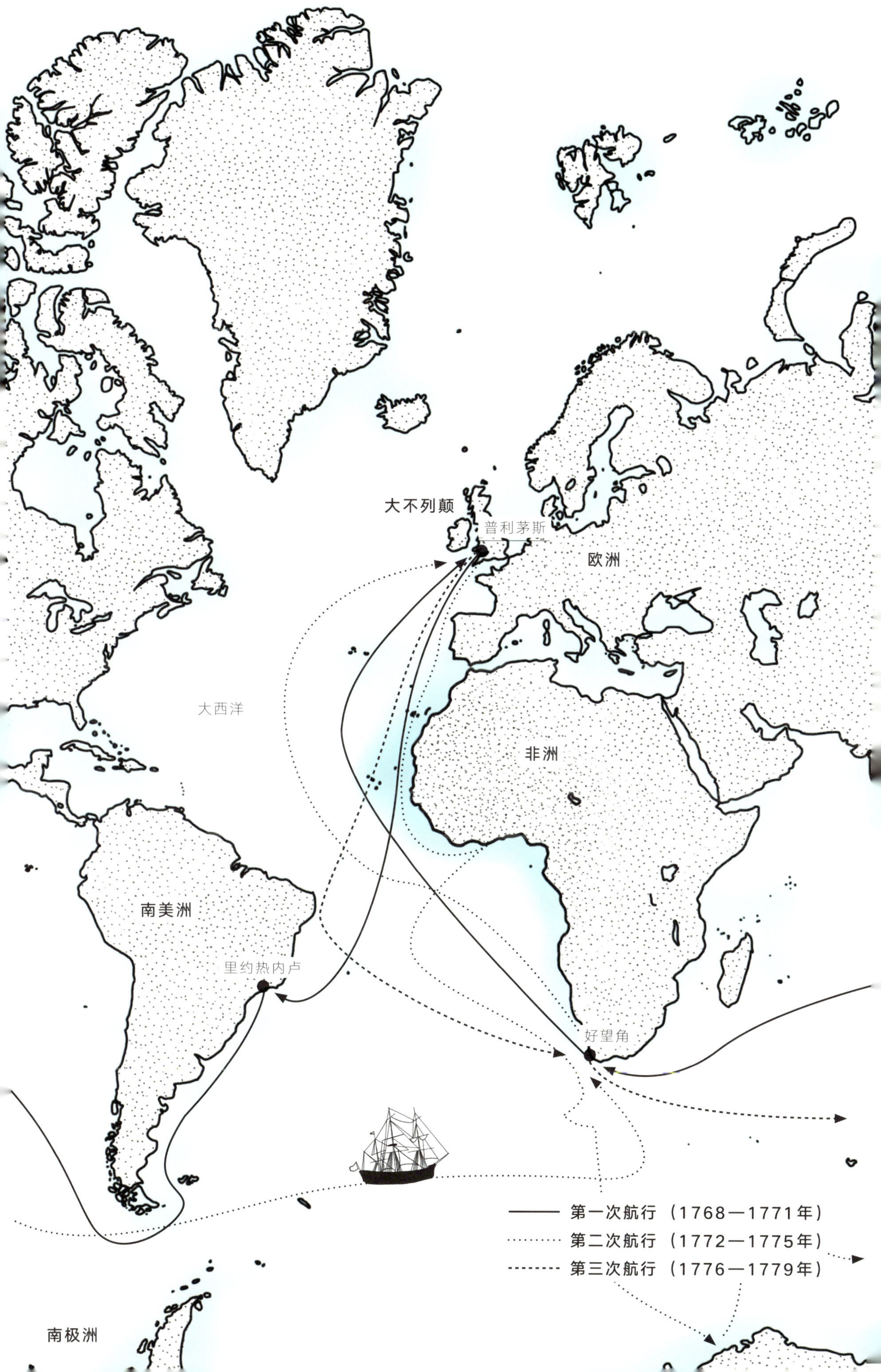

大不列颠
普利茅斯
欧洲
大西洋
非洲
南美洲
里约热内卢
好望角
南极洲
第一次航行（1768—1771年）
第二次航行（1772—1775年）
第三次航行（1776—1779年）

斯首次抵达塔西提岛，在那儿停留了两个月。21个月后，他回到英国，这也是第一次船队毫无损失，全员归来。另一支被派遣远航的船队由菲利普·卡特雷（Philip Carteret）指挥，在麦哲伦海峡迷路。船队发现了皮特凯恩群岛，占据了大量新的土地，并按照他的名字命名。但是，1769年3月，船队归来时，只剩下一半的船员和一艘破烂不堪的海船。

从布干维尔到库克

巴黎庆祝了他的胜利。伯爵人很亲切，带回很多来自极乐国度令人惊叹的纪念品。伴随他归来的还有一个名叫奥土卢（Aotourou）塔西提人，成为国王路易十五的新宠、舒瓦瑟尔公爵夫人（duchesse de Choiseul）的朋友。

不能不提的还有在太平洋实现了三次科学旅行的詹姆斯·库克。第一次航行是在1768年至1771年，考察塔斯马尼亚岛和澳大利亚东部的海岸，制作地图。值得一提的是，库克奉命观察一次日食。当时人们预测，金星会经过地球和太阳之间，造成在塔西提可见的日食。他的另一个任务是去寻找太平洋中部的大陆。他的任务执行失败：太阳光太强烈，航海者根本看不到所谓的日食。传说中的大陆也仍旧是个谜。第二次航行在1772年至1775年进行，目的是探索南极洲。库克的船上装备了摆钟，用于准确计算经度，于是他终于可以准确定位大西洋上的岛屿。尽管他请上船的塔西提人很了解这一地带，但他并不重视他们的意见，也看不懂他们的地图。这种地图的绘制基于岛屿之间的航行时间，描绘范围仅限于目的地。库克在南极洲只发现连绵的冰川。在1776年至1779年的第三次航行中，库克奉命寻找太平洋西北方向的通路。另一艘海船“狮子号”（Lion）也尝试取道格陵兰，实现同样的目的。詹姆斯·库克撞上冰川，于是重新向南航行，最后因夏威夷土著人误会而丧命。来自农民家庭的詹姆

1769年3月14日，布干维尔伯爵和手下的两艘海船“布多斯号”和“星星号”在2年4个月的航行之后回到圣马罗。他是第一个实现环球航行的法国人。

斯·库克一向尊重所有在太平洋上遇见的人，也因此得到对方的尊重。他让全世界意识到，报复之心不会带来好处，只有善意可以将人们联系在一起。

拉贝鲁斯的失踪

法王路易十六对于海洋颇感兴趣，派遣拉贝鲁斯伯爵（comte de Lapérouse，1741—1788年）前往太平洋，并书面命令他："拉贝鲁斯先生将会以仁慈和人性对待他访问的不同种族的人民。"于是，和平成为时代的主流，18世纪里发生了一次海上的移风易俗。1785年8月1日，拉贝鲁斯率"罗盘号"（La Boussole）和"星盘号"（L'Astrolabe）离开布雷斯特，经过合恩角，穿越太平洋。但是，起航三年后，一次台风结束了这次科学旅行：两艘船在离所罗门群岛的范尼克洛海岸很近的地方沉没。1827年，英国人彼得·狄龙（Peter Dillon）发现了"星盘号"的遗迹。法国人杜蒙·杜尔维（Dumont d'Urville）奉命寻找拉贝鲁斯船队的踪迹，于1828年发现了船的残骸。要等到1962年才又找到沉没的"罗盘号"。

这些晚期的环球航行向世界证明海洋也可以是和平的领域。人们意识到海洋的宽广、多样性和富饶，也逐渐领略到海上居民文化和社会的差异性。

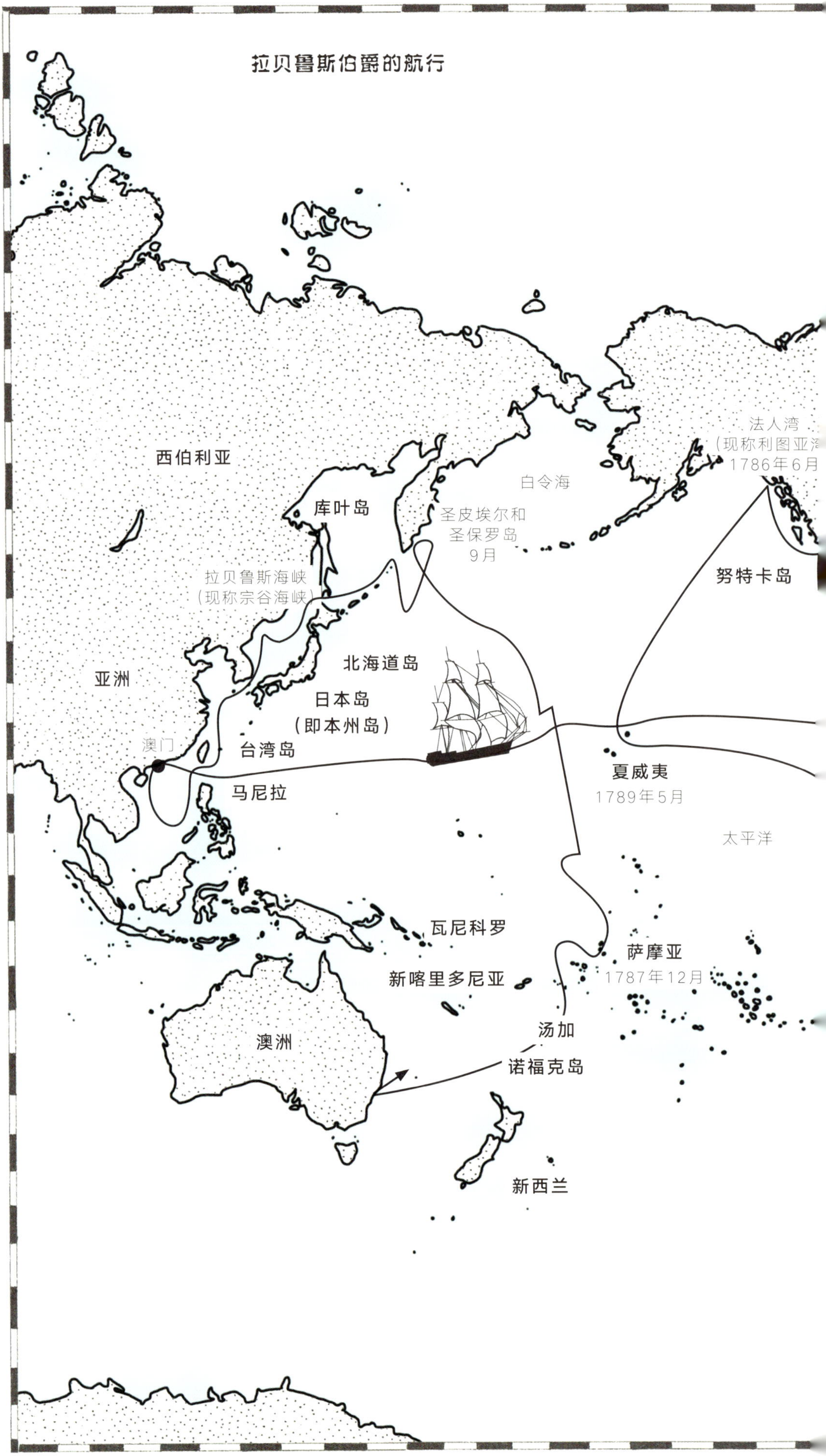

拉贝鲁斯伯爵的航行
西伯利亚
库叶岛
白令海
圣皮埃尔和
圣保罗岛
9月
法人湾
(现称利图亚湾
1786年6月
努特卡岛
拉贝鲁斯海峡
(现称宗谷海峡)
北海道岛
亚洲
日本岛
(即本州岛)
澳门
台湾岛
马尼拉
夏威夷
1789年5月
太平洋
瓦尼科罗
萨摩亚
1787年12月
新喀里多尼亚
汤加
澳洲
诺福克岛
新西兰

美洲
纳德湾
蒙特雷
86年9月
欧洲
布雷斯特
1785年8月1日
马德拉岛
加那利群岛
大西洋
非洲
南美洲
特立尼达岛
1785年10月
复活节岛
1785年4月
塔尔卡瓦诺
1786年2月
圣凯瑟琳岛
合恩角

海巫号

约翰·格里菲斯

罗伯特·H·沃特曼

飞剪式帆船的时代

香港

纽约

合恩角

最开始人们看到的只是一个倒影，它是天边小小白色斑点的隐约轮廓。在那水天交界之处，一个耀眼的身形若隐若现。纽约附近，桑迪·胡克（Sandy Hook）灯塔的信号员用望远镜观察，先是辨认出最高的帆，帆面逐渐显现。接下来，有着四层帆的海船整体映入眼帘，从上到下依次是三根桅杆、顶帆、第三层帆、第二层帆和大帆。这艘正在缓缓驶向港口的海船上，所有帆都支起，甚至包括横桁远端上的补助帆，这让它看上去就像飞翔的海鸥。随着海船靠近，人们已经可以看到艏柱在水中翻起白浪，黑色船身轻盈地划过海面。

“海巫号”的魔力

这一天是1849年3月25日，星期日。没有人预料到这艘满载新茶的大型飞剪式帆船的归来，毕竟它前一年秋天才起航前往中国。当时，大型帆船往返远东通常需要大约六个月的时间。往返路上，船上都满载货物，穿过无数风暴，也无数次因所在水域过于平静，而被久久耽搁。海船经常不得不多次靠岸，做更充分的准备，以应对反复无常的大海。

尽管如此，“海巫号”（Sea Witch）确实回来了，桅顶的旗帜已经清晰可见。灯塔信号台的臂板给出指示，纽约港入口处科尼岛（Coney Island）的信号员立刻接收了这一消息，并通知了媒体和船东。船长罗伯特·H·沃特曼（Robert H. Waterman）指挥下的这次航行用时74天打破纽约至香港之间的单程航行耗时记录。港口的领航员正在引领飞剪式帆船穿过沙滩，前往抛锚处。

这艘飞剪式帆船是世界上极快的帆船之一。有趣的是，它的设计极其类似如今普遍流行的美国帆船，即1851年同一设计师乔治·斯蒂尔斯（George Steers）为纽约帆船俱乐部设计、用于美洲杯帆船赛的“美国号”（America）。“海巫号”的船身由美国造船师约翰·格里菲斯（John Griffiths）设计，建造于1846年，长52米，宽10.3米。与此前的帆船相比，它的船体更为细长，前部形状更尖锐，以至于纽约的专栏作家一度怀疑它在应对海难方面的性能。船上的帆缆索具由船长沃特曼设计，高出甲板43米。它有着船首三角帆、第一斜帆；每跟桅杆上有五层方形帆、每层帆之间有三角形的支索帆；此外还可以在每跟横桁尽头添加补助帆、在桅杆后面支起用于逆风而行的巨大后桅帆。同一时刻，船上可以竖起多达五十面帆。

在第三次前往中国的航行中，沃特曼选择取道南美洲、绕行合恩角。1848年4月27日，“海巫号”从纽约出发，首先抵达智利海岸的瓦尔帕莱索，之后穿越太平洋，在香港装载新茶。1月9日，帆船货舱装满茶叶，在恰到好处的东北风推动下驶入中国海，最初的三天航行736海里，平均每小时10海里。航路第一段的标志是中国海盗经常出没的巽他海峡，它位于爪哇岛和苏门答腊之间。

船长沃特曼并非胆小怕事之人，但他知道最好尽可能避开直面海风。“海巫号”在一个小岛上躲避了一个晚上，等待风暴过去后才继续航行。辽阔的印度洋在他眼前铺展，但是始终没有风。沃特曼不得不在平静海面上偶尔的逆风时间换抢行驶，或是想尽一切办法拖拽船只前进。最后，1849年1月26日，“海巫号”等到了顺风，全力前行，五天里在印度洋穿越1431海里。两周之后，“海巫号”绕过好望角，进入大西洋，创造了日行302海里的速度记录。之后的日子里，风不是完全停滞，就是减弱，船长只好利用每一次急骤风，想尽办法前进。3月7日，帆船终于穿过赤道。由于顺风仅在夜间出现，船队只好彻夜不眠，不能错过时机利用哪怕一丁点微弱的风。他们同时也进行海船维护工作，给船身刷油漆。3月20日与21日，一场飑演化成风暴，帆船极度侧倾、尽全力逆风而行。在这样特殊的情形下，这艘帆船的表现不同于过去船首呈圆形、平坦的大帆船。它的艏柱不是轻擦海水，而是浸入水中，破浪前进。风暴一停下来，沃特曼立刻命令升起所有船帆和旗帜，几天后便抵达他的目的地纽约。

25年后，在茶叶贸易中，即使最好的英国帆船，也需要多花25天以上才能从中国到达英国。“海巫号”和船长沃特曼于1849年3月25日创造的记录始终保持到今日。

天才设计师

19世纪上半叶，“飞剪式帆船”（clipper）一词已经被用来速度极快的帆船。这个词来源于英语的“剪”（clip），同时也有“迅速前进”的含义，人们会用这个词表达“高效完成”（to go a good clip）的意思，例如用于形容赢得比赛的赛马。巴尔的摩飞剪式帆船的原型是切萨皮克湾的海盗船和走私船。在独立战争中，轻快、迅速的法国快速护卫舰也启发了船只设计的改良。1832年，一个巴尔的摩船主命人建造了一艘三桅船，以他的配偶的名字命名为“安·麦金号”（Ann McKim）。这艘船细长的船身具有当地飞剪式帆船的特点，几乎没有干舷，吃水很浅。飞剪式帆船是极快的贸易帆船之一，不过同其他同样体量帆船相比，其装载量要小两倍。

这一时代，很多造船师丰富的创造力推动了美国飞剪式帆船的发展。19世纪40年代早期，他在纽约史密斯与戴蒙（Smith & Dimon）造船厂工作，提出改造巴尔的摩飞剪式帆船的想法。当时最著名的造船师还有唐纳德·麦凯（Donald McKay）。他最初是一位模范工人，对工作充满热情，灵巧、善于推理。23岁时，他与一位纽约造船师的女儿阿尔贝尼亚（Albenia）结婚，从岳父那里习得数学原理，补足了童年时期没有机会学习的课程。他也经常和朋友格里菲斯讨论。

约翰·格里菲斯设计了著名的“海巫号”。这位航海设计师性格开朗，对数学充满兴趣，热衷于造船理论的研究。

麦凯设计制造的船只以高质量而出名，被任命主持波士顿一个资金充足的制造商的造船厂。他还是第一个使用蒸汽机搬运大型构件和锯条的人。在那之后，麦凯成为这一时代最富盛名的造船师。1859年，他设计建造的“鹿角猎犬号”（Staghound）是世界上最大的飞剪式帆船，一次航行之后便赚回成本。第二艘帆船，著名的“飞云号”（Flying Cloud）长70米，凭借其卓越的速度和外形迅速被买走。它常走的航线是从纽约至旧金山，当时加州黄金热使得许多造船厂不愁主顾。“飞云号”的第一次旅行打破了之后飞剪式帆船再也没有击败的记录。它满载船员和货物抵达广州，装满茶叶之后又经由好望角回到纽约，全程只花了87天21小时。麦凯设计制造的最大的飞剪式帆船是四桅的“伟大共和号”（Great Republic），长99.1米，但是这艘船毁于一场火灾。

这一时期，多亏值得尊敬的海军上尉马修·方丹·莫里（Matthew Fontaine Maury，1806—1873年）的耐心，海上航行的技术进步飞速。腿伤使他无法继续指挥航行，莫里于是专心于美国海军档案上千份航海日志的研究。他发现，海船在一年里不同月份在各个海域会经历不同的风向。掌握这些档案中的资料后，他还发放了一些问卷，以便获得更多信息，包括很多流传在航海者之间的传闻。1845年，莫里出版了《海风洋流地图》（*Cartes des vents et des courants*）。三年后，一艘三桅帆船遵循他的建议，只花35天就往返巴西。他的事业大获成功。1854年起，他向船长们提供经过仔细编纂的地图，也从这些船长那里获取情报，逐渐积累上千条的观察收获。直至今日，莫里开启的《航海图表》（*Pilot Charts*）始终由美国海军每月编辑更新，所有帆船和机动船的救生艇中都会携带一份。

恐怖合恩角

飞剪式帆船的命名反映出那一时代令人鼓舞的意象——“海王号”（Sovereign of the Seas）、“海之荣光号”（Glory of the Sea）、“飞鱼号”（Slying Fish）、“飞云号”（Flying Cloud）、“白飑号”（White Squall）、“流星号”（Meteor）以及“闪电号”（Lightning）。1850年前后，美国飞剪式帆船是世界上最先进的，无论是英国还是法国生产的帆船都无法与之匹敌。

飞剪式帆船的航线上，合恩角是最令人恐惧的海角。半个多世纪里，这是帆船的必经之路。也正是因为危险海角的存在，帆船优于更容易遇难的蒸汽船。关于合恩角的记录读来惊心动魄，甚至于19世纪的文学作品也会从海员与南半球风暴的斗争中获得灵感。对于海员而言，东西向穿越海角十分考验他们的航海技术。帆船两三次被出奇狂躁的风和海浪逼回大西洋的情况并不少见。太平洋上，40°～50°的盛行风碰撞智利海岸，使得洋流在合恩角涌上，有时制造出汹涌交汇的海浪，无论多大的海船都有倾倒的危险。

一艘美国四桅帆船“爱德华·休厄尔号”（Edward Sewall）的记录显示，它于1904年3月4日在海角前遇到这样的情况。直到5月6日，它才成功穿越海角，进入太平洋海域继续航行。也就是说，它和逆风斗争了长达两个月。根据记录，帆船面临无休止的风暴，不得不反复前进又后退。手指几乎冻僵的船员不断爬上横桁，收起或放下船帆，想尽办法离开这片进退两难的海域。为了使海上航行有利可图，装载的商品必须是高价值的，例如茶叶、鸦片。1842年，根据中英鸦片战争停战的协议，英国攫取香港，打开了五个贸易港口，强行向中国出口产自印度的鸦片。1849年，英国的垄断权力终结，也标志着一个巨大贸易网络的形成。第二年，美国船只就加入其中，装载茶叶前往伦敦。在英国港口卸货时，他们也带来了航线和造船技术的秘密。

加利福尼亚黄金热和1848年的澳大利亚黄金热开启了一场人口大迁移。大量飞剪式帆船响应这一需求而被建造，从欧洲和美国东海岸起航。1854年，“海上冠军号”（Champion of the Sea）以每小时465海里的成绩打破24小时内最长航行距离的记录。

大帆船时代的尾声

美国南北战争期间，对外贸易衰落，欧洲重新接过大型帆船制造的火炬，但是再也没能实现同样的速度。1869年起，作为造船材料的钢铁逐渐普及，帆船体积增大，索具更加简单。1911年，法国波尔多的纪龙德省（Gironde）造船厂建造了最大的钢铁帆船“法兰西二号”（France II），长达176米，有5根桅杆，1922年7月在努美阿（Nouméa）附近的珊瑚暗礁搁浅。

帆船的时代正在走向终点。1819年，第一艘配备蒸汽动力的轮船美国的“萨瓦那号”（Savannah）穿越大西洋。不过在这艘船上，蒸汽仅是额外的助推力。1839年，第一艘螺旋桨式远洋轮船“阿基米德号”（Archimedes）在伦敦造好。这艘船配有三根桅杆组成的纵帆索具，展现出螺旋桨的发明带来的优势：船身重量更轻，体积更大，较之普通轮船造价更低。最早的蒸汽船需要耗费大量煤炭才能保证长距离行驶。因此，很多蒸汽货船仍然配备船帆，通过中途停靠、运输乘客和高价值的货物来获得利润。但是，从1865年起，双动式蒸汽机的发明使得蒸汽船更加轻快，耗能缩减两倍。十年后，这些蒸汽货船的帆缆索具大大缩减，经常只剩下吊货杆，消耗的煤炭越来越少，速度高达每小时9.5～13海里。1857年，巴拿马海峡铁路通行；1869年，苏伊士运河开通；1897年，货运保险费增加；1914年，巴拿马运河开通……这些都对大型帆船产生不小的打击。

尽管如此，德国人仍然在建造和驾驶帆船航行。其中，“P

邮轮”（P-liners）系列包含若干艘四桅帆船，例如“普鲁士号”（Preussen）、“信风号”（Passat）、“帕米尔号”（Pamir）。建造于1905年的“帕米尔号”有着传奇的历史。早期，它被用于智利硝石贸易，在瓦尔帕莱索和汉堡之间实现了8次航行。第一次世界大战期间，它停泊在加那利群岛，后来作为战争赔偿让给意大利。1924年，它重新被卖给第一个所有者F·莱依斯航运公司（Reederei F. Laeisz），再次驶入当时的航线。1931年，它被芬兰公司埃里克森（Erikson）买下，在澳大利亚和欧洲之间航行，用于运输澳大利亚产的小麦。第二次世界大战期间，它被英国人征用，用于货物运输。后来，它被拨给新西兰航海学校，又因为纠纷，被归还给埃里克森公司，一度销声匿迹。后来，德国船东施里文（Schliewen）为了打开与南美洲的贸易，将其机动化。1952年，“帕米尔号”开展了两次旅行。三年后它和姊妹船“信风号”被德国船东买走，同时作为德国海军学校的教学用船和运货船使用。1957年9月21日，它第六次前往布宜诺斯艾利斯。船帆全部展开航行时，一场暴风雨不期而至，桅杆折断、船帆破裂，船身呈45度角倾侧。船长发出SOS求救信号，船上所有人聚集在甲板上。十艘船赶来，但是只有六人在之后几天里获得救援。“帕米尔号”最终沉没，八十人遇难，包括五十名儿童。

有不少帆船成为历史的见证者，它们经历了史诗般的冒险航行。一个早期例子是建造于1863年的“印度之星号”（Star of India）。它如今停泊在加利福尼亚圣地亚哥的船舶博物馆，仍然可以航行。最大的是“谢多夫号”（Sedov），有4根桅杆，长117米，它是建于1921年的德国教学用船。如今，这艘船属于摩尔曼斯科海洋大学，服务加里宁格勒和摩尔曼斯科的航海学校，用于训练海军、民用船船员和渔业工程师。很多旧帆船经过修复或复原，或是改造为浮吊，或是服务于航海学校、博物馆，或是成为出租船或豪华游艇。如今，多达一百五十艘帆船仍航行在全球海面上。

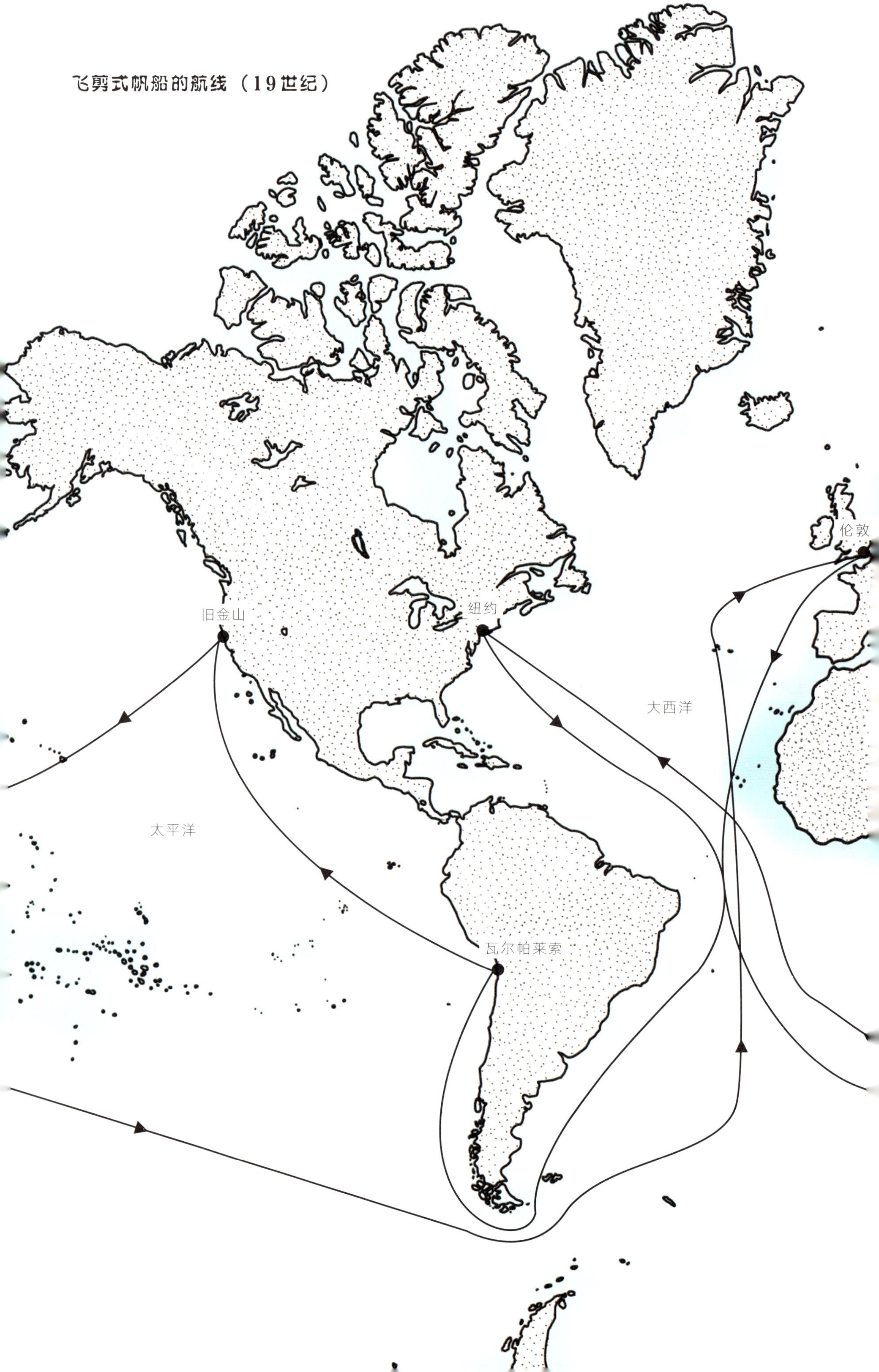

飞剪式帆船的航线（19世纪）

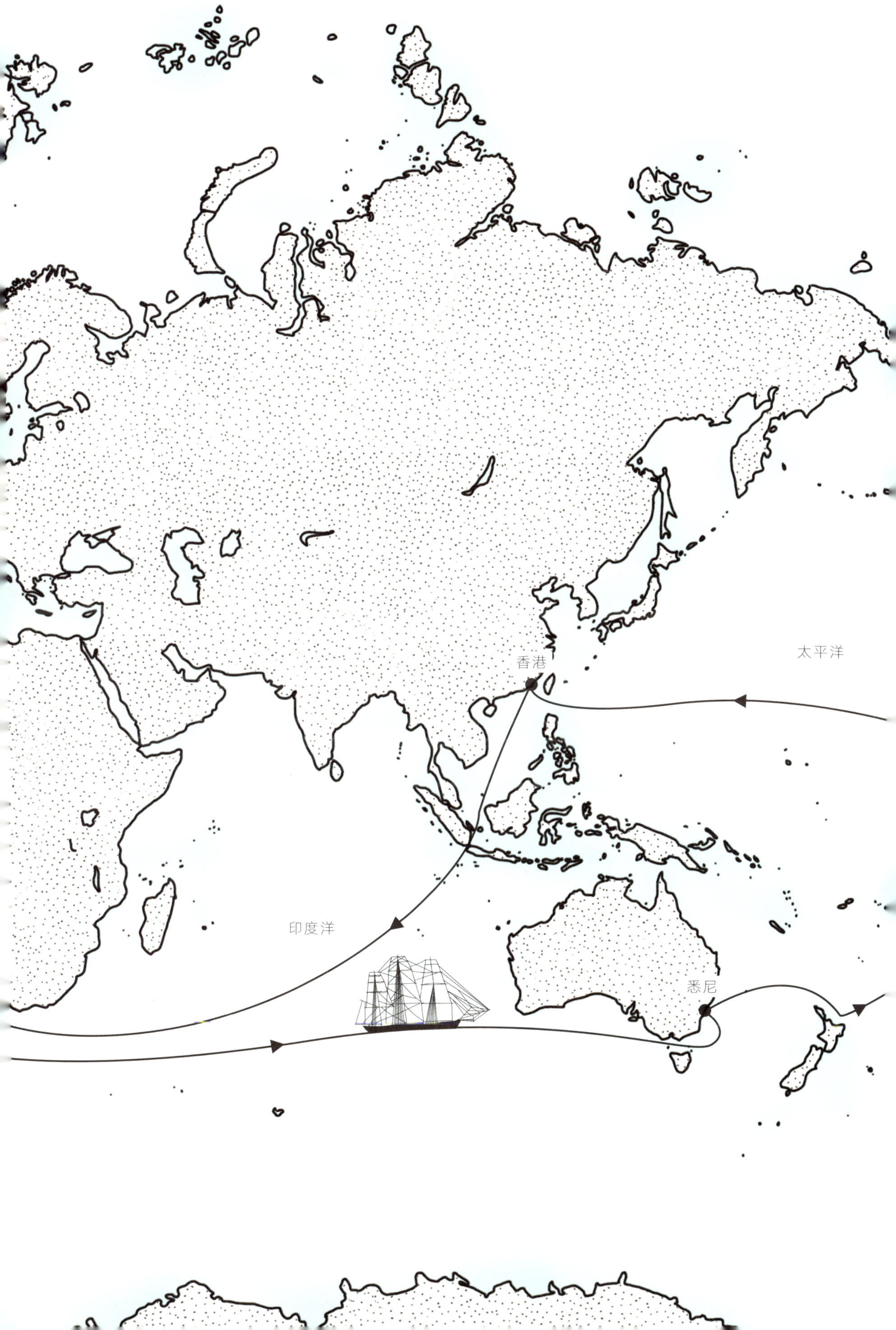
太平洋
香港
印度洋
悉尼

苏伊士运河

地中海

红海

两洋之间

太平洋

大西洋

巴拿马运河

要想驾船从一条河流驶入另一条河流，或从一片海域进入另一片海域，必须拥有高超的技巧。不得不处理这种情况时，北美印第安人索性选择将独木舟背起来走陆路，绕过瀑布或改变航道，用这样的方式穿越大陆北部。自从公元前3世纪起，埃及人在尼罗河岸建造海船，用于前往邦特之地的远航。他们将造好的船拆卸成零件，用拖车运输到红海，再重新组装。公元8世纪至10世纪的维京人在陆地上铺设圆木，将他们的达卡船推着进入另一条河流，或从波罗的海前往黑海。

法老的运河

将红海与地中海连接起来的想法并非拿破仑的原创。根据埃及学家D. B. 雷德福（D. B. Redford）的研究，第十二王朝，即有第一条运河连接大苦湖和提姆萨赫湖。另一条向西边的比东，即尔瑞他泊古城延伸，取道图米拉河谷，进入宰加济格，即布巴斯提斯古城，最后汇入尼罗河三角洲最东边的支流，在贝吕斯汇入地中海。在这个时代，苏伊士湾向北延伸到小苦湖，尼罗河最东边的支流贝吕尼阿克尚能通航。

约公元前1850年，已经有证据显示法老辛努塞尔特三世致力于在红海和尼罗河之间开凿运河。

600年后，根据古希腊地理学家斯特拉波的记录，法老塞提一世（Séthi Ier）和儿子拉美西斯二世（Ramsès II，公元前1304—前1213年）再度开启运河工程，但我们不知道他们修筑运河意在灌溉还是航运。运河很快因河流沉积而淤塞，逐渐被人们遗弃。根据希罗多德的《历史》记载，约公元前600年，法老尼科二世着手整治运河，以保证他的国度与远东的交通。但是，负责运河项目的希腊工程师规划有误，没有意识到红海和尼罗河三角洲之间重要的落差，以至于施工无法推进，中途而废。

一个世纪之后，波斯君主大流士（Darius le Grand，公元前550—前486年）重启运河工程，使得载重达500吨货物的贸易海船得以通行。他的国土从利比亚延展到印度河边，而海路和陆路的畅通是帝国持续大一统与必不可少的条件。不过，根据古希腊历史学家西西里的狄奥多罗斯的记载，运河最终没有实现，因为当时人们担心洪水和河流污染问题。尽管如此，狄奥多罗斯的记录受到了后世历史学家的质疑。1866年，费迪南·德·莱塞普斯（Ferdinand de Lesseps）在苏伊士运河以西33千米处发现多处大流士刻立的石碑。其中一座发现于卡布雷的石碑上刻有如下字样：“我命令开凿运河，从名叫尼罗的河流出发，在埃及流淌，一直抵达与波斯相连的海洋。当运河按照我的命令开凿之后，航船可以从埃及一路航行到波斯，这就是我所希望的。”

再次埋入沙中的运河直到约公元前280年、法老恋姊者托勒密二世（Ptolémée II Philadelphe，公元前309—前246年）治下才重新得到整修，因而能够通航。扩建后的运河使得两艘三层桨战船可以并排通过。若干经停港口也兴建起来。在整个王朝时代，直到公元前30年，埃及贸易船队往返穿行于波斯湾，将来自印度的货物带到地中海沿岸。

运河的畅通需要持续维护，这一要求并不总能得到保证。面临罗马人的入侵，最后一位埃及女王克利奥帕特拉（Cléopâtre）派遣她的舰队前往红海，但尼罗河水位太低，运河亦无法通行，使得命令无法执行。公元前30年，克利奥帕特拉去世，屋大维（Octave）占领埃及，整修运河，开启与远东进行香料、香水和宝石贸易的通道，以充实国库。三年后，屋大维加冕成为奥古斯都大帝。罗马人是伟大的建造者。他们充分意识到在两片海域之间修筑人造水道会带来的利益。尼禄（Néron，37—68年）和图拉真（Trajan，53—117年）均着手开展新的工程，并且令军队在交通要道驻扎防卫。

269年，统治叙利亚和阿拉伯半岛的芝诺比娅女王（reine Zénobie）占领了法老的运河，直到奥勒良的军队入侵，于271年重新取得这片土地的控制权。从395年起，东罗马帝国主宰整个东地中海，埃及作为一个行省，享受了一段长期和平的时代。随着拜占庭成为与东方进行陆路贸易的直接枢纽，运河上的交通逐渐被抛弃。

639年，阿拉伯人到来。643年，穆罕默德的属下阿穆尔·伊本·埃尔阿兹（Amr Ibn El-As）将军被任命为埃及总督。作为连接地中海和圣城麦加以及麦地那的通道，运河的重建工程再次提上日程。但是，762年，阿拔斯王朝哈里发曼苏尔（calife abbasside Al-Mansûr，714—775年）下令填埋运河，断绝起兵造反的麦地那城的食物来源。他设下鸿门宴，将受邀前来的敌人全部处死。

后来，运河不再被维护，逐渐干涸，原本与运河合流入海的尼罗河支流也改道向西。贝吕斯港口仍旧活跃，成为9世纪与拉特纳犹太商人进行贸易的重要枢纽。拉特纳犹太商人是奢侈品贸易的专家，其活跃范围从中国延伸到罗讷河。然而，1117年，第一次十字军东征之后，布洛涅的鲍德温一世（Baudouin de Boulogne）成为耶路撒冷国王，将贝吕斯的港口和城池夷为平地，以确保雅法的贸易霸权。法老的运河一度被遗忘。

16世纪与17世纪，不断有人提出修复运河，或在苏伊士和开罗之间开凿新运河的想法。1584年，亨利三世（Henri III）治下，纳瓦拉的亨利（Henri de Navarre）的顾问菲力浦·杜普雷西斯-莫尔奈（Philippe Duplessis-Mornay）在给国王的文书中陈述了运河可能带来的诸多利益，主张与土耳其人合作，通过苏伊士重建地中海与东方的海上航线。之后，曾经主导修筑连接大西洋和地中海的两洋运河的改革者柯尔贝尔（Colbert，1619—1683年）进一步制定重建埃及运河的方案，并提交给土耳其国王。1664年，东印度公司和黎凡特公司（Compagnie du Levant）成立，他的计划因而显得合理且可行。1675年，经济学家雅克·萨瓦里（Jacques Savary）出版一部名为《理想的商人》（*Le Parfait Négociant*）的贸易手册，书中提出“重新开启地中海与红海之间贸易交通的好处”。

1798年至1801年，拿破仑发起埃及军事行动期间，亲自视察了法老开凿运河的地点。他要求埃及道路与桥梁总长官雅克-玛丽·勒派尔（Jacques-Marie Le Père）主持发掘运河遗迹，编写一部报告。后者在第三次测绘后宣布地中海与红海之间的落差达9米。要到50年后，这一错误才被曾在法国考察设置了15000个水位标记的地形学家保罗-阿德里安·布尔达洛（Paul-Adrien Bourdaloue）修正。1847年，他证实两片海域的水位落差小到可以忽略。因此，若要修建运河，只要路线不经过悬崖等特殊地形，可以完全不设置水闸。勒派尔也制定了一个新的运河方案，路线和之前法老的运河十分接近，和尼罗河支流相连，通向亚历山大城。这一方案的预算约3000万法郎，预计需要10年建成。

疯狂的念头：苏伊士运河

1832年，外交官费迪南·德·莱塞普斯就任亚历山大城副领事。赴任的路上，他乘坐的海船“第欧根尼号”（Diogène）一度因交通封锁而受阻。法国领事寄给他一些书籍，其中就包括雅克-玛丽·勒派尔关于法老运河的考察报告，还有1822年出版的皇皇巨著《埃及记述》（*Description de l'Égypte*）第二版第十一卷。他的父亲马修·德·莱塞普

埃及人的运河

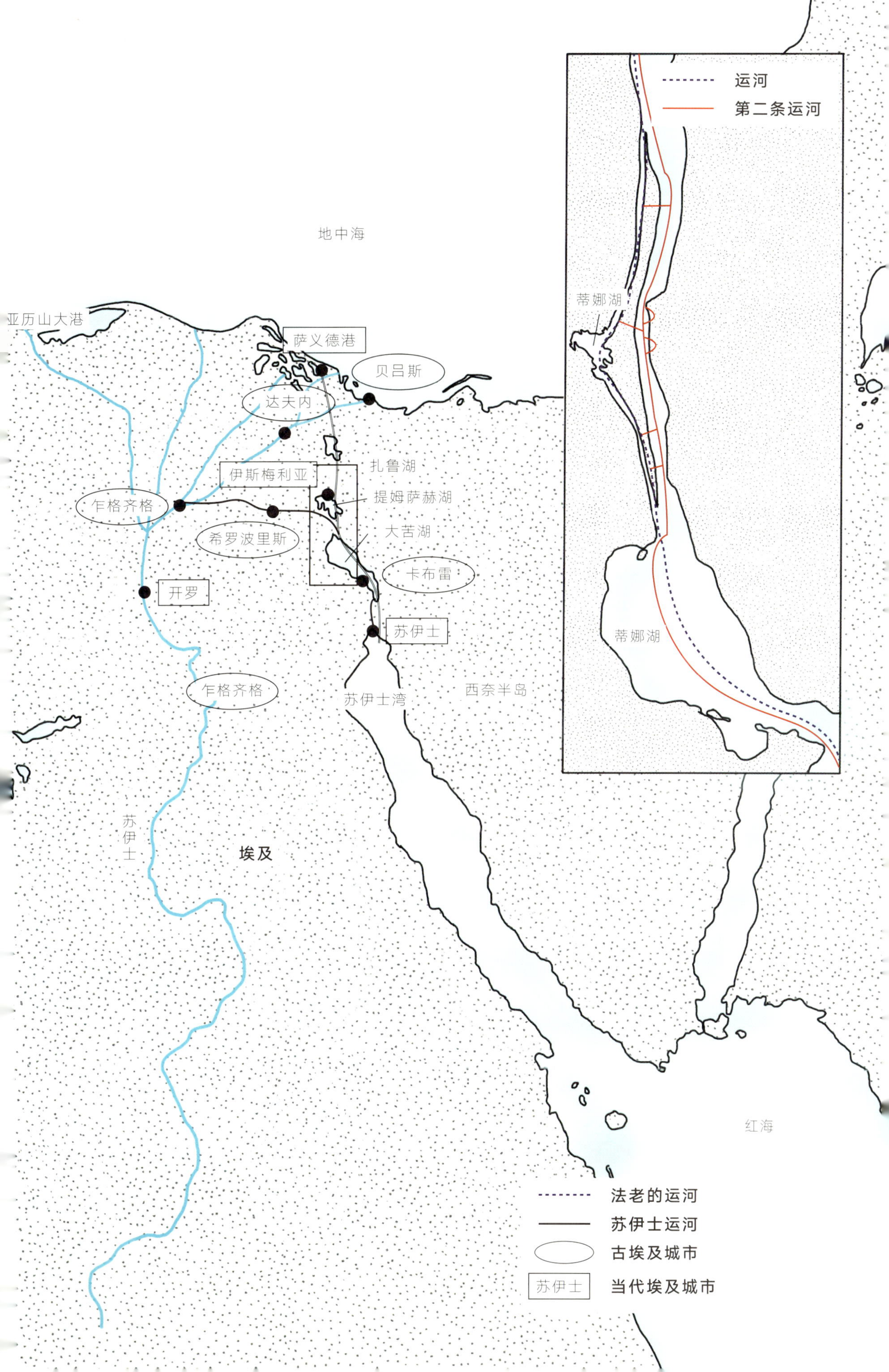

地中海
亚历山大港
萨义德港
贝吕斯
达夫内
扎鲁湖
伊斯梅利亚
提姆萨赫湖
乍格齐格
希罗波里斯
大苦湖
卡布雷
开罗
苏伊士
西奈半岛
苏伊士湾
乍格齐格
苏伊士
埃及
红海
运河
第二条运河
蒂娜湖
蒂娜湖
法老的运河
苏伊士运河
古埃及城市
苏伊士
当代埃及城市

斯（Mathieu de Lesseps）任埃及总领事时，根据法国政府的命令与埃及总督穆罕默德·阿里（Mehemet Ali）建立良好关系，他在任期内也继续维护这一关系。第二年，他就任开罗领事，后来成为亚历山大港总领事。瘟疫袭卷两个城市之时，他的作为进一步得到当地领导人的尊重。1839年至1854年，他应召前往鹿特丹和西班牙任职，之后又去罗马。穆罕默德·阿里的儿子赛义德·帕夏（Saïd Pacha）成为总督后，向他发出邀请。1854年11月7日，他抵达亚历山大港，三个星期后，与赛义德·帕夏签订了第一份土地租借条约，获得建设苏伊士运河的许可。

莱塞普斯以这些书籍中的信息为基础，初步设想了一个运河方案，认为可以由此开启两片海域之间的海路贸易，满足现代世界的新需求。

两名法国工程师尤金·穆盖尔-贝（Eugène Mougel-Bey）和路易·利楠·德·贝莱丰（Louis Linant de Bellefonds）前往埃及，分别就任运河工程的总指挥和总工程师。早在1832年，穆盖尔-贝已经和莱塞普斯讨论过未来运河的计划。他们的任务是起草一份建设方案。他们设计的运河路线从南向北延伸，终点为贝吕斯遗址，尼罗河东边支流一度在此汇入地中海。这一结果十分接近1847年奥地利工程师阿洛伊斯·内格雷利（Alois Negrelli）的研究。

赛义德·帕夏总督要求组建一个国际专家委员会，确认技术细节的可靠性。1855年冬天，五名委员会成员开展了实地检查和探测，比较不同路线的利弊。最后，委员会确定了一个靠北的路线，终点港口的海底坡度比贝吕斯更大。该路线使得运河延长了5千米，总长度达到193千米。预算估计为2亿法郎，和之前方案中估算的一样。1856年6月23日，委员会第二次在巴黎召开会议，确定了不设船闸的运河方案。运河宽约80～100米，深8米，穿过大小苦湖，但不修建堤坝，这也就意味着湖中会倒灌海水。运河的两个尽头都会修建港口。国际委员会的报告于1856年12月定稿，包含了所有地图和各项细节，包括码头、港口、灯塔、照明、电信、商店和用于过河的轮渡。委员会还将地中海沿岸新建立的港口命名为萨义德港。

同时，英国人试图阻止这一计划的执行，两年中不断向奥斯曼帝国请求撤销法国人获得的条约。他们的干涉既没能延迟测绘研究，也没能阻挡工程的开展。最初，内格雷利被任命为总监督，也正是他的方案得到最后的认可。但是，1858年10月，距离开工还有六个月时，他不幸去世。莱塞普斯接手内格雷利的计划，作为皇后的外祖叔，他仰仗法皇拿破仑三世和皇后的支持，成功募集到预算金额的大半，成立苏伊士运河环球海事公司（Compagnie universelle du canal maritime de Suez）。2亿法郎被划分为40万份每份500法郎的股份，其中埃及认购了8000万法郎。

1859年4月25日，运河从萨义德港动工。运河路线穿过的地区从建设角度没有额外的难度。

在苏伊士和大小苦湖之间，地表土壤呈现泥质，其下是沙质土壤。路线的大部分地表高度都和海平面齐平，最高的丘陵也不超过18.5米。这些地形特点也意味着大量的工作在于水下疏浚，而这几乎完全由机器实现。为了确保25000名工人的饮用水，尼罗河和工地之间还开凿了一条小水渠。运河的第一段于1862年11月18日落成，地中海的海水涌入提姆萨赫湖。

在英国煽动一系列阴谋之后，新任总督伊斯梅尔·帕夏（Ismaïl Pacha）打算废弃租借条约，修改公司获得的特许权力。拿破仑三世介入事件中，利用改变条约可能造成的后果威胁埃及政府。最后，一个折衷方案达成，新的租借条约于1866年3月16日签订。一年之后，公司面临金融困难，借入两笔贷款，甚至卖出了一部分土地。最后，1869年8月15日，红海的海水注入大小苦湖。11月17日，超过八十艘船通过运河，打头的是欧仁妮皇后（impératrice Eugénie）和莱塞普斯乘坐的皇家游艇“雄鹰号”（Aigle），之后是总督伊斯梅尔·帕夏的“马鲁萨号”（Mahroussa）和奥地利皇帝弗朗索瓦-约瑟夫（François-Joseph）的“格列夫号”（Grief）。

1884年，第一次运河扩建工程开展。拓宽后的运河使得海船可以在全线上交错而过，深度也达到9米，其开支相当于第一条运河的总预算，也就是4亿法郎。20世纪，运河几经改造。1976年，其宽度达到193米，深度15米。1980年，一条新的支流建成，缓解萨义德港的压力，原有运河的深度达到19.5米。十年后，又扩建到315米宽，23.5米深。运河于1956年7月25日宣告国有化。最后，2015年8月6日，新苏伊士运河投入使用，通航能力翻倍，航行时间也从18小时降低到11小时。埃及总统阿卜杜勒-法塔赫·塞西（Abdel Fattah al-Sissi）主持了新运河的落成仪式。

在希腊

1869年，随着苏伊士运河的落成，人们重新谈起连接爱奥尼亚海和爱琴海的科林斯运河。早在公元前8世纪，运河的构想提出之前很久，科林斯的国王巴奇亚代家族（Bacchiades）就将两片海域用木质道路连接起来，海船用下水架吊起来，和平衡杆系统相连，从而运到另一边的海洋。公元67年，罗马皇帝尼禄首次开启开凿运河的工程，六十名犹太俘虏被派去充当工人。但是，尼禄死后，在位仅一年的继承者加尔巴（Galba）放弃了工程。

直到1829年，希腊独立为人们重提新的运河计划提供了一个时机。工程师皮埃尔·维尔莱·德奥斯特（Pierre Virlet d'Aoust）设计了一个方案，但认为工程花费太高。1869年，希腊政府投票通过法案支持运河建设，任命了执行者，但是没有资本跟进。1880年，参与希腊国家银行管理的伊斯特文·特尔（Istvan Türr）将军将运河计划透露给工程师贝拉·杰斯特（Bela Gerster）。第二年，特尔从希腊政府获得了99年的特许权，于1882年3月26日开始施工。超过1000万立方米的土方工程比预计更为艰难。1889年，科林斯运河海事国际公司（Société internationale du canal maritime de Corinthe）宣布破产。希腊银行家安德烈斯·辛格罗（Andrés Syngros）成立一个新的公司接手运河的修建，由贝拉·杰斯特主持。运河于1893年7月25日完工，长6343米，宽24.6米，深8米，穿行于高达80米的悬崖峭壁之间。

连接太平洋和大西洋

1513年9月25日，巴斯克·努涅斯·德·巴尔波亚在巴拿马沿岸的高山上发现了太平洋。他将所驾驶的帆船停靠在加勒比海岸的卡里达，大约在北边100千米处。很快，他意识到需要派遣海船探索这一海岸，在一封寄给西班牙国王费尔南多二世的信中索要设立造船厂所需的材料和善于造船的木工。四年后，他回到这里，修建了四艘船，但是被征服者皮萨罗俘虏并处死。

同时，1514年，国王派遣佩德罗·阿里亚斯·德·阿维拉（Pedro Arias de Ávila）率领二千人和二十二艘船组成的船队前去征服卡斯蒂利亚德奥罗（Castille d'Or）。新建立的西班牙省份跨越巴拿马地峡以及尼加拉瓜、哥伦比亚的土地，面向加勒比海。1519年8月15日，德·阿维拉在太平洋一侧建立了巴拿马城，成为黄金和白银矿产的集散中心。850只骡子作为交通工具连接巴拿马和大西洋一侧的农布雷德迪奥斯，帆船从这里出发驶向哥伦比亚港口卡塔赫纳，之后前往西班牙本土。巴拿马城成为贪财之人的目标，1671年被海盗伽罗瓦（Gallois）和一千二百名手下洗劫，之后西班牙人在原址西南8千米处重建巴拿马城。

1804年，德国自然学者、工程师、洪堡（Humboldt）男爵弗里德里希·威廉·海因里希（Friedrich Wilhelm Heinrich，1769—1859年）首次对两个大洋之间建造运河的可能性进行了研究，他提议的多条可能路线中有一条和如今的运河非常相近。洪堡的美洲旅行多少有些偶然。他本来打算前往埃及开展科学考察，但本应从马赛起航的海船推迟了出发日期。于是他来到西班牙，接受当局的任务前往美洲，进行广泛的研究，并于1810年出版了六卷本的《山脉见闻》（*Vues des Cordillères*）。

1826年，比利时、卢森堡和荷兰国王拿骚的威廉一世（Guillaume Ier Nassau）试图为对外贸易寻找新的销售市场，也一度考虑在两个大洋之间开凿运河。不久之后，1844年，尼加拉瓜政府试图在法国乃至整个欧洲筹款，为在其境内开展运河工程提供资金。在尼加拉瓜洼地上修建运河，路线固然将会比巴拿马长很多，但是这一计划在船闸方面的难度较低。美国国会成立的专门委员会在当地进行了长达三年的考察之后，于1870年对这一方案表达支持。费迪南·德·莱塞普斯则在四年的研究之后，于1875年提出更短的路线。从巴拿马到科隆的运河方案长74千米，宽22米，深8米至9米，不设船闸。

1881年3月，巴拿马越洋公司（Compagnie interocéanique du Panamá）成立，工程由五个团队承担。工程师和主要来自法属加勒比岛屿的一万七千名工人在热带气候下开始施工。但是，不出几年，黄热病肆虐，疟疾也导致六千三百人死亡。同时，原本的运河计划在实际中难以实现，方案不得不进行调整，添加了十多个船闸。雪上加霜的是资金问题。1889年至1898年，众议员和参议员大量受贿。丑闻最终爆发，公司管理者被起诉，使得运河事业陷入停滞。

1903年，美国国会购入原属法国公司的股份，重新开启运河工程。西奥多·罗斯福（Théodore Roosevelt）总统任命约翰·弗兰克·史蒂文斯（John Frank Stevens）为总工程师。运河方案再度修改，新的路线大部分位于海平面以上26米处，在大西洋一侧设3个船闸，太平洋一侧设4个船闸。美国人主导下，公司同时投资建设公共卫生基础设施、净化水系统和质量较好的住房，从而降低了传染病的风险。1914年8月14日，欧洲卷入世界大战之时，美国货船"安贡号"（Ancon）穿越新落成的运河。运河的船闸系统达32.3米宽，304.8米长，12.8米深，总共需要8到10个小时通过。1999年，美国对巴拿马运河的运营权到期。巴拿马政府于2006年举行投票，决定开展扩建工程，新的巴拿马运河可以容纳装载14000个集装箱的货船通过，是之前运河运力的3倍。2016年6月27日，中国远洋运输集团公司的集装箱船穿过长427米、宽55米的六级大型船闸，见证了全球化的新时代。

巴拿马运河

大西洋
科隆
卡蒂瓦
加通船闸
清水船闸
加通湖
甘博亚
米拉弗洛雷斯湖
巴拿马
太平洋
太平洋船闸
米拉弗洛雷斯船闸
佩德罗·米格尔船闸
米拉弗洛雷斯湖
可可里船闸

皮西亚斯

威廉·巴伦支

詹姆斯·库克

北极圈航线

约翰·富兰克林

罗尔德·阿蒙森

北欧猎户座号

自从瓦斯科·达·伽马于1498年发现好望角航线后，绕行非洲大陆成为航海者切实可行的选择。22年后，麦哲伦首次开拓前往南美洲的航路。于是，人们开始设想其他自西方向东方航行的航线。例如，何不取道北极圈进入太平洋？

威廉·巴伦支的航行

1596年5月14日，荷兰人威廉·巴伦支（Willem Barents，约1500—1597年）扬帆起航。这是他第三次尝试探索东北方向上绕行俄罗斯前往亚洲的航线。探险队的两艘船擦着冰川边缘航行，面临重重险阻，只有巴伦支亲自指挥的船没有放弃，坚定地驶向未知。在北纬75°，抵达与世隔绝的熊岛后，他向北航行来到斯匹次卑尔根岛，其后转而向东。在新地岛一带，航行变得更加困难，但是巴伦支没有暂停的打算，而是决定在雾中绕行岛的北部，希冀堆积的冰川不会挡住航路。船的前行非常缓慢，酷寒越来越猛烈地袭来。庆幸的是，生活在甲板上的海员可以依靠煤炉取暖，食物也不缺乏。除了烟熏鲱鱼和培根焖豆，人们每天钓上来各种各样的海鲜。最后，船只右方的陆地渐渐消失，帆船顺利驶过新地岛。

谁料此时，海面上漂浮的水汽结晶，冰水交杂，最后形成厚厚一层坚固的冰面，围在海船四周。巴伦支意识到他们被来自北极地带的大浮冰堵住去路，遂决定在一处海湾暂避，并将该地命名为“冰川港”。几天后，他的船被巨大的冰山卷起，船体分崩离析。海员们根据船上木工的指挥，用漂浮在附近的木料修建了一个巨大的木棚。两个月里，他们在极夜、暴风雪和北极熊的包围之中努力求生，按照船长的要求，坚持规律的健身。但是，坏血病带来了第一个牺牲者。坏血病会让患者失去力量和生存的意志，是那个时代导致海员死亡的一大罪魁祸首。春天再次到来时，巴伦支也病倒了；他凭着仅剩的力气下达命令，派遣一艘武装小艇前往俄罗斯海岸。不幸的是，他的生命于不久后耗尽。最后，只有十三位海员幸运地被荷兰渔民的船队救上来。两个世纪之后，1817年，“坚固号”（Solid）前往新地岛捕猎海豹，偶然来到了被遗弃的木棚。巴伦支留下的所有物品仍然完好无损地保存在那里。

北极圈的旧梦

早在巴伦支之前，公元前330年，古希腊人皮西亚斯（Pythéas）从马赛出发，前往北方寻找锡矿和琥珀。他驶出直布罗陀海峡，沿布列塔尼和英格兰航行，一路前往被他称为图勒（Thulé）的冰岛，最终到达无法继续前进的地方。皮西亚斯的著作《论海洋》（*De l'Océan*）中有着人们所知的首次对“午夜太阳”的记录。当然，这部著作的原版随着亚历山大城图书馆一起消失了，我们今天知道的是其他古代作家转述的若干片段。皮西亚斯的观察对那一时代而言可谓令人惊叹：他对大不列颠岛周长的计算只有5%的误差，还建立了月球和二分点对潮汐影响的精确理论。

约982年，红胡子埃里克和他的手下探索了位于挪威最北端的北角东西两边的海岸。维京人是杰出的水手，他们的帆船可以说是他们自身密不可分的一部分，以至于船长死后会下葬在自己的海船中。当时，红胡子埃里克顺着盛行风和洋流前行，抵达斯匹次卑尔根岛，一度试图殖民冰岛，却被当地人赶走。接下来，他来到格陵兰岛，建立了一处殖民地，之后在如今加拿大的圣劳伦斯河沿岸和文兰——也就是如今美国鳕鱼角地区——探索，在那里发现了葡萄树。尽管维京人最终没有成功征服外大西洋，但是他们在欧洲东北方向安居下来，领土沿着河流一路扩展到里海沿岸。

取道北极圈前往印度

从1496年至1498年，威尼斯地理学家乔瓦尼·卡博托（John Cabot，约1450—1500年）奉英国国王亨利七世的命令，从布里斯托出发开展了两次探险，到达了拉布拉多海岸和后来成为美国领土的北美沿海地带。这些旅行被认为是失败的，因为他没有带回任何财富。但这些探险使得人们逐渐意识到欧洲和亚洲之间隔着一座大陆。

这块大陆上或许会有海峡，或许没有。那么何不设法从北极圈绕

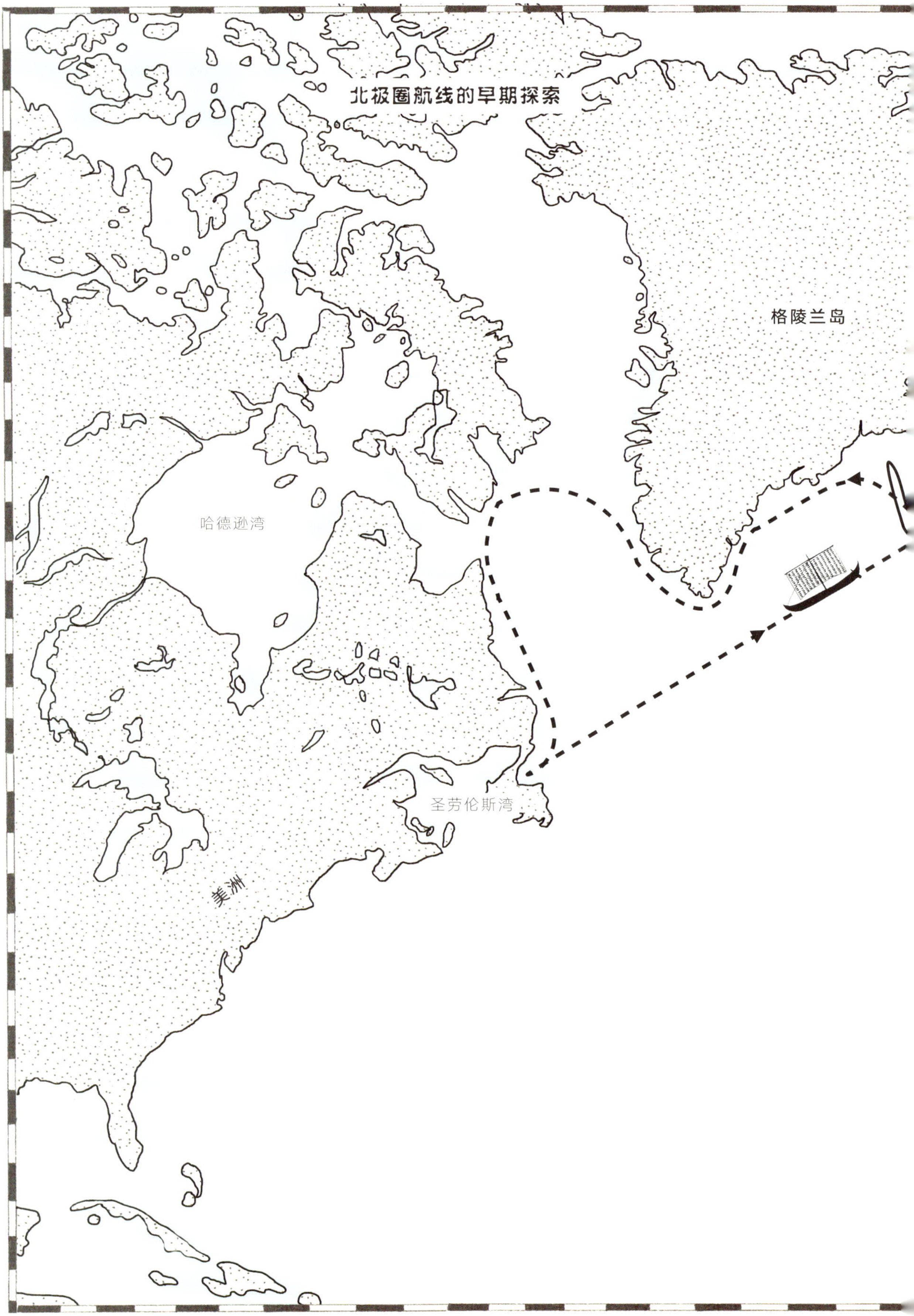
北极圈航线的早期探索
格陵兰岛
哈德逊湾
圣劳伦斯湾
美洲

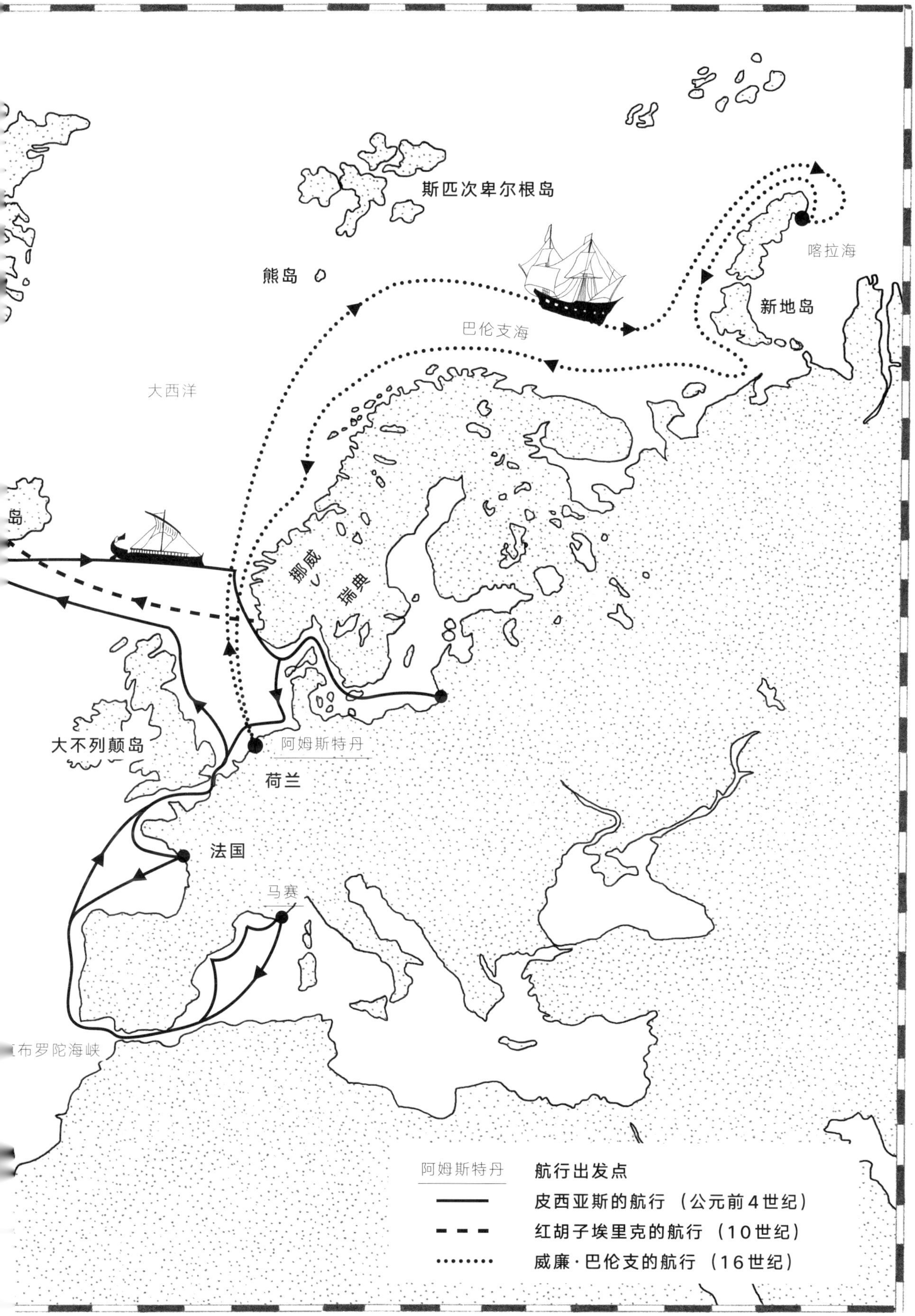

斯匹次卑尔根岛
熊岛
喀拉海
新地岛
巴伦支海
大西洋
岛
挪威
瑞典
大不列颠岛
阿姆斯特丹
荷兰
法国
马赛
布罗陀海峡
阿姆斯特丹
航行出发点
皮西亚斯的航行（公元前4世纪）
红胡子埃里克的航行（10世纪）
威廉·巴伦支的航行（16世纪）

行？1508年，乔瓦尼·卡博托之子塞巴斯蒂安·卡博托（Sébastien Cabot）领导了一次远航，在如今属于加拿大的哈德逊湾沿岸航行。他是首个认为新大陆北边存在前往印度的航路的人，后来成为制图专家和为西班牙培养海员的航海学教师。

法国人也想碰运气，取道北大西洋前往印度。弗朗索瓦一世（François Ier）委托乔瓦尼·达·韦拉扎诺（Giovanni da Verrazzano，1485—1528年）寻找穿越新大陆的航线。1524年，这位来自佛罗伦萨的海员驾驶“海豚号”（Dauphine）出发，抵达南卡罗来纳，随后发现纽约湾，描述道那是个“十分宜人的地方”。接下来他继续向北航行，来到今日新斯科舍省哈利法克斯所在的位置。因为补给不足，他不得不返航，自认为已经看到了一处海峡和另一边的太平洋。实际上，他只是在卡罗来纳时看到了哈特拉斯角陆地的一隅。

十年后，圣马洛人雅克·卡蒂埃（Jacques Cartier，1491—1557年）率领两艘海船执行同样的任务。他经过位于纽芬兰岛和拉布拉多半岛之间的贝尔岛海峡，考察了被他命名为圣劳伦斯河的河流两岸。1535年至1541年，他第二次出航，占领新发现的土地，沿圣劳伦斯河一直来到一个被他命名为皇家山的海角，也就是未来的蒙特利尔城。

从钱塞勒到库克

同时，1530年起，英国国王亨利八世建立起英国国教会，开始与罗马教廷保持距离。这也就意味着英国人不愿再受到《托尔德西里亚斯条约》中关于葡萄牙和西班牙划分全球影响范围的条约的限制，海上航线从此对他们完全敞开。

理查德·钱塞勒（Richard Chancellor，死于1556年）认为可以取道东北方向前往亚洲。1553年，他来到白海，在未来沙皇伊凡四世（Ivan le Terrible）的邀请下，前往莫斯科，达成两国之间的贸易协定。1576至1578年间，另一位性格强势的英国水手进入了位于格陵兰西边、未来的哈得逊海峡，并确信这就是通向太平洋的大门。英国人成立了西北航道公司（Compagnie du passage du Nord-Ouest），以更好地开发利用这一航道。

1587年至1631年，约有12次远航队伍试图解开谜团。他们的探索带来很多新发现，并以探险家的名字命名这些地点：约翰·戴维斯（John Davis，约1550—1605年）、亨利·哈德森（Henry Hudson，死于1611年）、威廉·巴芬（William Baffin，1584—1622年）、卢克·福克斯（Luke Foxe，1586—1635年）……他们在冰川中穿行上千海里，不仅十分艰苦，而且冒着巨大的危险。但是他们始终没有找到一个缺口，打开进入太平洋的航线。一个世纪里，这项事业都没什么进展。

马丁·弗罗比舍着手探索向西的航线。他发现了今日以他的名字命名的海湾

所有人都认为太平洋离哈德逊湾不远，但詹姆斯·库克的经历对此画下了问号。他已经在1768年至1775年完成两次环球航行，活跃于航海事业中。库克的新发现数目之多，航向掌握之精确，带回信息之丰富，使他成为英国最伟大的探险家。他是首个沿好望角、南澳大利亚和和恩角的线路完成环球航行的人。在第三次旅行中，库克沿太平洋东海岸一路向北来到阿拉斯加，但季节不利，冰川危险，于是掉头向南，来到夏威夷群岛。库克在一次与土著人的争斗中被杀害，他的两艘海船重新开始对北极圈航线的寻找，借助有利的季节，取道亚洲和美洲之间的白令海峡，进入北冰洋冰川覆盖的海域。在高耸的冰山面前，船队认为北极圈航线毫无疑问是走不通的，于是返航回到英国。这次远航使得人们得以确定美洲大陆的范围，也预示着那些仍然相信北极圈航线的人必须要克服的巨大困难。

约翰·富兰克林的不幸

19世纪初，英国捕鲸者发现一些鲸鱼身上的伤痕是其他海域的鱼叉造成。这一发现证明鲸鱼是沿西北航线从太平洋游过来的。1818年至1827年，有三个人为探索加拿大北方的进程做出了贡献：约翰·富兰克林（John Franklin，1786—1847年）、约翰·罗斯（John Ross，1777—1856年）以及威廉·帕里（William Parry，1790—1855年）。

约翰·富兰克林先是乘坐独木舟考察美洲大陆的河流，成功抵达阿拉斯加北岸。受到这次成绩的鼓舞，这位英国海军军官之后又多次出航。1831年，他的外甥詹姆斯·克拉克·罗斯（James Clark Ross，1800—1862年）在位于布西亚半岛的北磁极竖立起一面巨大的国旗。在那一点四周，所有指南针的针尖都指向同一个地方。连续四年的探险之后，约翰·富兰克林于1832年回到英国，抛弃了他的旧帆船。这一系列探险几乎没带回新的知识，但他坚持要找到传说中的航线。

1845年，约翰·富兰克林率领两艘帆船，“厄瑞玻斯号”（Erebus）和“恐怖号”（Terror），以及一艘补给船重新出发。一个捕鲸者在巴芬湾与他交错而过，此后探险者就失踪了。他的妻子出钱资助至少四次远航寻找丈夫。仅仅在1850年就有十二艘船出航寻找不幸的探险者。总计有40次远航在途中顺带着试图寻找他的下落。

哈德逊湾公司的一位医生、苏格兰人约翰·雷（John Rae）曾在加拿大北部地区步行36000千米，十分了解这片土地。他于1848年至1851年主导了三次航行，途中发现了两块木料，怀疑原属于富兰克林的一艘船。三年后，他遇到的因纽特人告诉他富兰克林和手下是因饥荒而死。

1857年，富兰克林夫人派遣最后一次远航队，由弗朗西斯·利奥波德·麦克林托克（Francis Leopold McClintock）领导。两年后，麦克林托克到达了同一个地点，在布西亚半岛西边遇到因纽特人。他们向他讲述一艘在威廉国王岛西岸的维多利亚角被冰川击沉的海船的遭遇。远航队的一个成员威廉·霍布森（William Hobson）中尉甚至在岛屿西北海岸发现了富兰克林的航海日志，以及一个穿着欧式服装的骷髅。回到伦敦，麦克林托克最终揭开事故的实情。悲剧的故事象征着四个世纪以来寻找北极圈航线的努力。

因纽特人和尤皮克人

渐渐地，北极圈航线几乎得到确定。虽然英国人似乎放弃了寻找西北方向海上航线的希望，曾经的努力还是提供了丰富的地理知识，让人们更加了解洋流、冰川的进化，也了解了爱斯基摩人的生活。爱斯基摩人是地球上已知最古老的族群之一，阿拉斯加西边的一些部落甚至有几乎8000年的悠久历史。他们主要分为两大族群：西伯利亚东北、阿拉斯加到格陵兰之间的因纽特人，和大约四十多支起源于俄罗斯北部的部族。因纽特人分为两大语族，阿拉斯加和格陵兰北部的依奴皮维克和西伯利亚东部、阿拉斯加西部的尤皮克。

“爱斯基摩”一词的原意是“吃生肉的人”。传统上，他们靠打猎捕鱼为生，随季节和猎物的所在迁徙。他们的皮艇以木材或鲸骨作支架，覆盖以海豹皮。在陆地上，他们的主要交通工具是雪橇，由狗套车牵拉，风向适宜的时候还会竖起帆。

北极圈航线的探索者的足迹上一直或近或远有着爱斯基摩人的身影。探险者的脆弱在当地人眼中十分不可思议。在营救约翰·富兰克林的最后一次远航中，船队遇到的一位爱斯基摩女性讲述道，她很遗憾看到那些人一个接一个地死去。

罗尔德·阿蒙森和约阿号

罗尔德·阿蒙森（Roald Amundsen）于1906年成功开拓西北航线，震惊了当时的所有人。自从年幼时，这个挪威人就梦想着经历和书中英雄们同样的考验。21岁时，他中断医学的学习，作为水手加入了一艘猎海豹船。后来，1896年至1899年，他和领航员一起加入了一支比利时的南极考察队。返回后，他组织了自己的远航队，主要目标是征服西北航线。他购买了一艘二手猎海豹船“约阿号”（Gjøa），装载足够五年的补给品。为了避开债主，他在半夜离开了船停靠的港口克里斯蒂安尼亚。不过，准确来说，当时仍是白天，因为在1903年6月16日，即使在午夜时分，这一纬度上太阳依旧高悬。一个月后，约阿号所有的帆都支起，绕过了格陵兰南边的法韦尔角，开始缓慢沿海岸前行。在巴芬湾北边，冰川蔓延在整个地平线上，但阿蒙森和他的六个同伴继续向西，越过索默塞特岛后转向南航行。海水顺流冲下很多冰山的碎片，帆船只能在雾中摸索，因为靠近

罗尔德·阿蒙森的西北航线（1903—1906年）
阿拉斯加
西伯利亚
加拿大
国王角
北冰洋冰川
北极点
美洲极地群岛
卡帕海
新地岛
斯匹次卑尔根岛
巴芬岛
巴芬海
熊岛
戴维斯海峡
格陵兰岛
格陵兰海
冰岛
法韦尔角
挪威
瑞典
奥斯陆
大西洋

北磁极而难以应用罗盘。在到达海峡出口之前，约阿号两次搁浅，船队不得不减少海船的压载，搬下一箱箱的食物，才得以脱身。

气温在深冬甚至会降至零下60℃。最后，1905年8月13日，约阿号重新起航，在冰川的包围之下行驶在浅海中。船尾龙骨仍时不时触碰海底，好在问题不严重。15天后，探险队进入北冰洋，从太平洋游来的鲸鱼已经跃入视线。但是，适宜航行的季节十分短暂，阿蒙森知道他没有足够时间在冬天到来之前抵达白令海峡，于是决定在加拿大和阿拉斯加边界处的国王角停靠。这位闲不住的挪威水手建立起一座电报站，以传递消息。春天，帆船重新出发，在逆向的海风和危险的冰川中艰难前行，渺小的身形穿梭在冰山之间，终于在1906年8月30日进入太平洋。

1903年9月12日，阿蒙森决定进入一个海湾以观察北磁极的偏差角。他在陆地上宿营，和因纽特人一起度过了23个月。

北极圈航线

与西北航线相比，向东航行、取道俄罗斯北边的航线不那么迂回曲折。只要等到夏天冰川融化，海船便可以通过。自从19世纪起，海船便往返于沿岸各个入海口之间。芬兰出身的瑞典贵族、工程师和矿物学家阿道夫·埃里克·诺登舍尔德（Adolf Erik Nordenskjöld）完成了第一次完整的航行，目的是科学考察。他驾驶的“维加号”（Vega）是一艘三桅捕鲸帆船，由蒸汽驱动，螺旋桨长45米。1878年7月4日，诺登舍尔德从哥德堡出发，在一个月内越过了切柳斯金角，之后一路向东。在切拉格斯基角，距离目的地还有一天的航行距离，海船被冰川阻碍，不得不等到下一个航季，于1879年7月18日重新起航。这一年的9月2日，他成功抵达日本横滨。

要想抵达富含石油和各种矿产的俄罗斯北部，长约14000千米的北冰洋航线即使不是唯一的选择，也是最经济的方式。20世纪30年代初期，苏联政府就决定开拓北极圈航线，使得贸易海船可以通行。20世纪80年代末，已有三百五十艘船身加固的海船和十六艘长期破冰船——包括八艘核能驱动的船——常年保障这一航线的运转。苏联解体后，北极圈交通逐渐没落，海船纷纷老化，港口也越来越空旷。直到2011年，二十六艘大吨位海船重新下海利用这一航线，其中包括长280米、162000吨位的油船“弗拉基米尔·季霍诺夫号”（Vladimir Tikhonov）。第二年，第一艘中国破冰船下水，俄罗斯也建造四艘新的破冰船。随着气候变暖，越来越多的国家垂涎这一航线，尤其是石油和矿业利益集团，以及中国、新加坡、韩国等新兴国家和迅速发展的国家。

这一前景对生态学者而言无疑是一个噩梦：极地是生态极其脆弱的地区。至今为止，这片区域因气候恶劣，得以免受人类过度开发。但是现在，北极圈有着成为海上高速路的风险，造成严重污染的货船可能会随意进出。更不用说当地原住民面临的灾难，他们对自己生存环境的退化已经有所警觉。这条航线的畅通完全依赖俄罗斯的政策，于是其收取的通行税也可能成为世界政治局势中新的担忧。

随着冰川融化，海船可以在吃水足够的海域航行。于是，西半球的北极圈航线也提上日程。2013年10月，第一艘大吨位货船，225米长的“北欧猎户座号”（Nordic Orion），满载加拿大的煤炭，从温哥华出发，穿越美洲最北端迷宫般的群岛前往芬兰。此前，1969年，长306米、宽40米的“曼哈顿号”（Manhattan）就对这一航线进行了实验。这艘油船进行改装后在货舱装满水，在两艘破冰船的伴随下，成功得以穿行。不过，船回到纽约后，人们发现，尽管船身由9000吨的加强材料打造，钢材仍然被冰川划破。

当然，距离最近的航线位于这两条航线之间：通过极点。如果气候变暖按照目前的速度继续，极点航线完全有望成为可能。1958年8月3日，美国第一艘核动力潜艇“鹦鹉螺号”（Nautilus）潜入大浮冰下航行，当时的冰川使得任何海船都无法在水面上前进。但是，最短15年、最长50年后的9月，这一航线可能会在水面上开通。理事会也包含32个观察国，包括法国和中国。可以想象，伴随着政治和贸易利益的紧张局势、环境保护的推进，北极航线很有可能在全球化加速的过程中起到重要作用，但也意味着损害一直抚育着人类的地球的未来。

1996年，八个位于北极圈的国家成立北极理事会，目的是对使用北极圈的航线进行立法。

货船的北极航线

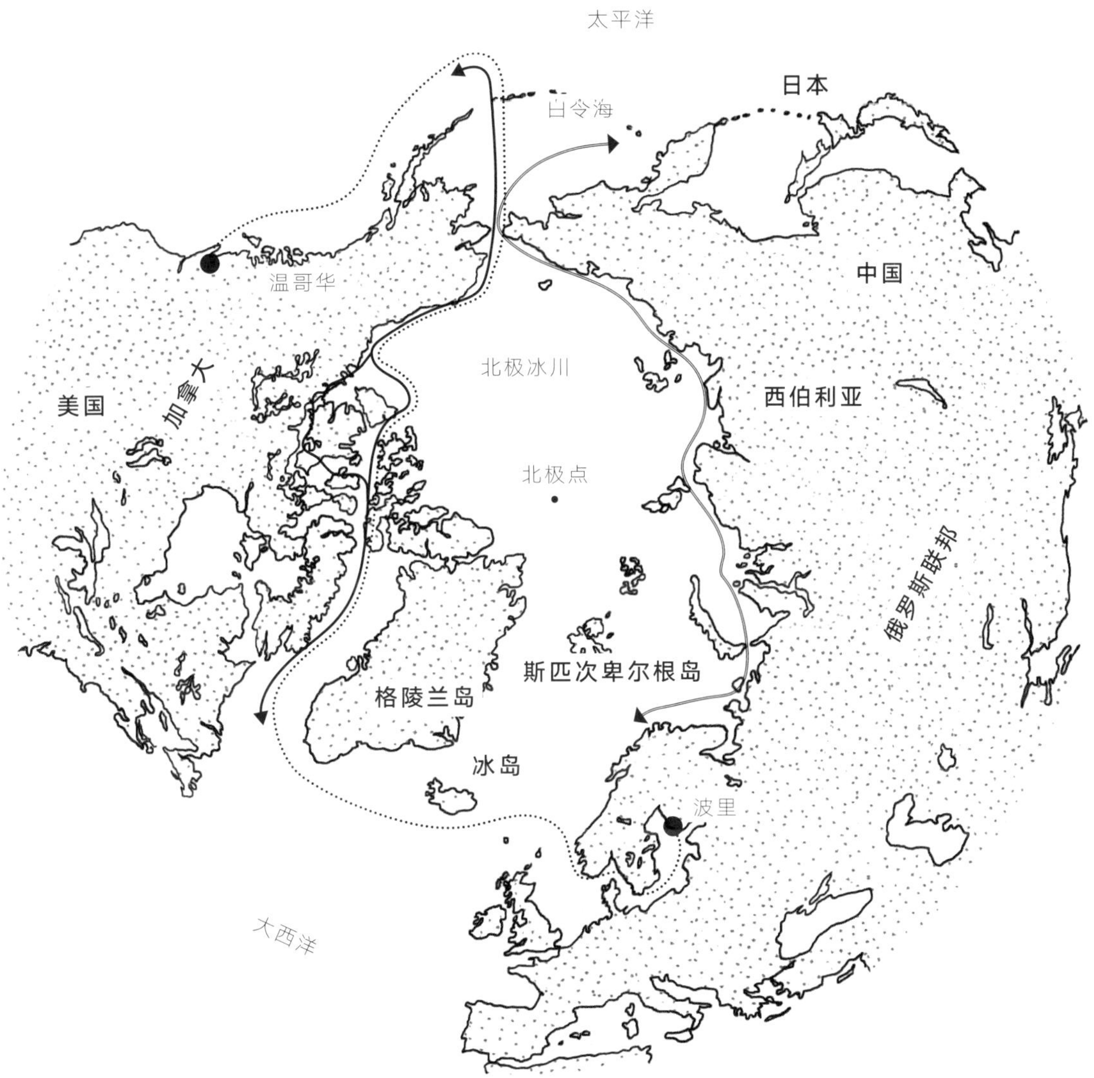

“北欧猎户座号”的轨迹

西北航线

东北航线

大西洋帆船赛

观察者杯跨大西洋
单人帆船赛

旺迪不靠岸航海赛

大洋上的帆船赛

朗姆之路帆船赛

埃里克·塔巴里

双体船

1866年12月11日，星期二，13时，天气晴好，北风凉爽，三艘悬挂纽约游艇俱乐部（New York Yacht Club）旗帜的双桅纵帆船从纽约附近桑迪胡克（Sandy Hook）灯塔处下水。乔治·A. 奥斯古德（George A. Osgood）的“舰翼号”（Fleetwing）、小詹姆斯·戈登·贝内特（James Gordon Bennett Junior）在16岁时收到的生日礼物“亨丽埃塔号”（Henrietta）、皮埃尔·罗瑞拉德（Pierre Lorillard）的“维斯塔号”（Vesta）驶向位于英格兰怀特岛（île de Wight）西边的尼德尔斯（Needles）。13天21时45分后，以平均每小时9.31海里的速度航行了3106海里的“亨丽埃塔号”首次抵达尼德尔斯的灯塔。年仅21岁的小贝内特于是赢得了三个亿万富豪所下高达90000美元的赌注。比“亨丽埃塔号”晚8个小时到达的“舰翼号”位列末次，主要原因是其途中曾在夜间遇上风暴。当时，巨浪涌上甲板，将八名水手卷入水中，只有两人被营救上来。第一次跨大西洋帆船赛就已奠定了此后赛事的基调：即使风向适宜，穿越北大西洋的航线也危险重重。

跨大西洋帆船赛

第二次横跨大西洋的帆船比赛在相反方向上进行，也就意味着与盛行风逆向而行。1869年底，英国人詹姆斯·阿什伯利（James Ashbury）携帆船“坎布里亚号”（Cambria）角逐美洲杯（America's Cup）。前往美国参赛之前，阿什伯利向小贝内特和他在英国新修建的帆船“无畏号”（Dauntless）提出跨大西洋的挑战。1870年7月4日，两艘帆船从爱尔兰科克（Cork）出发，其中“坎布里亚号”用时23天5时17分穿越大洋，比美国对手小贝内特提前1时43分抵达桑迪胡克。实际上，由两名水手驾驶的“无畏号”在途中一度被格外猛烈的海风吹离航线。

要等到1887年，科克和桑迪胡克之间的航线才见证了新一轮的帆船赛事。发起挑战的是布什总统的远房长辈鲁弗斯·T·布什（Rufus T. Bush）和他的新船“王冠号”（Coronet）。著名的左轮手枪的发明者的儿子考德威尔·H·柯尔特（Caldwell H. Colt）从小贝内特手中买来“无畏号”，接受挑战。“无畏号”在海上航行一些日子之后，船上饮用水储备不足，船队不得不喝香槟解渴。“王冠号”凭借14天19时3分的用时打破“坎布里亚号”的记录，比对手提前30小时抵达目的地。

德国皇帝威廉二世的奖杯

奖品是一座价值5000美元的金奖杯，将授予胜过他的“汉堡号”（Hamburg）的帆船。诱人的奖品引来两名英国贵族和八位美国军官的帆船参赛。比赛于1905年5月17日开始。威尔森·马歇尔（Wilson Marshall）的三桅帆船“亚特兰大号”（Atlantic）以12天4时1分19秒打破穿越太平洋的速度记录，平均时速超过每小时10海里。驾驶“亚特兰大号”的是曾三次赢取美洲杯的名舵手查理·巴尔（Charlie Barr）。

1905年，德国皇帝威廉二世发起一次帆船赛，航线为纽约至“蜥蜴角”。

跨大西洋帆船赛
英国
法国
魁北克
纽波特
纽约
亚连尔群岛
马德拉群岛
加那利群岛
百慕大群岛
安的列斯群岛
大西洋
达卡
里约
好望角
太平洋

1917年，威尔森·马歇尔决定卖掉皇帝授予的奖杯，并宣布将于拍卖会上在公众面前摔碎奖杯。在纽约大都会歌剧院，在总统托马斯·威尔逊（Thomas Wilson）的见证下，他重重地砸下奖杯。结果令所有观众大吃一惊：原来奖杯其实是锡制，仅仅表面覆盖一层很薄的金箔。

75年后，“亚特兰大号”的记录才被击破。埃里克·塔巴里（Éric Tabarly）和三名船员驾驶的膜结构三体帆船“保罗·里卡德号”（Paul Ricard）创造的新纪录是10天5时14分20秒。自从1980年，又有十艘多体帆船相继打破塔巴里的这次记录。最后一次刷新记录在2009年8月，帕斯卡尔·比德戈里（Pascal Bidégorry）驾驶的马克西三体船“人民银行五号”（Banque Populaire V）用时3天15时25分48秒抵达蜥蜴角，平均时速32.94海里。20年间，大西洋帆船赛中的帆船速度足足翻了一倍。

最早的单人帆船赛

以船队为单位穿越太平洋的帆船赛始于一个半世纪之前；同时，单人比赛的出现也可以追溯到19世纪。第一次自东向西单人穿越太平洋的是祖籍丹麦的纽芬兰大浅滩捕鱼者阿尔弗雷德·约翰逊（Alfred Johnson，1846—1927年）。1876年，他从格洛斯特（Gloucester）出发，追随着蒸汽船的航线，驾驶平底小帆船“百年号”（Centennial）完成穿越，海上航行66天之后抵达利物浦。

1891年6月21日，第一次单人大西洋帆船赛以波士顿附近的新月海滩（Crescent Beach）为起点，目的地是英国。当时，帆船运动正在发生全面革命——最早的装配龙骨和球形船首的竞赛帆船不久之前已经下水试验。两艘4.57米的帆船——波士顿造船之子乔西亚·W·劳勒（Joshiah W. Lawlor）驾驶的“海蛇号”（Sea Serpent）和威廉·安德鲁斯（William Andrews）驾驶的“美人鱼号”（Mermaid）——驶向大海。劳勒取道北边，安德鲁斯选择更靠南、理论上讲更稳定的航线。航行55天、历经多次倾覆之后，安德鲁斯不得不放弃，在最后

旺迪不靠岸航海赛航线

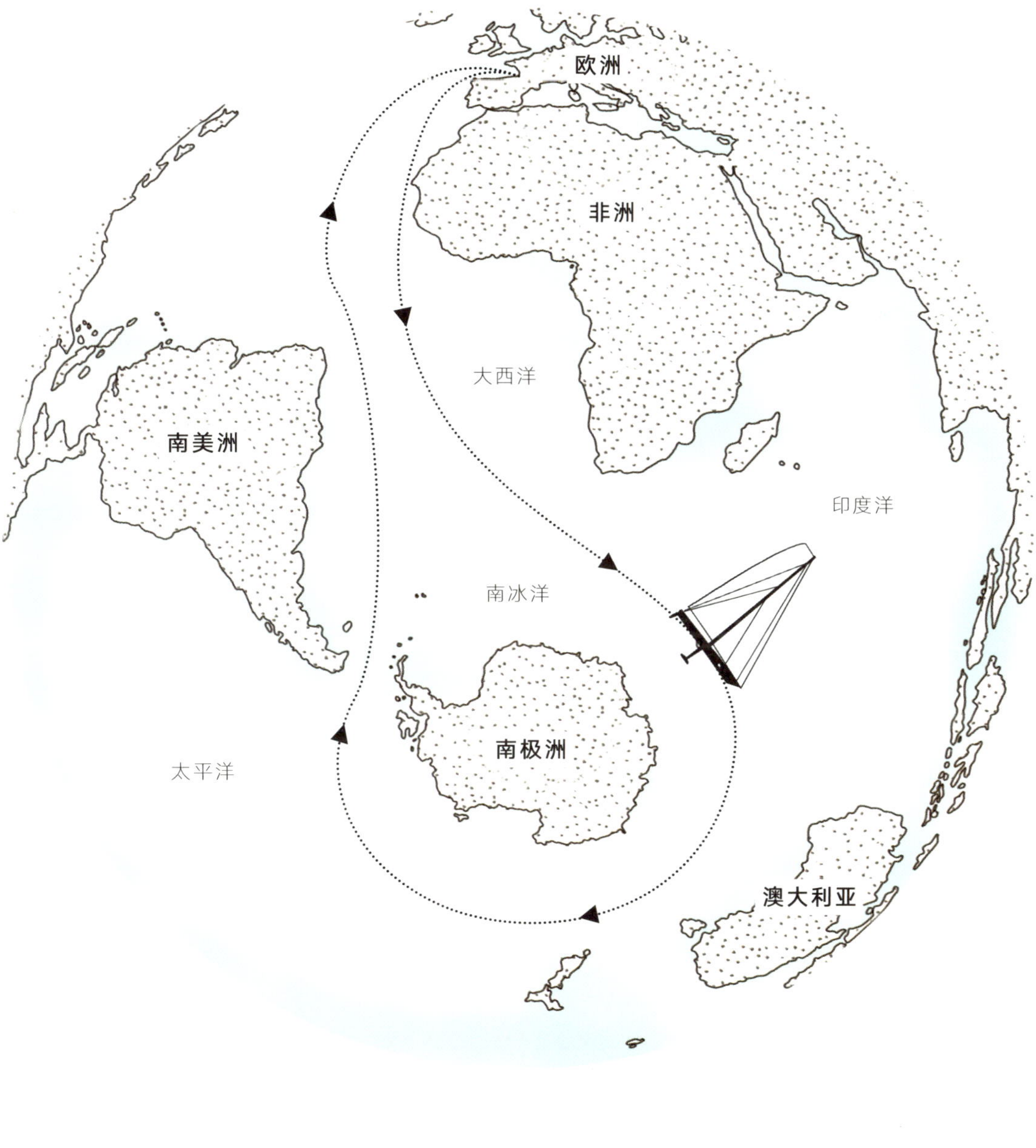

一刻被一艘路过的蒸汽船救起。劳勒则历经45天艰难的航行后于1891年8月5日抵达康沃尔郡（Cornouailles）的卡弗莱克（Coverack）。跨大西洋单人帆船赛从此诞生。

20世纪50年代，英国航海者、前皇家海军军官布隆迪·哈斯勒（Blondie Hasler）提出在英吉利海峡和罗德岛（Rhode Island）纽波特（Newport）之间设立跨太平洋单人帆船赛的想法。1960年，《观察者》（*The Observer*）杂志资助了这样的一次活动，命名为“观察者杯跨大西洋单人帆船赛”（Observer Single-handed Trans-Atlantic Race，简称Ostar）。比赛由成立于1827年、以普利茅斯（Plymouth）为基地的英国皇家西部帆船俱乐部（Royal Western Yacht Club）组织。第一届比赛收到了50多名航海者提交的注册文件，但只有5艘帆船于1960年6月11日从普利茅斯出发。有三条可以考虑的航线：靠北的航线最冷，但可以借助侧风；笔直的航线较短，但会不断经历逆风和低压；靠南的航线绕远路取道菲尼斯特雷角（cap Finisterre），但之后可以利用热带信风和墨西哥湾暖流，顺畅到达终点。弗朗西斯·奇切斯特（Francis Chichester）的“吉普赛蛾三号”（Gipsy Moth III）航行40天12时30分后首个抵达纽波特。多少令人惊讶的是，五艘帆船都完成了比赛全程。其中法国人让·拉孔贝（Jean Lacombe）是最后一个抵达的。他驾驶一艘6.5米长的合恩角系列帆船，用时74天。

风靡全法的观察者杯

每四年举办一次的观察者杯（Ostar）很快成为法国航海界的大事。第二届比赛中，埃里克·塔巴里驾驶的“小黑头二号”（Pen Duick II）凭借27天的用时赢取比赛，他也因此被夏尔·戴高乐（Charles de Gaulle ）提名荣誉军团骑士。1976年，塔巴里驾驶为团队环球航行赛设计的帆船“小黑头六号”（Pen Duick VI）再次取得优胜。和1964年的成绩相比，他的用时缩短了足有一个星期，战胜了阿兰·科拉斯（Alain Colas）72米长的“地中海俱乐部号”（Club Méditerranée）。

这次比赛中，一百二十五艘出发的帆船中共有七十三艘越过终点线。也有两位航海者——麦克·弗拉纳根（Mike Flanagan）和麦克·麦克伦（Mike McMullen）——失踪。之后一届比赛中，比赛用帆船的规定尺寸缩小到17米。法国人的兴趣减弱，更加关注新兴的“朗姆之路杯”（Route du Rhum）帆船赛。这一次，两个美国人和一个英国人登上领奖台，他们是擅长驾驶多体帆船的菲尔·威尔德（Phil Weld）、尼科·凯格（Nick Keig）和菲尔·史戴加尔（Phil Stegall）。

比赛用帆船的长度限制为18.28米，分为五个类型。这一年，菲利普·普朋（Philippe Poupon）拔得头筹，但最终他只获得第二名的称号，头等奖授予驾驶“农业信贷银行号”（Crédit Agricole）的伊冯·福科尼耶（Yvon Fauconnier），因为他在途中救助了菲利普·让特（Philippe Jeantot）。共有十三艘帆船打破了菲尔·威尔德的记录，包括十艘法国帆船。

1981年，英国人在同一航线上设立双人帆船赛，从1984年起，观察者杯根据赞助商而更名。

1988年，参赛帆船被划分为十个类别，长度从9米到18米不等。选手的成绩进步飞速。菲利普·普朋驾驶的“弗勒里米雄号”（Fleury-Michon）仅用10天9时15分，紧追其后的是奥利维尔·穆西（Olivier Moussy）和洛伊克·佩伦（Loïck Peyron）。四年后，法国人仍然凭借他们18米长的大蜻蜓帆船占据优势。洛伊克·佩伦获得冠军，接下来是洛朗·波尔农（Laurent Bourgnon）、弗洛伦斯·阿尔托（Florence Arthaud）、弗朗西斯·乔安（Francis Joyon）、让·毛雷尔（Jean Maurel ）和菲利普·普朋。伊夫·帕里尔（Yves Parlier）驾驶用于旺迪不靠岸航海赛（Vendée Globe）的新一代IMOCA 60单体帆船参赛，他的表现令人惊讶，仅次于最好的三体帆船。接下来1996年和2000年的两届比赛见证了洛伊克·佩伦和弗朗西斯·乔安的第二次胜利，后者仅用10天时间就抵达终点线，领先二十五艘刚刚获得旺迪不靠岸航海赛参赛资格的IMOCA 60单体帆船。这一次，七十一艘出航的帆船中有三十一艘放弃。

2004年，比赛更名为跨大西洋帆船赛（Transat），来到波士顿。观察者杯成为业余选手的比赛，2005年起仅允许长度在15米以内的帆船参赛。米歇尔·德斯乔伊（Michel Desjoyeaux）驾驶的三体帆船“巨人号”（Géant）比托马斯·科维尔（Thomas Coville）提前3小时抵达终点，创造了8天8时29分的记录，并一直保持到2017年。IMOCA类型的帆船中，英国人迈克·戈尔丁（Mike Golding）用时12天，多米尼克·瓦夫尔（Dominique Wavre）紧随其后，多花3个小时抵达终点。

2012年的跨大西洋帆船赛被推迟，直到2016年终于举行，冠名“贝克利杯横跨大西洋帆船赛”（The Transat Bakerly）。比赛的航线始于圣马洛，首先前往普利茅斯，之后驶向纽约。2012年至2013年旺迪不靠岸航海赛和2014年“朗姆之路杯”帆船赛的冠军弗朗索瓦·加巴特（François Gabart）在Ultime类型帆船的竞争中获胜，他的帆船“马西夫号”（Macif）是一艘长32米的多体船。阿梅尔·勒·克雷阿克（Armel Le Cléac'h）再次获得IMOCA类型的冠军。

在每一届的比赛中，跨大西洋帆船赛组织方式和帆船的帆船类型分级方式时常有所改变。然而，1976年，跨大西洋帆船赛逐渐成为大型帆船的竞赛之后，英国人鲍勃·萨蒙（Bob Salmon）提出每两年进行一次专门为小型帆船设立的横跨大西洋比赛，去程走靠南的航线，目的地是安的列斯群岛。最初四届迷你跨大西洋帆船赛从康沃尔郡的彭赞斯（Penzance）出发，在加那利群岛停靠，目的地是安提瓜（Antigua）。从1985年起，法国成为迷你跨大西洋帆船赛的东道主，由让-吕克·卡尼尔（Jean-Luc Garnier）主持。布列斯特（Brest）、孔卡尔诺（Concarneau）、杜瓦内内斯（Douarnenez）和拉罗谢尔（La Rochelle）先后被用作比赛的出发地。每届比赛也会在马德拉或加那利群岛选择不同的的停靠点。终点始终位于安的列斯群岛，包括法兰西堡（Fort-de-France）、圣马丁（Saint-Martin）、皮特尔角城（Pointe-à-Pitre）或瓜德罗普（Guadeloupe）的耶尔-桑斯（Rivière-Sens）。

迷你跨大西洋帆船赛自从1977年设立以来，始终忠于长度为6.5米的帆船原型。

自2001年起，比赛设立两个不同的帆船类型，一类是原创帆船，一类是系列帆船，终点变成巴西巴伊亚州的萨尔瓦多（Salvador de Bahia）。2013年至2015年，终点为皮特尔角城。2017年和2019年的两次比赛以拉罗谢尔为出发点，马提尼克（Martinique）的马合（Marin）为终点。鲍勃·萨蒙的目标——几乎不靠外界帮助实现远航——于1977年实现，1979年，一种压舱类型的帆船占了上风。它打开了实验造船解决方案的创新。

迷你跨大西洋帆船赛很快成为所有年轻有才能的航海者的必经之路，他们在这里为未来在帆船大赛中出名做准备。参赛选手通常会参与帆船的设计、制造和改良。2011年，工程师大卫·莱森（David Raison）设计了一艘船首和帆几乎一样宽的帆船，凭此取得比赛胜利，为帆船设计打开了新的可能。五年后，最早的膜结构动索单体帆船出现在迷你跨大西洋帆船赛中。当代帆船界鼎鼎大名的人物都先经历过迷你跨大西洋帆船赛的考验，这是资金有限的年轻选手挑战穿越大洋的最佳选择。比赛强调友谊精神，尽管一些帆船舵手也会得到赞助商的大额资助。约有八百五十名帆船手成功抵达大洋对岸的海岸，手中端着鸡尾酒庆祝胜利，眼神中充满实现梦想和热情的光彩。

朗姆之路

1978年，首次“朗姆之路”帆船赛的终点瓜德罗普见证了一次震撼的冲刺。麦克·伯奇（Mike Birch）驾驶黄色的小型双体帆船“奥林巴斯影像号”（Olympus Photo）超过经验更多、更被看好的米歇尔·马林诺夫斯基（Michel Malinovski）驾驶的“克利特五号”（Kriter V），提前98秒抵达位于皮特尔角城的终点线。这次比赛中，驾驶“玛努雷瓦号”（Manureva）、也就是曾经的“小黑头四号”（Pen-Duick IV）的阿兰·科拉斯（Alain Colas）失踪。

由米歇尔·伊迪弗农（Michel Étévenon）构思的“朗姆之路杯”帆船赛和迷你跨大西洋帆船赛类似，是对1976年后越来越有局限性的观察者杯的回应，自诩为“自由的跨大西洋帆船赛”。作为跨大西洋单人帆船赛的皇后，“朗姆之路杯”设置六个参赛帆船类型，对12米以上的单体船到32米长的Ultime多体船开放。参赛选手从圣马洛出发，在一个月内穿越太平洋，其中最快的只需要6天。2014年的比赛中，超过两百万人涌上圣马洛或皮特尔角城的海滩观看比赛盛况。最后一刻注册参赛的洛伊克·佩伦驾驶Ultime帆船“人民银行七号”（Banque

Populaire VII）头一个到达。还有很多轶事，例如1990年弗洛伦斯·阿尔托驾驶的金色多体船“皮埃尔一世”（Pierre Ier），1994年和1998年两次比赛的冠军、在“普里马加茨号”（Primagaz）上做体操表演的洛朗·波尔农，都载入了史册。1978年，有三十八名竞赛选手在圣马洛扬帆起航，2004年达到九十一名。2018年的比赛将在膜结构船上进行，意味着选手们面临新的挑战和更大的荣耀。

海上安全规则明确指出：“在夜间，所有海船上都必须有视觉、听觉保持清醒的值班人。”单人帆船赛选手没法每隔一段时间的航行便睡一会儿。1984年，“TFL快线号”（TFL Express）的帆船舵手短暂睡着时撞击了单人帆船“格兰霍姆号”（Granholm）。对这次冲突的调查发现，其实问题出在双方都没能保持随时警惕。单人驾驶帆船时，落水同样是致命的风险，一旦发生，帆船可能会很快地离开航海者。因此，帆船赛的组织者开始考虑双人比赛，以降低事故的风险。

新兴的跨大西洋双人帆船赛

1979年，《观点》（*Le Point*）杂志、《海王星—水上运动》（*Neptune-Nautism*）杂志以及欧洲广播1台赞助了洛里昂—百慕大—洛里昂之间的跨大西洋双人帆船赛。赛事于1983年和1989年举办了两届。最后一届的航线分为两个段，参赛帆船中途在圣巴泰勒米（Saint-Barthélemy）停靠。首届比赛中，埃里克·塔巴里和马克·帕乔特（Marc Pajot）的三体帆船“保罗·里卡德号”与尤金·里格德尔（Eugène Rigidel）和吉尔斯·加奈（Gilles Gahinet）的“VSD号”你追我赶的冲刺过程令人难忘，最后后者凭借5分42秒的差距赢得比赛。

1993年，上述比赛的组织者设立雅克-瓦布尔杯跨大西洋帆船赛（Transat Jacques-Vabre），每两年举办一次，以勒阿弗尔（Havre）为出发点。每届比赛选取的终点不同，最初在哥伦比亚的卡塔赫纳（Carthagène），接下来在巴西巴伊亚州的萨尔瓦多、哥斯达黎加的利蒙港（Puerto Limon）、巴西的伊达贾伊（Itajaí）。第一届比赛是单人赛，之后成为双人赛。根据帆船的进化、航线和主要流行的类型来规定参赛帆船的类型划分。1993年比赛中只有两个参赛类别，即单体帆船和多体帆船。如今的比赛中有四个类别：Ultime、15米长的多体帆船Multi 50、20米长的IMOCA以及12米长的单体帆船Class 40。1999年的比赛中，驾驶三体帆船“安德烈集团号”（Groupe André）的保罗·瓦迪内（Paul Vatine）在亚速群岛（Açores）一带失踪。他是1993年和1995年双人赛的冠军。

获胜者中，弗兰克·坎马斯（Franck Cammas）分别是2001年、2003年和2007年三次成为20米多体帆船的第一名。让-伊夫·埃科菲（Jean-Yves Escoffier）于2005年、2007年和2009年分别获得16米多体帆船的冠军。让-皮埃尔迪克（Jean-Pierre Dick）于2003年、2005年和2011年获得IMOCA帆船的冠军。厄尔温·勒鲁（Erwan Le Roux）则是2009年、2013年和2015年Multi 50帆船的冠军。跨大西洋帆船赛中向来不缺少法国帆船舵手的身影，他们也是Multi 50和Class 40帆船发展的驱动力。

AG2R跨大西洋双人帆船赛最初被称为洛里昂-圣巴特（Saint Barth）跨大西洋帆船赛，自从1992年起每两年举办一次。参赛帆船为单体船，尤其是也可以参加费加罗帆船赛（Course du Figaro）的博纳多-费加罗（Bénéteau-Figaro）型单体帆船。第一届比赛的出发点在洛里昂，从2006年起，出发点为孔卡尔诺（Concarneau）。阿梅尔·勒·克雷阿克在2004年和2010年的两届比赛中获胜。基多·德帕旺（Kito de Pavent）和彼得罗·德阿里（Pietro d’Ali）创造3710海里用时19天22时24分的记录。

跨大西洋团队赛

有很多穿越大西洋的团队帆船赛令人难忘。例如，1931年，纽波特—普利茅斯的比赛中，年轻的美国人奥林（Olin）和罗德·斯蒂芬斯（Rod Stephens）带来了他们设计的帆船“鲤鱼号”（Daurade）。

他们的胜利激起的惊讶和热情如此之高，以至于人们自发走上第五大道游行纪念。埃里克·塔巴里的“小黑头”系列帆船中有两艘在20世纪70年代的跨大西洋团队帆船赛中亮相。“小黑头三号”在1971年1月举办的开普敦—里约热内卢的比赛中夺得头筹，之后“小黑头六号”在1975年大西洋三角赛（Triangle Atlantique）中获胜，航行路线是圣马洛—开普敦—里约热内卢—普利茅斯。

1984年，雅克·卡蒂埃（Jacques Cartier）首次抵达圣劳伦斯湾450周年之际，每四年举办一次的魁北克—圣马洛跨大西洋帆船赛设立。该比赛以团队为单位，参赛帆船划分为不同类型进行竞争。第一届的冠军是双体帆船“皇家号”（Royal）的舵手洛奇·卡拉迪克（Loïc Caradec），1988年第二届的冠军是塞尔·马德科（Serge Madec）。之后的获胜者还有洛朗·波尔农、洛伊克·佩伦、弗兰克·坎马斯，和2004年的冠军卡林纳·福科尼耶（Karine Fauconnier）。2016年，晏·吉夏尔（Yann Guichard）驾驶的Ultime帆船“浪花2号”（Spindrift 2）仅用6天1时17分完成全程。

所有的选手都以实现最快速度为目标，世界纪录的名单不断加长，跨大西洋所需时间不可避免地缩减。2017年，圣纳泽尔（Saint-Nazaire）和纽约之间举办的“桥杯”（The Bridge）帆船赛中，双体Ultime帆船挑战大型邮轮“玛丽女王二号”（Queen Mary 2），两艘单人驾驶的帆船挑战成功。第一个到达的是弗朗西斯·乔安的“伊迪克号”（Idec），打破了他自己的记录，比“玛丽女王二号”提前到达蜥蜴角。不过一周之后，托马斯·科维尔驾驶的“索代波乌尔蒂姆号”（Sodeb'O Ultim）从纽约出发，用时4天11时10分23秒，建立了新的记录。

环球航行：也是可能的！

对于航海者而言，斯洛克姆是一个神奇的名字。这位美国大型帆船船长第一个实现独自驾驶帆船环航世界。和人们想象的也许不太一样，约书亚·斯洛克姆（Joshua Slocum，1844—1909年）开始长途旅行是为了重寻他的个人记忆。斯洛克姆作为水手、副官、船长和一艘三桅船的船主在海上航行30年。然而，年过50岁后，他和很多大帆船的船长一样被遗忘，在19世纪末与蒸汽船的竞争中逐渐销声匿迹。他启程环航世界，追寻自己的回忆。“水花号”（Spray）是一艘11.2米长、4.32米宽的旧帆船，斯洛克姆对其进行了修理之后，于1895年4月24日从波士顿出发。“我决定环航世界，这一天天气很好，我于正午离港……在‘水花号’上的旅行长达三年，对我而言就像读一本书，每一页都比前一页更有趣。”1898年6月27日，斯洛克姆抵达纽波特：“早晨一点钟，抛锚，结束全程长达46000千海里的环球航行。”

单人环球赛

1968年标志着单人航行的“黑铁时代”的曙光。《周日时代》（*Sunday Times*）杂志重提两个法国航海者洛伊克·傅哲隆（Loïck Fougero）和伯纳德·莫伊特西尔（Bernard Moitessier）的想法，发起金色地球杯（Golden Globe）不靠岸单人环球帆船赛。比赛规则并不复杂，参赛选手只需经过三个海角——好望角、澳大利亚的露纹角（Leeuwin）和合恩角，回到位于英国的出发点。出发时间应当在1968年6月1日和10月31日之间。参赛者必须排除所有外界帮助。第一个回到港口的人将会获得金杯。九名从英国出发的挑战者中，只有罗宾·诺克斯-约翰斯顿（Robin Knox-Johnston）的双桅小帆船“苏哈里号”（Suhaili）在313天航行之后成功到达终点。奈杰尔·泰特利（Nigel Tetley）的三体帆船“胜利女神号”（Victress）仅抵达亚速群岛。唐纳德·克劳赫斯特（Donald Crowhurst）在他的三体帆船“廷茅斯电子号”（Teighnmouth Electron）上发病，传达了错误的位置。他在大西洋上兜圈8个月，最后自杀。正如俗话所说，“不是所有人都能攀登珠穆朗玛峰”。驾驶“约书亚号”（Joshua）的伯纳德·莫伊特西尔（Bernard Moitessier）过于享受海上航行的时光，以至于不愿回到欧洲。他继续进行自己的“长征”，一直抵达塔西提。

沃尔沃航海赛路线（2014—2015年）

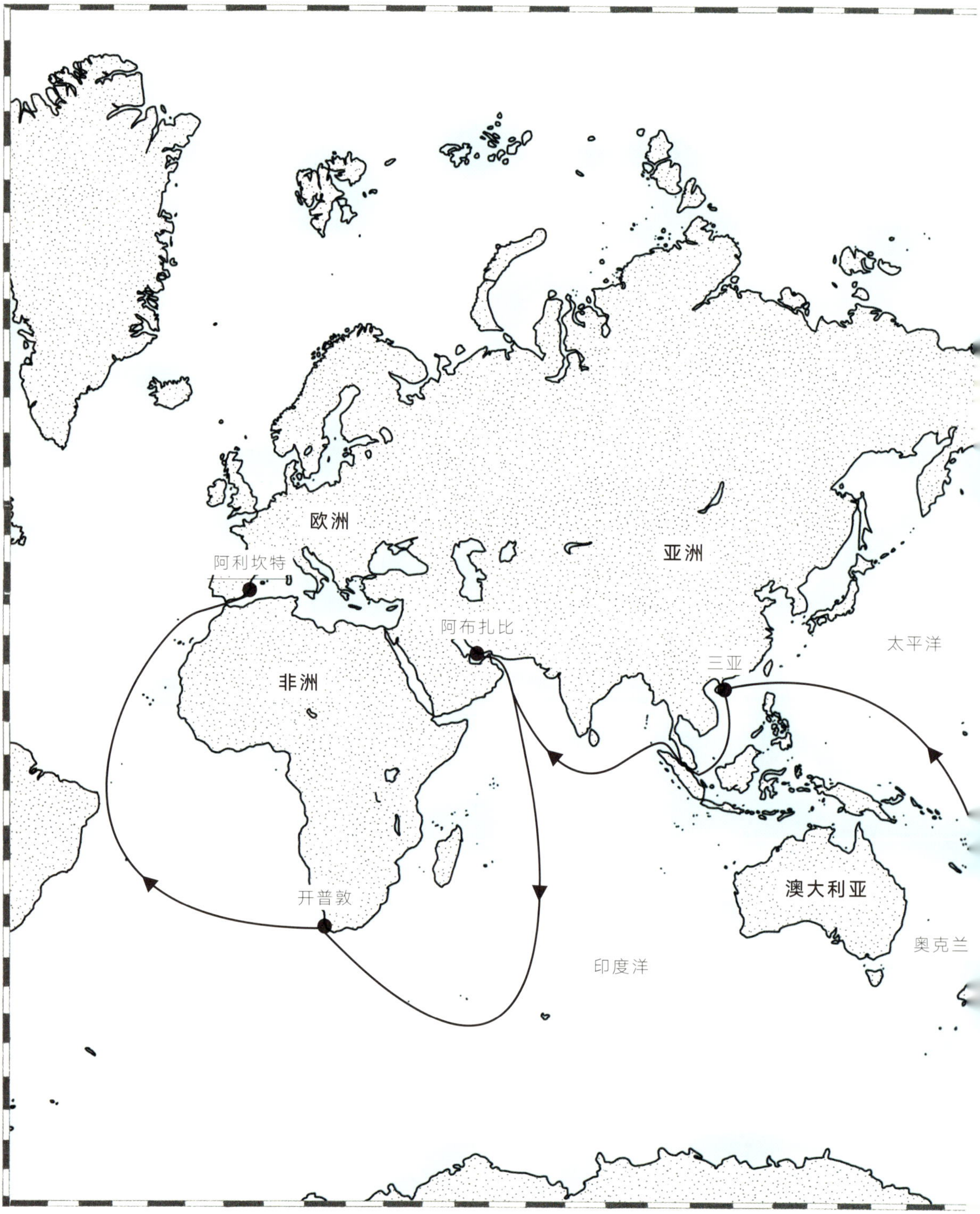

哥德堡
欧洲
北美洲
洛里昂
纽波特
里斯本
大西洋
非洲
南美洲
拉贾伊

1982年8月28日，“BOC挑战杯”（BOC Challenge）的十五名单人赛参赛者随发令枪声从纽波特出发，发起环航世界的挑战。这次比赛将参赛帆船限制为长度17米以内的单体帆船，途中有三次停靠，分别在开普敦、悉尼和里约热内卢。参赛选手来自十一个国家，都是帆船界的明星。法国人菲利普·让特的“农业信贷银行号”（Crédit Agricole）用时159天2时26分完成航行，取得优胜。其实他在接近终点时多花了一些时间，专门等待日出时穿越终点线。他更愿意在全世界的注视下品尝成功的喜悦，让所有人都知道一名伟大的航海者诞生了。1986至1987年间举办的第二届比赛中，菲利普·让特再次获胜。当时，他已有打算设立一项不包含停靠、不依赖外界帮助的环球航行帆船赛。他在1990年的BOC帆船赛中屈居第四，位列克里斯托弗·奥古（Christophe Auguin）的“斯奇塔集团号”（Groupe Sceta）之后。奥古于1994年再次战胜了他。1998年，比赛更名为“单人环球杯”（Around Alone），一度是充满荣耀竞技场。然而，随着媒体视线转向旺迪不靠岸航海赛，法国人也逐渐不再关注这一比赛。2006年，比赛更名为“威卢克斯5海洋杯”（Veleux 5 Oceans），瑞士人伯纳德·斯塔姆（Bernard Stamm）获得他的第二次胜利，领先其余5艘20米IMOCA船。2010年，最后一届比赛中只有五艘帆船从拉罗谢尔出发，这些IMOCA船至少都有7年的年龄。

旺迪不靠岸航海赛起源于“BOC挑战杯”的一次停靠。既然还有上千海里的航路，为什么还要在陆地上花时间呢！菲利普·让特于是设立不靠岸的环球航行比赛。1989年11月26日，第一届“旺迪全球挑战杯”，十三名杰出的航海者从莱萨布勒-多洛讷（Sables-d’Olonne）出发，驾驶18.28米长的单体帆船开启这次单人帆船赛。埃里克·塔巴里于15时16分起航。三名单人赛参赛者曾在他的“小黑头六号”上训练：蒂图恩·拉马祖（Titouan Lamazou）、菲利普·普朋和弗朗索瓦·科斯特（ François Coste）。蒂图恩·拉马祖的“阿基坦松鼠二号”（Écureuil d’Aquitaine II）毫不松懈，拔得头筹，用时109天8时47分完成环球航行，打破纪录。著名的法国航海者还有1992年的冠军阿兰·戈蒂埃（Alain Gautier）、克里斯托弗·奥古、米歇尔·德斯乔伊、文森特·里欧（Vincent Riou）、弗朗索瓦·加巴特（François Gabart）和2016年用时74天3时35分夺冠的阿梅尔·勒·克雷阿克。

1989年的比赛中，一百六十六艘帆船出发，八十八艘抵达目的地。旺迪不靠岸航海赛每四年举办一次，被称为“海上的珠穆朗玛峰”，是法国媒体报道最多的帆船比赛，每次比赛都有上百小时的电视和广播覆盖和上千的新闻报道。

团队环球赛

1973年9月8日，十八艘帆船和一百八十名航海者齐聚朴茨茅斯（Portsmouth），这是“惠特布雷德杯”（Whitbread）——新一项靠岸环球帆船赛的出发点。埃里克·塔巴里驾驶的“小黑头六号”最被人们看好，也很快领先。但是，在巴西一带，他的帆船的大桅杆断掉。塔巴里成功进行了修理，抵达开普敦，继续第二阶段的航行。他再次取得领先，但是在无风的巴斯海峡（détroit de Bass），很快被其他参赛者追上来。塔巴里仍然是第一个抵达悉尼的选手，不过如果按照帆船长度的比例换算，墨西哥帆船“萨尤拉二号”（Sayula II）略胜一筹。在比赛的第三阶段，从悉尼前往里约时，“小黑头六号”只航行了200海里，新的桅杆又断掉。1974年3月11日，拉蒙·卡林（Ramon Carlin）驾驶的Swan 65型帆船“萨尤拉二号”抵达朴茨茅斯，获得胜利。探险是伟大的事业，但也经常意味着沉重的代价。这次比赛中有两人落水而亡：驾驶“33爱斯泼特号”（33 Export）的多米尼克·吉列特（Dominique Guillet）和驾驶“大不列颠二号”（Great Britain II）的伯尼·霍斯金（Bernie Hosking）。每四年举办一次的“惠特布雷德杯”大获成功，1981年吸引了二十九名选手。从1989年起，比赛的停靠点数量增加，一度多达10个。2001年，比赛改名为“沃尔沃航海赛”（Volvo Ocean Race）。参赛的帆船类型不一，1993年，长18.28米的V60帆船加入其中。1997年只有V60帆船被承认，2005年被V70帆船取代。之后，从2014年起，被Volvo 65帆船代替。

1996年，诺克斯-约翰斯顿发起“帆船环游世界赛”（Clipper Round the World Yacht Race），将其设计为只有业余选手可以参加的团队比赛，使用8种18.68米长的统一型赛帆船。组织者出租帆船，参赛团队可以在比赛航线的一段或多段上租用。比赛航线划分为8至15个阶段，参赛帆船可以在港口停留，每一次比赛用时大约1年。2005年，十艘Clipper 68型帆船投入使用。2013年，十二艘23米长的新型Clipper 70也用被于该比赛。1998年，英国航海者、24岁的亚历克斯·汤普森（Alex Thompson）获胜，成为赢得环行世界帆船赛最年轻的舵手。

比赛总是充满挑战，很长时间以来对于业余选手而言遥不可及。参赛的航海者大都是有所成就的运动员、专业的帆船选手，正如在所有团队体育项目中发生的情况。

2000年12月31日，十二艘强力、快速的帆船建成，在巴塞罗那入水，进行完整的环球航行比赛，以马赛为终点站。比赛由布鲁诺·佩伦（Bruno Peyron）设计，不限制路线，由团队完成，不能依靠外界帮助。六艘巨大的双体帆船中有五艘抵达马赛。位列第一的是格兰特·道尔顿（Grant Dalton）的“地中海俱乐部号”（Club Med），用时62天6时56分。紧跟其后的是其姊妹船，洛伊克·佩伦的“创新探险者号”（Innovation Explorer）。

仿佛人们创造记录就是为了打破纪录。根据伊夫·勒科尔内克（Yves Le Cornec）的倡议，十一名航海者开启了后来被命名为“儒勒·凡尔纳杯”（Trophée Jules-Verne）的帆船赛。比赛规则要求参赛者以团队为单位环行世界，中途没有停靠，不依靠外界帮助。这项任务的挑战在于全程用时要低于80天，就像儒勒·凡尔纳的小说主人公福克（Phileas Fogg）那样。正如书中所述：“理论上，福克先生，你说的不无道理，但实际上呢……”1993年，布鲁诺·佩伦证明这是可能的，而不仅是理论上。他的“探索舰长号”（Commodore Explorer）用时比80天还要少17时14分4秒，顺利冲过位于韦桑（Ouessant）和蜥蜴角之间终点线。24年后，7次破纪录和19次没有结果的尝试后，弗朗西斯·乔安和五名船员驾驶的“伊迪克体育号”（Idec Sport）凭借40天23时30分的成绩夺得桂冠。1990年，蒂图恩·拉马祖独自一人用时109天完成旺迪不靠岸航海赛的环球航行，中途没有停靠。2006年，托马斯·科维尔打破这一记录，他的“索代波乌尔蒂姆号”用时仅49天3时4分。要想更快，恐怕只有飞行吧！

参考文献

· Baurain (Claude) et Bonnet (Corinne), *Les Phéniciens : marins des trois continents*, Paris, Armand Colin, Paris, 1992.
· Bérard (Victor, trad.), *Odyssée*, Homère, Gallimard, Paris, 1973.
· Bombard (Alain), *Les Grands Navigateurs*, France Loisirs, Paris, 1976.
· Briot (Claude et Jacqueline), *Les Clippers français*, Chasse-Marée, Douarnenez, 1993.
· Careri (Gemelli), *Voyage du tour du monde*, Éditions Étienne Ganeau, Paris, 1719.
· Clarke (Arthur H.), *The Clipper Ship Era*, G. P. Putnam, New York, 1912.
· Cook (James), *Voyage dans l'hémisphère austral et autour du monde*, Hôtel de Thou, Paris, 1778.
· Dumas (Vito), *Seul par les mers impossibles*, André Bonne Éditeur, Paris, 1957.
· Durand (Frédédic), *Les Vikings et la mer*, Errance, Paris, 1996.
· Guadalupi (Gianni), *Zheng He, sur les traces du premier navigateur chinois*, White Star Éditions, Paris, 2006.
· Guilbaud (Hervé), *Défi Océaniques : 50 ans d'exploits français, de Tabarly à Cammas*, Gallimard, Paris, 2014.
· Haudrère (Philippe), *Les Compagnies des Indes orientales : trois siècles de rencontres entre Orientaux et Occidentaux (1600-1858)*, Les Éditions Desjonquère, Paris, 2006.
· Hornell (Haddon et James), *Canoes of Oceania*, Bishop Museum, Honolulu, 1975.
· Lacroix (Louis), *Les Derniers Grands Voiliers. Histoire des long-courriers nantais de 1893 à 1931*, J. Peyronnet & Cie. Éditeurs, Paris, 1937.
· Lane (Frederic C.), *Venise, une République maritime*, Flammarion, Paris, 1985.
· Lesseps (Ferdinand de), *Lettres, journal et documents pour servir à l'histoire du canal de Suez : 1854-1869*, Didier, Paris, 1875-1881.
· Mollat (Michel), *Les Explorateurs du XIIIe au XVIe siècle. Premiers regards sur des mondes nouveaux*, Éditions du Comité des travaux historiques et scientifiques, Paris, 1992.
· Montémont (Albert), *Histoire universelle des voyages*, Passot et Poncet Éditeurs, Paris, 1838.
· Neyret (Jean), *Pirogues océaniennes*, Association des amis du musée de la Marine, Paris, 1974.
· Nordenskjöld (Adolf Erik), *Le Voyage de* La Vega *autour de l'Asie et de l'Europe*, Librairie Hachette et Cie., Paris, 1885.
· Pastoureau (Mireille), *Voies océanes, de l'Ancien aux Nouveaux Mondes*, Éditions Hervas, Paris, 1990.
· Pigafetta (Antonio), *Relation du premier voyage autour du monde par Magellan, 1519-1522*, Gust Janssens/Ernest Leroux, Anvers/Paris, 1923.
· Poivre d'Arvor (Olivier et Patrick), *Coureurs de mers. Les Découvreurs*, Mengès, Paris, 2003.
· Reith (Éric), *Voiliers et pirogues du monde au début du XIXe siècle. Essai sur la construction navale des peuples extra-européens, de l'amiral Pâris (1843)*, Du May, Paris, 1993.
· Rossabi (Morris), *Khubilai Khan : His Life and Times*, University of California Press, Berkeley, 1988.
· Slocum (Joshua), *Around the World in the Sloop "Spray"*, Charles Scribner's Sons, New York, 1903.
· Tavernier (Bruno), *Les Grandes Routes maritimes*, Robert Laffont, Paris, 1970.

图书在版编目(CIP)数据

航线与航船演绎的世界史 / (法) 弗朗索瓦 · 舍瓦利耶著 ; 刘且依译. --
武汉 : 华中科技大学出版社,2019.6
ISBN 978-7-5680-4504-9

Ⅰ. ①航… Ⅱ. ①弗… ②刘… Ⅲ. ①航海-交通运输史-世界 Ⅳ. ①F551.9

中国版本图书馆CIP数据核字(2019)第012531号

Original Title: *Les Routes Maritimes*
Authors: François Chevalier

Simplified Chinese edition arranged via Dakai Agency Limited

简体中文版由Hachette Livre（E/P/A）授权华中科技大学出版社有限责任公司在中华人民共和国境内（但不含香港、澳门和台湾地区）出版、发行。

湖北省版权局著作权合同登记 图字：17-2018-112号

航线与航船演绎的世界史　　[法] 弗朗索瓦 · 舍瓦利耶 著
Hangxian yu Hangchuan Yanyi de Shijieshi　　刘且依 译

出版发行：华中科技大学出版社（中国 · 武汉）　　电话：（027）81321913
北京有书至美文化传媒有限公司　　（010）67326910－6023
出 版 人：阮海洪　　邮编：430223

责任编辑：莽　昱 李　鑫
责任监印：徐　露 郑红红
内文排版：北京博逸文化传播有限公司
封面设计：北京利维坦广告设计工作室

印　　刷：联城印刷（北京）有限公司
开　　本：889mm×1194mm　1/16
印　　张：14
字　　数：30千字
版　　次：2019年6月第1版第1次印刷
审 图 号：GS（2019）1507号
定　　价：118.00元

本书若有印装质量问题，请向出版社营销中心调换
全国免费服务热线：400-6679-118　竭诚为您服务